mandelbaum *verlag*

Boris Previšić

ZEITKOLLAPS

Handeln angesichts des Planetaren

Unter der Mitarbeit von Veronika Studer-Kovács

mandelbaum *verlag*

mandelbaum.at • mandelbaum.de

ISBN 978-3-99136-006-3

Lektorat: PAUL BEER
Satz: KEVIN MITREGA, Schriftloesung
Umschlag: MICHAEL BAICULESCU
Druck: PRIMERATE, Budapest

Inhalt

Zeitkollaps. Eine Einführung

Warum begnügt sich die Weltgemeinschaft weiterhin mit dem scheinbar unverfänglichen Begriff *Climate Change?* Eignet er sich wirklich als Überbegriff für die mit der Globalen Erwärmung einhergehenden Änderungen auf unserem Planeten? Dankbar übernahm man diesen Überbegriff, um der Dramatik die Spitze zu nehmen und das Problem zu vertagen.[1] Zunehmend machen ihm alarmierende Varianten Konkurrenz: Klimakrise, Heißzeit, Klimakatastrophe und schließlich Klimakollaps – wie auch in meinem letzten Buch zum Klimatreibhausgas CO_2.[2] So sehr ich meine dortigen Ausführungen größtenteils wiederholen würde, so sehr muss ich eingestehen, dass mich erstaunt, mit welcher Naivität ich lediglich auf den Lösungsansatz setzte, neben der Dekarbonisierung CO_2 vor allem in Form von Holzkohle und Humusaufbau der Atmosphäre zu entziehen. Wir stoßen weiterhin viel zu viel Klimagase aus, so dass es sich nur um einen kleinen Teil einer größeren Lösung handeln kann. Um den atmosphärischen Kohlendioxidgehalt wieder zu senken, gilt es, neben den lokalen landbasierten Lösungen eine industrielle Infrastruktur hoch zu skalieren, welche CO_2 an den Emissionsquellen, aber auch direkt von der Luft abscheidet, in den Untergrund verpresst und auf diese Weise »refossilisiert«. Erst auf diese Weise lässt sich der Kohlenstoffkreislauf wieder in den Griff bekommen. Es bleibt uns nur diese Lösung, weil wir ein akutes übergeordnetes Problem haben: ein Zeitproblem.

Dennoch dürfen wir uns die berechtigte Frage stellen: Müssen wir gleich von Zeitkollaps sprechen? Leisten wir damit nicht dem Argument Vorschub, die aktuelle Lage zu dramatisieren und mit unserem Denken wie mit unserem Handeln in Schockstarre zu verfallen? Meine Antwort lautet entschieden Nein. Zeitkollaps als allgemeinere Kategorie verweist auf eine tiefere Schicht unserer Auffassung von Gegenwart in zweierlei Hinsicht: Erstens wird uns bewusst, dass nicht nur das Klima, sondern weitere Garanten unserer Lebensgrundlage wegbrechen. Darum ist das Konzept der Planetaren Grenzen – mithin des Planetaren – im vorliegenden Buch zentral. Im Unterschied zur deutschsprachigen Ökokritik, welche »planetary« meist mit »planetarisch« übersetzt, markiere ich mit dem Untertitel »Handeln angesichts des Planetaren« die Nähe zum erdsystemwissenschaftlichen Konzept der »Planetary Boundaries«. Sind Planetare Grenzen einmal überschritten, steht uns kein Zeitbudget – im Falle des Klimakollapses: kein Kohlenstoffbudget – mehr zur Verfügung. Es ist somit illusorisch, Handlungsspielraum durch Zeit erkaufen zu wollen – anstatt heute konsequent unsere Lebensgrundlagen umgreifend zu erhalten und zurück zu gewinnen.

Zweitens kollabiert die menschliche Zeitvorstellung mit der erdhistorischen Dimension. Die Erdgeschichte überrollt unsere Geschichtsschreibung. Wir stehen mitten im Anthropozän. Unser Bewusstsein für diese neue, entschieden anthropogene Erdepoche wirft die Frage nach dem Verhältnis von Erdgeschichte und Geschichtsschreibung auf. Zugespitzt wird die Frage in den Postcolonial Studies, welche die Befreiungsgeschichten seit den Aufklärungen zwar universalisiert,[3] aber den Zusammenhang mit der Verfügbarkeit fossiler Energieträger erst allmählich herstellt. Explizit thematisiert ihn der Historiker Dipesh Chakrabarty 2009, in dem Jahr, in welchem die internationale Forschergruppe um Johan Rockström vom Stockholmer Resilience Center die Planetaren Grenzen der Biosphäre festlegte.

> Philosophers of freedom were mainly, and understandably, concerned with how humans would escape the injustice, oppression, inequality, or even uniformity foisted on them by other humans or human-made systems. Geological time and the chronology of human histories remained unrelated. This distance between the two calendars [...] is what climate scientists now claim has collapsed.[4]

Folgen wir Chakrabartys Gedanken, so bedeutet Zeitkollaps das Ineinander-Fallen zweier Zeitrechnungen, welche der Mensch so lange getrennt zu wissen meinte, wie er an eine stabile Biosphäre glaubte. Wie wir sehen werden, lässt sich dieser Glaube – grob gesagt – auf zwei historische Schichten zurückführen: auf die Moderne seit dem beginnenden 19. Jahrhundert und auf die Antike, welche in der Neuzeit ihre Fortsetzung findet. So geht die Moderne mit der Etablierung von geologischen Zeitvorstellungen einerseits und von realistischen Erzählweisen andererseits im 19. Jahrhundert Hand in Hand. Die große historische Erzählung, die darauf aufbaut und von der Postmoderne vermeintlich dekonstruiert wurde, ist auf eine stabile Bio- und Geosphäre angewiesen. Seit die Erdgeschichte selbst Ereignisse produziert, welche der Mensch verursacht und welche die menschliche Geschichte immer mehr überschreiben, untergraben wir systematisch unsere Lebensgrundlage. Aus der Antike stammt die Vorstellung verschiedener Klimazonen.[5] Demnach befindet sich die Zivilisation der Griechen in den mäßigen Breitengraden mit einem temperiert angenehmen Klima. Außerhalb dieser Klimazone sind die Barbaren. Dort ist es entweder zu kalt oder zu heiß. Entsprechend unausgeglichen seien dort die Charaktere. Es geht nun nicht darum, Stereotype zu wiederholen. Doch in ihrer logischen Fortsetzung werden »wir« vor den Klimakatastrophen verschont. Sie finden in Pakistan, China, Afrika, im Amazonas statt – und nicht in Kalifornien, Italien oder Deutschland, wie man zynisch anfügen könnte.

In diesem Buch geht es weder um eine Diskursanalyse noch um eine Begriffsgeschichte des heutigen Zeitkollapses. Vielmehr steht er symptomatisch für unsere Gegenwart, in welcher wir die Langfristigkeit dem vermeintlich Plötzlichen der Katastrophe, dem Kurzfristigen und Ephemeren opfern. So werden wir uns von zwei Seiten dieser Symptomatik nähern: Zum einen wollen wir den Stand der aktuellen naturwissenschaftlichen Forschung nachzeichnen und in einigen Feldern vertiefen, wie ich das bereits in meinem letzten Klimabuch getan habe. Zum anderen gilt unser Augenmerk Darstellungen und Narrativen, der Verschränkung von Wissenschaft und Politik wie auch literarischen, historischen und zeitgenössischen Wissensbeständen. So fokussieren wir uns in den ersten drei Teilen auf die zeitlichen und räumlichen Dimensionen der erdgeschichtlichen Revolution, die der menschliche Energiehunger antreibt. Im Planetaren kommen die Dimensionen zusammen (Teil 1), in den Metabolismen Energie und Stofflichkeit (Teil 2). Damit legen wir das Fundament für verschiedene Zugänge zum Zeitkollaps: So stellt der Naturwissenschaftler Johan Rockström die Einhaltung Planetarer Grenzen einmal als ökonomische Transition, ein andermal als notwendige Disruption in unserer Gegenwart dar (Kapitel 1.1), während ein Abriss der Tiefenzeit der geohistorischen Massensterben die Unvergleichbarkeit des heutigen Kollapses veranschaulicht (Kapitel 1.2). Strukturparallel gehen wir von der molekularen Ebene von Energiegewinnung aus, bei der nicht nur der Kohlenstoff, sondern auch der Stickstoff und das Phosphor von zentraler Bedeutung sind (Kapitel 2.1), und bringen sie in Verbindung mit dem planetaren Metabolismus der Erde während der letzten Eis- und Warmzeiten in der vorletzten Erdepoche des Pleistozäns (Kapitel 2.2).

Dieses Buch versteht sich nicht als kohärente Erzählung. Im Gegenteil: Wir fügen Mosaikstein um Mosaikstein in ein Gesamtes, das nie vervollständigt werden kann, weil neue Forschungsergebnisse und Erkenntnisse immer wieder vorangegangene ersetzen, präzisieren oder revidieren und sich je nach Sichtweise immer neue Bezüge ergeben. Das relativiert die einzelnen Aussagen und Handlungsoptionen aber nicht, sondern legt nur offen, in welchem Stimmengeflecht wir uns zurechtzufinden haben. Dabei sind die Quantitäten entscheidend. Deshalb widmet sich der dritte Teil Skalen und deren Kollaps, den Skaleneffekten – welche zum einen dem beschränkten Raum des Planetaren, zum anderen dem Umstand geschuldet sind, dass Energie physikalisch als Leistung in einer bestimmten Zeitspanne zu verstehen ist. Die metabolistische Verschränkung von Raum und Zeit lässt sich anhand unterschiedlicher Mosaiksteine wie der Biomasse (Kapitel 3.3), des exponentiellen Wachstums (Kapitel 3.5) und vor allem der Kipppunkte beim Überschreiten Planetarer Grenzen (Kapitel 3.6) veranschaulichen. Gleichzeitig verdeutlicht die Frage nach Skalen und somit nach Mengen-, Raum- und Zeitverhältnissen, wie sehr der Mensch als Imaginations- und Kulturwesen innerhalb ausgeprägter Machtverhältnisse den entscheidenden Faktor für den Zeitkollaps darstellt.

Darum beginnen wir mit einem Mythos im Amazonas, in dem der Mensch als Teil der Biosphäre imaginiert wird (Kapitel 1.3). So wertvoll das Konzept der Planetaren Grenzen ist, so sehr ist das Planetare auch das Produkt des Kalten Krieges, das nicht nur geowissenschaftliche Interdependenzen aufzeigt, sondern den Menschen in einer Weise aus den geo- und biosphärischen Zusammenhängen reißt, als ließe sich das Einhalten der Planetaren Grenzen durch die Justierung einiger Parameter bewerkstelligen (Kapitel 1.4). So einfach die Bildsprache gehalten ist, so intrikat gestalten sich die Zeit- und Raumabhängigkeiten in den konkreten Ausführungen im Text zu den Planetaren Grenzen (Kapitel 6.1). Das Konzept des globalen Kohlenstoffbudgets, mit dem man ein griffiges Instrument zur Reduktion des Klimagasausstoßes gefunden zu haben meinte, unterstreicht das Ringen zwischen Politik und Klimawissenschaft. Es ist inzwischen kontraproduktiv geworden, weil es *nolens volens* die fossile Pfadabhängigkeit weiter aufrecht erhält (Kapitel 1.5), was sowohl mit der angeblich kulturellen Suprematie fossil getriebener Mobilitäts- und Infrastrukturkulturen (Kapitel 2.3) als auch mit den mit öffentlichen Geldern und externalisierten Kosten geförderten fossilen Energieträgern (Kapitel 2.4) zu tun hat. So zeigt sich jeweils in der Mitte der drei ersten Teile, wie sehr wir noch mitten im fossilen Schlamassel stecken, das durch die neuen erneuerbaren Energieträger noch nicht wirklich gelöst ist. Umso notwendiger sind Perspektiven auf das Planetare anhand der Relektüre des Erfindungsdokuments des Anthropozäns von Crutzen und Stoermer (Kapitel 1.6) und der Planetaren Grenzen (Kapitel 1.7). Ebenso sind Energieflüsse nicht mehr getrennt, sondern in ihrem räumlichen Zusammenhang des Planetaren und in ihrer stofflichen Geschlossenheit mit der Biosphäre zu betrachten, solange sie nicht, beispielsweise in Form von Sonnenenergie, davon abgekoppelt sind (Kapitel 2.6).

Im ersten Teil begründen wir die naturwissenschaftliche Faktizität mit entsprechenden Zahlen. Selbst ein kulturwissenschaftlicher Ansatz hat sich dem metrischen Vertrauen zu fügen. Und dies nicht zu Unrecht: Eine reine Argumentations-, Diskurs- oder Narrationsstruktur genügt nicht. Zumindest müssen die Mengen und Skalen eingepreist und in die richtigen Zusammenhänge gebracht werden. Erst die exakten Größenverhältnisse können neue sozio-kulturelle Perspektiven eröffnen. Das Scharnier dieses

Buchs bildet die affektive Leerstelle, die uns weiterhin an einem neuen, anderen Handeln hindert (Kapitel 3.7). Verdrängung der Faktizität aus dem persönlichen und gesellschaftlichen Bereich als Selbstschutz ist das größte Problem unserer Gegenwart. Wollen wir diese Selbstblockade überwinden, ist eine neue Kombination von Darstellungsformen gefragt, die nicht auf ein bekanntes, vom Realismus kontaminiertes Erzählen, sondern auf tiefere Zeitdimensionen rekurrieren. So fragt der vierte Teil nach einer neuen Tiefenzeit, welche sich nicht nur am Holozän als Referenzerdepoche für die Planetaren Grenzen orientiert. Bezeichnenderweise wird der Bruch mit herkömmlichen Erzählstrukturen nicht nur in der Gegenwartsliteratur (Kapitel 4.2), sondern schon um 1800 sichtbar, als in der Folge der Amerikanischen und Französischen Revolution sowohl eine globale Befreiungs- und Unterdrückungsgeschichte als auch der sich exponentiell zunehmende Zugriff des Menschen auf fossile Energieträger an Fahrt aufnahm (Kapitel 4.3). In bemerkenswerter Weise wird die sogenannte neolithische Revolution im Übergang vom Pleistozän ins Holozän als große Verlustgeschichte rekonfiguriert, welche sich auf unseren Erdepochenwechsel zum Anthropozän übertragen lässt. So erprobt Max Frisch ein neues erdgeschichtliches Erzählen in den Jahren, als wir beim atmosphärischen Kohlendioxidgehalt die Planetare Grenze des Klimawandels überschreiten. So erscheint der Mensch im Anthropozän, als zusehends die Tiefe der Zeit entdeckt wird.

Die Illusion der Trennung von Natur und Kultur wird nicht nur obsolet, weil Natur kulturell konstruiert wird, sondern weil der Mensch vermeinte, sich von seinen biosphärischen Grundlagen abkoppeln zu können. So gehen wir im 5. Teil des Buches der Frage nach, wie kulturhistorische Momente von Mischungen aus »Natur« und »Kultur« rekonfiguriert werden. Hemerobie – der Grad an infrastruktureller, »künstlicher« Überformung von Landschaft – wird nicht nur räumlich, sondern in unserem Fall auch zeitlich gelesen, um den Zeitkollaps als Begegnung mit dem »Anderen« – mit unserer biologischen und biosphärischen Abhängigkeit – als Chance zu begreifen. Vor dem Hintergrund solcher Hemorobien unterziehen wir bekannte Texte einer Revision und damit einer Relektüre im abschließenden sechsten Teil des

Buchs. Nochmals: Dabei geht es nicht um Dekonstruktion und Relativierung der genannten Konzepte, sondern um eine historische Einbettung und auch um das Aufzeigen, welche Problemlage, aber auch welches Potential den Texten inhärent ist. Dies gilt für die Erfindung des Anthropozäns wie auch für die Weiterentwicklung der Planetaren Grenzen (Kapitel 6.1) und das Übereinkommen von Paris (6.2). Nach wie vor handelt es sich nicht nur um neue Metriken und Zahlen, an denen wir uns zu orientieren haben, sondern auch um neue Diskursformen für das 21. Jahrhundert, wobei das Kapital eine Wende in die diametral entgegengesetzte Richtung vollziehen müsste, möchte es noch eine Daseinsberechtigung haben: von extraktivem Ressourcenverschleiß und Schädigung der Biosphäre hin zu einer immensen Reparaturleistung an allen Erdsystemen: an den Weltmeeren, an der Pedosphäre, an der gesamten Biosphäre und vor allem an der Atmosphäre. Zugegebenermaßen eine Herkulesaufgabe. Das sind Revisionen im mehrfachen Sinne – infrastruktureller, erdhistorischer und literarischer Natur.

Die Eindimensionalität einer Zeitauffassung, welche nur in eine Richtung zu zielen weiß, führt zum verheerenden Zeitkollaps in unserer Gegenwart. Dem kurzfristige Tunnelblick, der nur das Nächstliegende in seine Rechnung aufnimmt, entzieht sich das Buch auch auf formaler Ebene: Das Denken soll mit gedanklichen Dehnübungen verflochten werden, welche in die Praxis ausgreifen und unser Handeln neu anleiten. Dafür begeben wir uns in jedem Teil an exemplarische Schauplätze, an denen geomorphologische Voraussetzungen menschliche Infrastruktur und biosphärische Dynamik, anthropogene Einflüsse und vermeintliche Wildnis besonders hart aufeinanderprallen lassen: in die Alpen. Sei es anhand der Gegenüberstellung ressourcenschonender und ressourcenintensiver Lebensführung (Kapitel 2.6), anhand der Verbindung von der Vergandung in den Alpen mit unserem Fleischkonsum (Kapitel 3.1), anhand des extremsten Natur-Kultur-Trennungsdiskurses der Erhabenheit am Beispiel der verschwundenen Gletscher (Kapitel 5.3) und schließlich anhand der Frage nach Landschafts- und Klimaschutz im hochalpinen Gelände durch Photovoltaik (Kapitel 6.4).

1. Das Planetare

1.1 Ecce homo

2017 tritt Johan Rockström als Direktor des renommierten Stockholm Resilience Center auf dem Weltwirtschaftsforum in Davos auf, um Vertretern aus Politik und Ökonomie zwei Sachverhalte zu erklären: die Gefährlichkeit des exponentiellen Wachstums und die anstehende Reduktion des CO_2-Ausstoßes, auf den uns das Klimaabkommen von Paris 2015 verpflichtet. Wir verhielten uns zur Zeit der einsetzenden Industrialisierung im ausgehenden 18. Jahrhundert und noch in der Zeit der Großen Beschleunigung ab den 1950er-Jahren, als ob die Ressourcen und Aufnahmefähigkeit unseres Planeten unerschöpflich wären – bis erste Warnsignale ausgesendet wurden, vor den »Grenzen des Wachstums« gewarnt wurde und Exxon, einer der größten Mineralölkonzerne, 1977 von Wissenschaftlern modellieren ließ, wie das anthropogene CO_2 in der Atmosphäre zu einer nicht zu unterschätzenden Erderwärmung beitrage.[6]

Stellen Sie sich vor, man hätte vor der Großen Beschleunigung oder spätestens in den Siebzigerjahren die Grenzen unseres Planeten ernst genommen und auf erneuerbare anstatt auf fossile Energieträger gesetzt. Wir hätten die Notbremse früh genug gezogen, früh genug Netto-Null erreicht und stünden nicht vor einem schier unlösbaren Problem. Den Grenzwert für Klimagase in der Atmosphäre haben wir 1987 überschritten. Weder zuvor noch danach wurden drastische Maßnahmen ergriffen. Im Gegenteil: Der ungebremste Ausstoß beschleunigt sich weiter – als handelte es sich um ein Naturgesetz.

Im zweiten Teil seiner Rede erklärte Rockström den Mechanismus zur Erreichung der Ziele des Pariser Klimaabkommens. Dabei ging er von einem Emissionsbudget aus, das uns noch zustehe. Darauf werden wir zurückkommen (⊕ 1.5). Die dahinterstehende

Prämisse geht weiterhin von einer Transition aus. So sollen wir allmählich aus den fossilen Energieträgern aussteigen. Oder wie es Rockström in Davos unterstrich: Indem wir unseren Ausstoß in jeder Dekade halbieren, erreichen wir um 2050 das Netto-Null-Ziel. Er fügte an, dass es natürlich weiterer Anstrengungen bedürfe, um spätestens ab der Mitte unseres Jahrhunderts CO_2 aktiv aus der Atmosphäre zu entfernen. Wir, die wir als ehemalige Industrieländer der Ersten Welt am meisten ausgestoßen haben, stehen zuerst in der Pflicht. Darauf haben wir uns 2015 in Paris verpflichtet.

An Rockström kristallisiert sich am deutlichsten heraus, in welchem Dilemma sich die Wissenschaft heute befindet. Rockström selbst legt zusammen mit einem internationalen Forschungsteam in einem der wichtigsten Beiträge der letzten zwanzig Jahre die Planetaren Grenzen fest.[7] Darin wird auch beschrieben, wie wir den »Safe Operating Space« beim Überschreiten der 350 ppm (*parts per million*) CO_2 an atmosphärischem Klimahausgasgehalt verlassen haben.[8] Er weiß also um die Grenzen, deren Überschreitung drastische Gegenmaßnahmen erfordert. Gleichzeitig erzählt er vor Akteuren aus Wirtschaft und Politik in Davos hauptsächlich die erste Hälfte der Geschichte, um überhaupt wahrgenommen zu werden und eine ökonomisch scheinbar noch gangbare Transition vorzuzeichnen. Damit begibt er sich aber in das Dilemma vermeintlicher Machbarkeit, welche wiederum auf die Annahmen in der Klimamodellierung Einfluss hat.

In einer beinahe identischen Präsentation unterstreicht Rockström ein Jahr später auf einer Konferenz der neuseeländischen New Frontiers, dass die Negativemissionen aktiv und differenziert angegangen werden müssten.[9] Erstens habe sich die Landwirtschaft vom bisher größten Klimagasemittenten zum größten Kohlenstoffrückbinder zu wandeln; zweitens sei über verarbeitete Biomasse aktiv CO_2 der Atmosphäre zu entziehen; und drittens sei ein intensiverer Schutz von Naturräumen wie Wäldern und Sümpfen, Steppen und Wiesen voranzutreiben und durchzusetzen. Ob das genügt, sei dahingestellt. Offenbar zögert die Klimawissenschaft weiterhin, die doppelte Herausforderung von Klimagas-Ausstoß-Verhinderung (Mitigation) und CO_2-Rückbindung (Carbon Dioxide Removal) im selben Atemzug zu nennen, weil sie befürchtet, dass Ersteres mit Zweitem verrechnet werde – und etwa ein unverminderter Ausstoß einfach durch Aufforstung »kompensiert« wird, anstatt die fossilen Energieträger konsequent durch erneuerbare zu ersetzen. Von diesem Dilemma der Wissenschaftsvermittlung zeugt die scharfe Reaktion der Scientific Community auf eine in *Nature* publizierte ETH-Studie zum globalen Aufforstungspotential, welches gemäß einer Bonner Forschungsgruppe massiv überschätzt werde.[10]

Es ist besser, uns die ganze Geschichte vorzuknöpfen. Diese wird auch davon handeln müssen, dass wir nicht nur keine Klimagase mehr ausstoßen dürfen, um unser Überleben zu sichern, also nicht nur endlich die Klimagaskonzentration zu stabilisieren. Vielmehr muss gleichzeitig die atmosphärische Klimagaskonzentration gesenkt werden. Dabei müssen wir nicht nur den Überschuss, sondern die gesamten Emissionen seit 1987 wieder aus der Atmosphäre filtern und zurückbinden, weil Meere und Biomasse ausgasen (⊛ 3.4). Vielleicht wagte Rockström noch nicht, an eine Senkung der atmosphärischen Klimagaskonzentration zu denken. Doch seine Argumentation vollzieht zwischen 2017 und 2018 einen deutlichen Wandel. Es geht nicht mehr nur um eine Transition jenseits des Anthropozäns – »Beyond the Anthropocene«, wie sein Vortrag noch in Davos betitelt ist –, sondern um eine »Disruptive Transformation«. Zwar mag man in dieser Wortkombination einen Widerspruch sehen. Zudem ist der Begriff der Disruption ein Modebegriff der Ökonomie, um die Durchsetzung neuer Technologien – wie beispielsweise der Digitalisierung – zu beschreiben. Aus diesem Grund besteht die Gefahr, dass der ökologische Begriff bereits zu sehr ökonomisch überformt ist – vergleichbar mit dem Begriff des Kohlenstoffbudgets, auf das wir zurückkommen werden. Doch wenn wir in Bezug auf den weiteren Anstieg der Treibhausgaskonzentration in der Atmosphäre keinen sofortigen Bruch vollziehen, wenn wir nicht disruptiv handeln, holt uns die »natürliche« Disruption umso heftiger ein. Überrollt uns die geohistorische Revolution,[11] kommt uns jegliche Möglichkeit einer geordneten Transformation abhanden. Damit wir das besser verstehen, wollen wir uns der Dimension des Planetaren aus einer zeitlichen Perspektive nähern. Tauchen wir ab in die Erdgeschichte, um ihr Heute zu verstehen.

1.2 Von der Erdgeschichte zum sechsten Massensterben

Für heutige Lebewesen wäre unser Planet über die größte Zeit seiner viereinhalb Jahrmilliarden Erdgeschichte schlichtweg unbewohnbar gewesen. Nicht nur viel zu heiß, sondern zwischendurch auch viel zu kalt wäre es ihnen gewesen. Auch das Verhältnis von Sauerstoff und Kohlendioxid wäre für uns unerträglich gewesen. Wir hätten nicht atmen können; wir wären erstickt. Erst im letzten Achtel der Erdgeschichte trifft man auf Formen, die wir mit heutigen Lebensweisen annäherungsweise in Verbindung bringen können. So spricht die Paläontologie bei der jüngsten Großepoche vom Phanerozoikum, dem »Zeitalter des sichtbaren Lebens«. Selbst in diesem Zeitraum der letzten 541 Millionen Jahre hätte unsere gegenwärtige Biosphäre mit ihrer Flora und Fauna keine Überlebenschancen gehabt – die Menschen eingeschlossen. Zwar haben wir uns durch das jüngere Pleistozän der letzten zwei- bis dreihunderttausend Jahre durchgeschlagen, wären wie andere Primaten auch beinahe ausgestorben, bis wir mit dem Aufbau von größeren Gesellschaftsverbänden Tritt gefasst haben.

Im Phanerozoikum ging die Welt ein paar Mal unter; mindestens fünfmal starben mehr als Dreiviertel aller Arten aus.[12] In der Fachsprache spricht man von Massenaussterben oder Faunenschnitt; umgangssprachlich nennt man die fünf Großereignisse »die großen Fünf« (»The Big Five«). Um unser Problem des gegenwärtigen Klima- und Zeitkollapses, den wir spätestens mit der Industrialisierung vor 250 Jahre angestoßen haben, zu erkennen, tun wir gut daran, den Vergleich mit dem größten Massenaussterben vor 252 Millionen Jahren zu ziehen. Wir kommen gleich darauf zurück. Heute erhärtet sich zunehmend die These, dass jeweils »abrupte« Klimawechsel zu den häufigsten Ursachen für Massenaussterben zählen.[13] Es ist geologisch zum Teil schwierig zu rekonstruieren, ob der Klimawechsel durch einen Asteroideneinschlag ausgelöst oder verstärkt wurde. Ein solches Ereignis war am letzten, dem fünften großen Massenaussterben vor 66 Millionen Jahren beteiligt, als ein im Durchmesser über zehn Kilometer großer Asteroid im Norden der Halbinsel Yucatán einschlug (Chicxulub-Einschlag). Wahrscheinlich in der Folge von dadurch ausgelösten seismischen Aktivitäten auf dem indischen Halbkontinent ergossen sich riesige Magmafelder und bildeten den Dekkan-Trapp. Entscheidend für das von Klimafolgen ausgelöste Massenaussterben sind weniger Asteroideneinschläge oder der Ausbruch von Supervulkanen. Diese können zwar kurzfristig zu einer drastischen globalen Abkühlung führen. Entscheidend ist die Bildung von sogenannten magmatischen Großprovinzen, welche Flutbasalte bilden. Dadurch gelangen über Hunderttausende von Jahren vor allem Kohlendioxid, Schwefeloxid, Fluor, Chlorwasserstoff und Methan in die Atmosphäre, wodurch sich die globale Konzentration an Klimagasen deutlich erhöht und gleichzeitig die Meere versauern. So starben vor 66 Millionen Jahren die Dinosaurier aus. Da bei diesem Ereignis je nach Zählung wahrscheinlich nicht einmal drei Viertel aller Arten ausstarben, handelt es sich um das kleinste der »Big Five«. Nun aber der Reihe nach.

Ebenfalls vergleichsweise harmlos fiel der erste Faunenschnitt, das sogenannte Ordovizische Massenaussterben, vor 440 Millionen Jahren aus. Dafür war nicht eine globale Klimaerwärmung, sondern eine globale Abkühlung verantwortlich. So reduzierte sich der Bestand der ersten, für uns geheimnisvollen Tiere der Graptolithen, die in eigenen Röhrenkonstruktionen lebten, massiv. Aufgrund der Vereisung eines neuen Superkontinents am Südpol wurde Wasser in Kontinentaleis gebunden, die Meeresspiegel sanken und legten die Habitate der Graptolithen in den seichten Schelfmeeren trocken. Der in unterschiedlichen Wellen vollzogene Landgang von Organismen war noch nicht weit fortgeschritten. Noch gab es kaum Landbewohner; die meisten Lebensformen waren auf Gewässer angewiesen.

Das zweite große Massenaussterben vor 359 Millionen Jahren im Übergang vom Devon zum Karbon fiel zwar einschneidender aus, weil die Ozeane weitgehend ihren Sauerstoff verloren. Dabei starben über vier Fünftel aller Meerestierarten aus; darunter auch die Graptolithen. Doch die Pflanzen und Tiere, die sich inzwischen auf das Land hatten »retten« können, überlebten den zweiten Faunenschnitt, konnten sich über das Karbon weiterentwickeln und immer größer werden – bis zum dritten und größten Massenaussterben auf unserem Planeten. Dabei wurden an der Perm-Trias-Grenze über 90 Prozent aller Arten ausgelöscht. Fast gänzlich verschwanden die Meeresflora und -fauna, insbesondere die Wirbellosen – so die riesigen Korallenriffe der phanerozoischen Anfangsphase. Ebenso gingen drei Viertel aller Landtierarten zugrunde. Einzig die Landpflanzen kamen davon. Was ist passiert?

Auslöser für den Zusammenbruch fast aller Ökosysteme sind mit großer Wahrscheinlichkeit – das können wir nun erahnen – der Ausfluss von Flutbasalt und die Bildung der Sibirischen Trapp, welche mehr als die Hälfte dieser Region bedeckt. Über mehrere hunderttausend Jahre wurde eine Fläche von sieben Millionen Quadratkilometern von einer bis zu 3,5 Kilometer mächtigen Schicht magmatischer Gesteine überzogen. Entsprechend riesig war der daraus resultierende Ausstoß an Klimagasen und Schwefeldioxid, wodurch neben der Klimaerwärmung zusätzlich die Meere und Böden versauerten. Der globale Temperaturdurchschnitt erhöhte sich um gut 5 Grad Celsius. Hauptverantwortlich für das Verschwinden fast aller Meerestiere und -pflanzen waren neben der Temperaturerhöhung der oberen Meeresschichten die starke Gewässerversauerung und der Sauerstoffschwund. So entstanden im sauerstofffreien Wasser nur noch Einzeller, die massiv Methan und Halogenkohlenwasserstoffe emittierten. Dabei handelt es sich um eine typische positive Rückkopplung der Klimaerwärmung, die sich dadurch nochmals verstärkte. Zudem produzierten grüne Schwefelbakterien den penetrant nach faulen Eiern riechenden und hochgiftigen Schwefelwasserstoff (H_2S), der sich über den ganzen Planeten legte.

Jüngste Forschungen belegen, dass das Massenaussterben selbst lediglich ein paar Jahrtausende, allerhöchstens 30 000 Jahre dauerte.[14] Das »Ereignis« firmiert unter dem »Großen Sterben« (»The Great Dying«). Oder wie es der Paläontologe des größten Museums der südlichen Hemisphäre, des Melbourne Museum, Rolf Schmidt auf den Punkt bringt: »It set life back 300 million years.«[15] Gewiss ist es problematisch zu behaupten, dass der größte Faunenschnitt die Evolution wieder an den Anfang des Phanerozoikums zurück katapultiert habe. Das Massenaussterben war jedenfalls so einschneidend, dass es mehr als 15 Millionen Jahre dauerte, bis unser Planet wieder zaghaft von neuen Pflanzen und Tieren besiedelt werden konnte. Bis weit in den Jura hinein (also über 60 Millionen Jahre) erfuhren Fauna und Flora wegen widriger Umweltbedingungen immer wieder Rückschläge. Und nie mehr gab es so reichhaltige Lebensformen.

Die Erdgeschichte gibt uns nicht nur Rückschlüsse auf unsere heutige Situation und darauf, was auf unsere Biosphäre zukommt, wenn wir das Steuer nicht herumreißen. Die Erdgeschichte gewährt uns ebenso Einblicke in die zeitlichen Dimensionen und lässt uns die geologischen Ressourcen einschätzen, auf die wir bei fossilen Energieträgern zurückgreifen – welche hauptsächlich für die anthropogenen Klimagase unserer Gegenwart verantwortlich sind. Diese Dimensionen sprengen den menschlichen Erfahrungs- und Vorstellungshorizont dermaßen, weil sie um einen unvorstellbar hohen Faktor hinter unsere Zivilisationsgeschichten in eine tiefe Vergangenheit zurückgreifen. Daher spricht die Ökokritik vom Hyperobjekt Klimaerwärmung.[16] Der gegenwärtige geohistorische Zeitkollaps sprengt nicht nur jegliche überblickbare zeitliche und räumliche Dimension, sondern durchdringt all unsere Lebensbereiche, unsere Körper und unser Denken. Welt ist keine objektive Konstruktion mehr, zu der man sich ironisch, distanziert oder wissenschaftlich »objektiv« verhalten kann.

Das größte Massenaussterben liegt, wie bereits erwähnt, im Übergang vom Perm zur Trias und markiert ebenso die Ablösung des Erdaltertums (Paläozoikum) durch das Erdmittelalter (Mesozoikum). Wenn wir heute der Erdkruste weiterhin Kohle, Öl und Erdgas entnehmen, so plündern wir eine Ressource, welche in einem langwierigen biophysikalischen Prozess entstanden ist. Sie wurde hauptsächlich im Mesozoikum, und da besonders in einer erdhistorischen Periode vor dem Perm angelegt: im Karbon. So weit entfernt das Karbon auch zu liegen scheint, so sehr sind seine atmosphärischen Verhältnisse mit heute vergleichbar. Zwar war der atmosphärische Kohlendioxidanteil doppelt so hoch wie heute. Doch entsprechend mehr Sauerstoff gab es: um fast zwei Drittel mehr als heute. Die durchschnittliche Bodentemperatur von ca. 14 Grad Celsius kommt nahe an den heutigen Wert. Offenbar bewegen wir uns in den Wärmephasen des Pleistozäns – und somit im Holozän der letzten 11 700 Jahre – in einem idealen Bereich für die Biosphäre. Wollen wir diesen Bereich wirklich freiwillig verlassen?

Bei den Durchschnittswerten müssen wir vorsichtig sein. Die Differenz von der frühen zur späten Karbonzeit ist beträchtlich. Herrschte global gesehen anfangs ein subtropisches Klima, kühlte es allmählich ab und mündete schließlich im Übergang zum Perm ins Permokarbone Eiszeitalter, in dem der atmosphärische Kohlendioxidgehalt den absoluten Tiefpunkt von 100 ppm erreichte.[17] Zu dieser Reduktion kam es durch die äußerst reiche Flora mit baumartigen Pflanzen, welche erstmals tief im Erdreich wurzelten oder weite Kohlensümpfe besiedelten. Riesige Schachtelhalme, Farne, Schuppen- und Nadelbäume prägten die Landschaft. Organisches Material wurde oftmals anaerob abgebaut und in riesigen Kohlenflözen abgelagert. Die Inkohlung führte über Jahrmillionen vom Pflanzenmaterial zu Torf, dann über Braunkohle und Steinkohle z.T. sogar zu Anthrazit und somit zu immer dichteren Kohlenstoffverbindungen. In der letzten Epoche des Erdaltertums (Paläozoikum), im Perm, herrschten gegen Ende zwar durchschnittlich wieder leicht höhere Temperaturen. Doch ein eher raues, trockenes Klima und ein massiver Kohlenstoffdioxid- und Schwefeldioxideintrag in die Atmosphäre – aufgrund weiterer Flutbasalte im heutigen Südchina, welche aber im Vergleich zum sibirischen Trapp nur einen Bruchteil ausmachten – behinderten den Pflanzenwuchs und vor allem die maritime Flora, bis sie dann der größte Faunenschnitt der »Big Five« vernichtete.

Wir profitierten seit Beginn der Industrialisierung von einer erdgeschichtlichen Biomasse-Kumulation und -Inkohlung, welche 60 Millionen Jahre dauerte. Obwohl es in keinerlei Weise ratsam ist, alle fossilen Vorräte zu verbrennen, so werden uns die Größenverhältnisse in dieser Gegenüberstellung erst richtig bewusst: Wir verfeuerten und verfeuern noch immer organisches Material, welches sich in langsamen, oftmals Jahrmillionen dauernden Prozessen zu hochwertigen Energieträgern verdichtet hat. So sehr der atmosphärische Kohlendioxidgehalt im Karbon noch schwanken mag: Das Verhältnis von Einspeicherungszeit damals und Verfeuerung heute übersteigt den Faktor 100 000. So verfeuern wir gegenwärtig innerhalb eines Tages so viel fossile Energieträger, wie in den langwierigen Prozessen in der Epoche des Karbons innerhalb von über 230 Jahren angesammelt worden ist.

Auch wenn es sich hier um einen höchst approximativen Wert handelt: Er lässt uns erahnen, mit welcher Geschwindigkeit wir bislang natürliche Prozesse überbieten. Der IPBES-Bericht 2019 zur Biodiversität hält fest, dass der Klimawandel im Moment noch nicht an erster Stelle der Hauptursachen für den gegenwärtigen weltweiten Artenschwund steht. Davor liegen noch der Verlust von Lebensraum, Veränderungen in der Landnutzung und Jagd sowie Wilderei. Leider hat der Klimawandel das Potential, an die erste Stelle vorzurücken. Zwar hat der Mensch bereits, bevor er sesshaft wurde, zu weiten Teilen die Megafauna eliminiert. Somit ist das sechste und dieses Mal anthropogene Massenaussterben seit Längerem im Gang. Doch der atmosphärische Kohlendioxidgehalt hat sich in den letzten hundert Jahren derart schnell erhöht, dass sich die über Jahrtausende erfolgte Abgabe von Klimagasen durch den sibirischen Flutbasalt, die immerhin zum bisher größten Massenaussterben geführt hat, als beinahe langwierig ausnimmt. Wir müssen uns fragen, wie überhaupt eine solche Entkopplung des Menschen von seiner Lebensgrundlage möglich wurde. Gleichzeitig müssen wir uns eingestehen, dass wir ein gewisses Narrativ ausmachen können: das Narrativ der Trennung von Natur und Kultur.

1.3 Der Mensch als Teil der Biosphäre

Heute hat die Trennung von Natur und Kultur einen selbstzerstörerischen Punkt erreicht. Natur und Kultur können wir nicht weiter als separate ontologische Einheiten aufrechterhalten. Wird die Menschheit selbst zur Naturgewalt, kommt die Natur als selbständige Entität in der menschlichen Vorstellung an ihr Ende. Angesichts der überschrittenen Planetaren Grenzen und der inzwischen erreichten Kipppunkte, auf die wir noch genauer eingehen werden, werden Begriffe wie »Natur«, aber auch daran anschließende Konzepte wie »Umwelt« obsolet. Umso größer ist das Dilemma, vor dem Natur- und Landschaftsschutz stehen, wie er sich in den Alpen artikuliert. Im Wissen darum, dass dort erneuerbare Energiequellen vor allem aus Wasser und Sonne besonders effizient erschlossen werden können, vermeint sich der Landschaftsschutz im Sinne einer intakten oder unberührten Landschaft reflexartig dagegen wehren zu müssen. Den Menschen als Einflussfaktor anzuerkennen, bedeutet mehr, als einen vermeintlichen ursprünglichen Zustand in bestimmten abgegrenzten Zonen bewahren zu wollen. Vielmehr gilt es den gemeinsamen Lebensraum in seinem Zusammenhang mit der Erdgeschichte in den Blick zu bekommen. Dabei spielt die Biodiversität eine zentrale Rolle, aber vielleicht nicht in ihrer einfachen Trennung von sichtbarem menschlichen Einfluss in Form von Infrastrukturbauten. Denn der menschliche Einfluss ist allgegenwärtig – in Form von Mikropartikeln, Klimaerwärmung, Versauerung von Ozeanen und Stickstoffkreislauf.

Sprechen wir von Grenzwerten, bewegen wir uns in hybriden Umwelten. Die Biosphäre intakt zu halten oder wieder intakt zu stellen, bedingt den Eingriff des Menschen. Die Normen und Glaubenssätze kleinbürgerlichen Lebens etablierten sich in der Nachkriegszeit laut Roland Barthes mithilfe eines höchst konstruktivistischen, mythengenerierenden Vorgangs, den er Naturalisierung oder »naturalisation« nennt, als Naturgesetze des Lebens oder als common sense.[18] Bruno Latour spricht von der Entstehung einer solch unreflektierten Perspektive in Bezug auf die Moderne, welche die eigenen Normen als in der Natur vorgegeben wahrnimmt und abweichende Sichtweisen als irrational bewertet.[19] Dies führt uns vor Augen, dass »Natur« als Konstrukt unserer Kultur zu verstehen ist, wie sich das auch in der Materialisierung von sogenannten »Naturparks« zeigt. Insbesondere im nordamerikanischen Kontext lässt sich ausmachen, wie problematisch der Begriff der Wildnis ist. Zum einen wird die bisherige Bewohnung und Nutzung durch Indigene meist ausgeblendet, zum anderen geht man davon aus, dass »Natur« sich selbst zu überlassen gleichzusetzen ist mit »Natur« ohne menschlichen Einfluss.[20] So lässt sich auch anhand des Schweizerischen Nationalparks zeigen, dass der menschliche Einfluss allgegenwärtig ist – sei es in der Zusammensetzung der Fauna, sei es in der Regulierung des Wildbestandes.[21]

Die lange Trennungsgeschichte von Natur und Mensch wird von »westlichen« Umweltbewegungen und -behörden fortgesetzt. Weltweit haben indigene Völker ihre Umwelt weit intensiver und länger beeinflusst als einst gedacht.[22] Denken wir nur an die Agroforstwirtschaft in präkolumbianischer Zeit.[23] Auch in Australien wurde das Land von den Aborigines über Tausende von Jahren mit

Feuer, Vegetationszyklen und Wasserflüssen bearbeitet.[24] So hält Ursula Heise fest: »Nature never really was separate from human society; it appeared untouched only to those who did not know, how much indigenous peoples had transformed it long before Europeans' arrival.«[25] Diese Eingriffe waren lange nicht so verheerend, wie es jene durch Kolonialisierung und Neokolonialisierung – Abholzung, Plantagenanbau und Raubbau – seit der Frühen Neuzeit bis heute sind. Im Gegenteil: Es gibt durchwegs Kulturen, welche mit den vorhandenen Ressourcen umzugehen wissen, wie wir in der folgenden Geschichte aus dem Amazonas sehen werden. Inzwischen aber greift der Mensch auch ohne direkte physische Wirkung überall, d. h. gesamtplanetar in Form globaler Prozesse wie Klimaerwärmung, Störung der biochemischen Kreisläufe oder Versauerung der Ozeane ein: Planetare Grenzen, auf die wir noch genauer eingehen werden. In *The End of Nature*, einem der ersten Bücher, welches bereits 1989 ein nicht-wissenschaftliches Publikum über den Klimawandel aufklärt, hält der Autor Bill MacKibben fest: »We have changed the atmosphere, and thus we are changing the weather. By changing the weather, we make every spot on earth manmade and artificial. We have deprived nature of its independence, and that is fatal to its meaning. Nature's independence *is* its meaning; without it there is nothing but us.«[26]

Im mythischen Fundus des Amazonas stoßen wir auf eine Zeit, in welcher die Welt zu verbrennen drohte.[27] In ihr gab es nur den Tag. Keinen Sonnenuntergang, kein Sternenlicht, keine nächtliche Kühlung, keine Nachttiere, keine Nachtruhe. Die große Wasserschlange, die in der Tiefe des Flusses hauste, hatte eine wunderschöne Tochter, die mit mächtigen Kräften ausgestattet war. Die Tochter heiratete einen kräftigen Mann vom nahen Dorf am Flussufer. Der Mann arbeitete hart, um seine Felder fruchtbar zu halten und mit Maniok, Mais und Süßkartoffeln zu bepflanzen. Es schmerzte die Tochter, ihn und seine Stammesgenossen in der endlosen Hitze arbeiten zu sehen. Sie konnten nicht ruhen, denn es wurde nie Nacht. So schickte sie drei Männer aus, um von ihrer Mutter, der großen Wasserschlange, die Nacht zu erbitten, die auf dem Grund des Flusses ruhte. In den Mythen der präkolumbianischen Zeit bildet die Natur eine Einheit von Tier-,

Pflanzen- und Menschenwelt. Der Mensch kann – wie in diesem Mythos – von einer Schlange abstammen und sich in eine Pflanze verwandeln. Geschlossen ist der Kreis der Lebewesen, der Jahreszyklus, mit dem Reifen der Früchte oder dem An- und Abschwellen der Flüsse. Das Ineinander von Belebtem und Unbelebtem als ständige Metamorphose.

Im ersten Teil seiner Romantrilogie *Amazonas* (1937) beschreibt Alfred Döblin, wie der aus Granada stammende Jurist und Eroberer Jiménes Quesada 1536 mit seiner Truppe auf der Suche nach Gold und neuem Land in den Tropenwald eindringt. Bald entpuppt sich die Vegetation als Hindernis, die Expedition als Überlebenskampf. Überall, wo die Truppe durchkommt, leiden und brüllen die Wesen vor Schmerz: Bäume, Winde, Tiere, Vögel. Doch die »Schänder« schreiten hindurch und nehmen nichts wahr – so wie wir. Solange wir weiterhin auf Ressourcen zurückgreifen, die nicht regenerierbar sind und vor mehr als 300 Millionen Jahren eingelagert wurden, solange wir die Grenzen der natürlichen Zyklen nicht wahrnehmen, setzen wir den kolonialistischen Raubbau brutaler denn je fort. Der Natur mögen aus der historischen Betrachtung heraus noch immer die Eigenschaften Wildnis, göttliche Verlassenheit und Erhabenheit zugeschrieben werden. Doch als einziger Lebensraum der Menschheit ist die höchst verletzliche und begrenzte Biosphäre nicht zu verwechseln mit der Unendlichkeit des Universums. Im Gegenteil: Heute sind nur noch 30 % aller Vögel wild, die restlichen sind Nutztiere, die der Mensch als Geflügel züchtet. Noch drastischer fällt die Bilanz bei den Säugetieren aus: 60 % entfallen auf Nutztiere wie Schweine oder Rinder, 36 % auf den Menschen selber. Lediglich 4 % davon sind noch Wildtiere.

Die drei ausgesandten Männer fanden die große Wasserschlange eingerollt in ihrem Nest am Fluss. Nur mit Mühe gelang es ihnen, die Schlange zu wecken und sie zu bitten, ihre Tochter samt Mann und Menschheit vom ewigen Tag zu befreien. Die große Wasserschlange ließ sich nicht zweimal bitten und begab sich auf den Grund des Flusses. Nach mehr als einer Stunde tauchte sie mit einer großen Nuss des Tucumã-Baums auf und übergab sie den drei Männern. Sie warnte aber davor, die Nuss zu öffnen, da sich dann alles verdunkle. Einzig ihre Tochter wisse mit den Geistern umzugehen. Wie es kommen musste, hörten die drei Männer auf dem Rückweg ins Dorf Geräusche in der Nuss. Aus Neugier öffneten sie diese, und alles verdunkelte sich auf der Stelle. Der Mann der wunderschönen Wasserschlangentochter erschrak. Der Sack unter seiner Hängematte verwandelte sich in einen Jaguar mit Nachtaugen, das Kanu am Fluss in eine Ente, das Seil in eine Anakonda. Er rief seine Frau zur Hilfe. Sie riss sich ein Haarbüschel aus, trennte damit Tag und Nacht und verzauberte die drei Männer in Esel. Seither ruhen die drei Männer in den Rhythmen der Nachttiere. Und jedes Mal, wenn sie wieder aufwacht, sammelt sie mit ihrem Haar die Nacht ein und versorgt sie in der Nuss. Dies ist nur ein Beispiel dafür, wie indigene Narrative nicht nur die Dichotomie zwischen Natur und Kultur aufbrechen, sondern auch die Interdependenz von naturwissenschaftlichem und ökonomischem Narrativ angesichts des Zeitkollapses relativieren können. Das bedeutet nicht, dass die Dringlichkeit zu handeln nicht gegeben ist, aber dass es Möglichkeiten gibt, die uns offen stehen.

1.4 Kritische Annäherungen an Planetare Grenzen

In ihrer Genealogie lassen sich die Planetaren Grenzen auf eine malthusianische Biopolitik der Knappheit zurückführen.[28] Thomas Malthus ist der Vater einer Bevölkerungstheorie, die er in *An Essay on the Principle of Population* (1798) und *Principles of Economics* (1820) entwickelte. Folgt man seiner Theorie, so kommt es bei exponentiellem Bevölkerungswachstum relativ rasch zu einer Überbevölkerung. Diese kann sich nicht mehr ernähren, weil ihr Nahrungsmittelangebot deutlich langsamer wächst. Hier spricht man von Skaleneffekt (⊛ 3.3). Jeder Mensch, der wegen Nahrungsknappheit nicht überlebt, unterliegt in den Augen von Malthus einem »Naturgesetz«, gegen das der Mensch nichts ausrichten kann. Angesichts dieser Aufhebung der Ethik im Namen des Ausnahmezustands spricht Eva Horn von rationalisierter Unmenschlichkeit.[29] Ohne diese fatalistische Misanthropie fortzusetzen, nimmt der Club of Rome 1972 den Gedanken des Skaleneffekts wieder auf, indem er die Grenzen des Wachstums prospektiv in die Zukunft und damit in unserer Gegenwart verweist. Die begrenzten Ressourcen der Biosphäre werden auf der Zeitachse rationalisiert. Damit konzentriert sich der Club of Rome zwar weiterhin auf den Menschen. Aber anstatt ein »Naturgesetz« daraus abzuleiten, wird der Mensch selbst zum Handlungsträger.

Mit dem Brundtland-Bericht 1987 wird eine Formel entwickelt, die sich an den natürlichen Ressourcen orientiert und diese zum Richtmaß erklärt. Leider wird diese Nachhaltigkeitsformel, welche auf die Forstwirtschaft des beginnenden 18. Jahrhunderts zurückgeht, schnell verwässert und in ihr Gegenteil verkehrt. Die natürlichen Ressourcen werden um soziale und ökonomische Nachhaltigkeit ergänzt. Anstelle eines Konzepts, in dem die Ökonomie der Gesellschaft dient, welche wiederum von ihren biosphärischen Lebensgrundlagen abhängt, ist die Biosphäre nur noch ein Faktor in der Buchhaltung einer sogenannten »nachhaltigen« Entwicklung. Damit gehen Christophe Bonneuil und Jean-Baptiste Fressoz in ihrer Analyse neuer Nachhaltigkeitsrhetoriken im Zuge einer grünen Ökonomisierung scharf ins Gericht: »The project of the ›green economy‹, born within international institutions in recent years accentuates this development, with the celebrated ›ecosystem services‹ now being the subject of markets: the biosphere, the hydrosphere and the atmosphere appear as mere subsystems of the financial and commodity sphere [...].«[30] Ein solcher Nachhaltigkeitsdiskurs hat gerade nicht gelernt, dass die Herausforderungen darin bestehen, »sich innerhalb der Belastungsgrenzen des Erdsystems einzurichten«.[31]

Kehren wir zum Problem anthropogenen CO_2-Ausstoßes aufgrund der Nutzung fossiler Energieträger zurück, so sehen wir dieses an vier Faktoren gekoppelt: an Weltbevölkerung, Bruttosozialprodukt, Energieeffizienz und Kohlendioxid-Intensität pro Kopf. Ein Neomalthusianismus greift in der Regel nur auf den ersten Faktor zurück, auf das Problem der »Überbevölkerung«. Ein Ökomodernismus hingegen entkoppelt die einzelnen Faktoren. Sinnvollerweise sind beide Ansichten zusammenzudenken. So spielt die schiere Anzahl der Menschen, die die Erde bevölkern, zwar eine Rolle. Doch entscheidend ist die Kohlenstoff-Intensität pro Kopf. Und diese hängt noch immer wesentlich von den ökonomischen Möglichkeiten und somit vom Bruttosozialprodukt ab. Theoretisch könnte Energieeffizienz eine Rolle spielen. Doch bisher bleibt uns die Geschichte den Beweis schuldig, dass sich der Konsum, der weiterhin den Kohlendioxid-Ausstoß bestimmt, sich von diesem entkoppelt. Effizienzsteigerungen im fossilen Energieverbrauch haben bis dato mehrheitlich zu Reboundeffekten geführt, so dass noch mehr Kohlendioxid ausgestoßen wurde. Effizientere Motoren führen zu größeren Autos. Alles andere, wie die Kohlenstoffintensität pro Währungseinheit (z. B. pro Euro) in Bezug auf Umsatz oder Gewinn einer juristischen oder privaten Person oder eines Landes, ist reine Taschenspieltrickserei. Wir werden im nächsten Teil noch darauf eingehen: Solange Energie- und Konsumgüterproduktion weiterhin an geschlossene Kreisläufe der Energieträger gebunden sind, welche die Entropie auf unserem Planeten um ein Tausendfaches im Vergleich zur ursprünglich genutzten Energiemenge erhöhen, sind sie nicht nachhaltig und hebeln das biosphärische System aus. »Die Frage ist also, wie man diese Geschichte erzählt: ob als ›prometheische‹ Emanzipations- und Fortschrittsgeschichte, als Geschichte der Unterwerfung, Ausbeutung und Auslöschung *oder* [Herv.: BP] auch als Geschichte einer Ungleichzeitigkeit von Entwicklungen und der Auslagerung von ökologischen Kosten.«[32]

Wie wir sehen werden, steht der Gedanke der Ressourcenendlichkeit in direktem Zusammenhang mit der Einführung des Anthropozän-Begriffs, sind doch teilweise dieselben Autoren an den Planetary Boundaries (publiziert in *Nature* 2009) wie an der Erfindung der neuen Erdepoche beteiligt. Um es vorweg zu nehmen: Der systemische Ansatz der Planetary Boundaries hat in seinem Gesamtanspruch auch ein Problem. So sehr er sich eignet, verschiedene Disziplinen der Naturwissenschaften in den Dialog zu bringen, so sehr erhebt er zumindest den impliziten Anspruch auf ein abschließendes und verbindliches Narrativ – und dies aus durchwegs nachvollziehbaren Gründen der Dringlichkeit. Gerade der holistische Anspruch hat die Tendenz, in die Allmachtsphantasie zu kippen, den Planeten regulieren zu können – obwohl die Planetaren Grenzen gerade zeigen, wo uns die Kontrolle bereits entglitten ist. Nichtsdestotrotz hält sich das *grand récit* der planetaren Beherrschung, wie es in internationalen Verlautbarungen, beispielsweise im Pariser Klimaabkommen, zum Ausdruck kommt.

Diese Illusion ist vor dem Hintergrund des Kalten Kriegs zu sehen, als die Erde erstmals von außen in den Blick genommen wurde. So sehr das Satellitenbild von der blauen Erde die Abhängigkeit des Menschen von seinem Planeten zeigt, so sehr nährt es den irreführenden Glauben, wir könnten uns über die planetaren Bedingungen stellen.

Bonneuil und Fressoz unterstreichen, dass im Zuge des Kalten Kriegs unser gesamter Planet als zu beherrschendes Terrain zum Forschungsobjekt wurde. Wollte man ballistische Raketen leiten, war ein besseres Wissen über die Atmosphäre und den Geomagnetismus notwendig. Wollte man die Ozeane durchqueren und beherrschen, musste die Ozeanographie der großen Tiefen vorangetrieben werden. Um die Bewegung feindlicher Unterseeboote zu überblicken, war es notwendig zu wissen, wann und wo sie an der Wasseroberfläche auftauchen würden, »and so to observe by satellite the polar ice caps and their seasonal changes«.[33] Hannah Arendt hält 1958 in der Eröffnung ihres Buchs *The Human Condition* fest, dass dieser Außenblick und die damit einhergehende Illusion, die Erde sei wie ein Satellit menschengemacht, ein Behälter, den wir gemacht hätten und in dem sich »Natur« befinde, die Menschheit von der Erde entfremdet habe. Sie erachtete Sputnik als Sinnbild modernistischer Verneinung menschlicher Lebensbedingungen.[34] So werde das Narrativ des Anthropozäns in der Argumentation der Kritiker »renaturalisiert« und die Umweltzerstörung durch den Menschen legitimiert, indem dieses Narrativ sie zur »Natur« des Menschen erkläre.[35] Wie wir gleich sehen werden, haben wir angesichts des Zeitkollapses nicht nur schwer an einem problematischen Vermächtnis von Trennungsgeschichten (Natur vs Kultur) und Herrschaftsanspruch (Herkunft der Planetaren Grenzen) zu tragen. Vielmehr produziert die gegenseitige Abhängigkeit von naturwissenschaftlicher Faktenlage und politischer Umsetzung ein Narrativ, das uns weiterhin von konsequentem Handeln abhält. Exemplarisch können wir diesen Sachverhalt am Konzept des Kohlenstoffbudgets nachvollziehen.

1.5 Das globale Kohlenstoffbudget – wenn es keinen Sinn mehr macht

Seit Beginn der ersten IPCC-Sachstandsberichte, die ab 1990 im Abstand von fünf, sechs und schließlich sieben Jahren erscheinen,[36] ist eine Dreiteilung in naturwissenschaftlich-physikalische Grundlagen (*physical science basis*), Auswirkungen (*impacts*) und nötige Schadensminderung (*mitigation*) in jeweils drei Bänden vorgegeben, während die synthetisierte Version in einem zusätzlichen Band erscheint. Aus der Reihe fällt der Sachstandsbericht 1995, in dem im zweiten Band Auswirkungen und Schadensminderung zusammenfinden, während in einem dritten Band die ökonomischen und sozialen Dimensionen (*Economic and Social Dimensions of Climate Change*) gesondert besprochen werden. Dieser Bericht erwähnt im Titel des zweiten Bands erstmals den Begriff »Anpassungsmaßnahmen«: *Impacts, Adaptations and Mitigation of Climate Change.* So artikuliert sich von Anfang an das Anliegen der Sachstandsberichte, sowohl die jüngsten naturwissenschaftlichen Erkenntnisse aufzuzeigen als auch in Zusammenarbeit mit den Sozialwissenschaften konkrete politische Anleitungen zur Hand zu geben. Die Frage, wie sich geophysikalisches Wissen in politisches Handeln ummünzen lasse, stellt sich also von Anfang an. Dennoch bewirkt die Tatsache, dass uns das Wasser bis zum Hals steht, offensichtlich nicht den nötigen Handlungsantrieb.

Am genauesten lässt sich diese Blockierung just anhand eines Konzepts nachzeichnen, in welches die Klimawissenschaft große Hoffnung gesetzt hat: das globale Kohlenstoffbudget. Das Problem liegt nicht nur in der schwierigen Akzeptanz wissenschaftlich erhärteter Befunde bei politischen Akteurinnen und Akteuren, sondern ebenso im Einfluss der politischen Handlungsanweisungen wieder auf die Klimawissenschaft selbst. Die vermeintliche Einbahnstraße von geophysikalischen Grundlagen zu möglichen Auswirkungen auf Biosphäre und Gesellschaft sowie zu nötigen Maßnahmen entpuppt sich als »two-way street«.[37]

Bereits 1989 errechnete das International Project for Sustainable Energy Paths (IPSEP) ein globales Budget für den Kohlenstoffausstoß in die Atmosphäre, um die Klimaerwärmung auf zwei Grad Celsius über dem vorindustriellen Niveau zu begrenzen.

Dieses Budget sollte das zentrale Element eines internationalen Klimaabkommens bilden.[38] Doch nach dem Zusammenbruch des Ostblocks kam vieles anders als geplant. Das vermeintliche »Ende der Geschichte« trat nicht ein. Vielmehr wurde ein globales Marktsystem entfesselt, das in seiner Eigendynamik selbst die Klimawissenschaft nicht unberührt ließ. So hält ein Artikel in *Nature* 1996 unter dem Titel »Economic and environmental choices [...]« fest, dass das Kohlenstoffbudget »deutlich« unterschiedlich ausfallen könne, je nachdem, wie die Emissionen in der Zeit verteilt würden.[39] Vor dem Hintergrund des inzwischen etablierten Arguments, mit dem Kohlenstoffbudget eine nützliche »Annäherung« zur Hand zu haben, fand man in den neunziger Jahren mit dem Hinweis auf den Zeitfaktor einen Weg, um Emissionsbeschränkungen zu vertagen. Gleichzeitig nahm der Budgetbegriff Bezug auf sogenannte »natürliche« Kohlenstoffsenken wie Wälder und Ozeane sowie auf den zwischenstaatlichen Handel mit Emissionszertifikaten im Zuge des Kyoto-Protokolls. Die geläufige Vorstellung ging davon aus, dass ein allfälliger Emissionsüberschuss von einem anderen Land mit mehr natürlichen Ressourcen abgefedert werden könne. Eine Vorstellung, die sich bis heute hartnäckig hält und in Freudschen Versprechern äußert, wenn beispielsweise Vertreter der Chefetage aus dem Bundesamt für Energie notorisch noch immer vom Kyoto-Protokoll statt vom Pariser Klimaabkommen sprechen.

Die eigentliche Wende vollzog sich 2009. Der Artikel zu den Planetaren Grenzen erschien, und der indische Historiker Dipesh Chakrabarty, Spezialist für Kolonialismus, Post- und Neokolonialismus, publizierte seine These zum Zusammenhang zwischen Befreiungsgeschichten der Moderne und Entkopplungen von der Biosphäre durch den Rückgriff auf fossile Ressourcen. Gleichzeitig hielt die Klimawissenschaft fest, dass ein kumulatives Kohlenstoffbudget das robusteste Werkzeug für das Erreichen der Klimaziele bilden würden.[40] Die naturwissenschaftliche Festlegung ermöglichte zum einen die notwendige Beschränkung des globalen Temperaturanstiegs auf zwei Grad Celsius, zum anderen das mehr oder weniger lineare, proportionale Verhältnis zwischen Emission und Temperaturanstieg, das sich aus den Rückkopplungen der unterschiedlichen Systeme ergibt. Man wusste inzwischen, dass die Überschreitung der 2-Grad-Celsius-Grenze fatale physikalische Prozesse in der Biosphäre auslösen kann, die selbst ökonomisch nicht mehr tragbar sind. Zudem wurde die Tatsache einer vermeintlich unbeschränkten negativen Rückkopplung dank der Aufnahme von CO_2 in Ozeanen und Wäldern entkräftet. Jede in die Atmosphäre emittierte Tonne CO_2 verstärkt die Klimaerwärmung – »every ton of CO_2 adds about the same amount of warming, no matter when and where it is emitted«.[41] Das »Vermächtnis« unserer CO_2-Emissionen, wie Reto Knutti und Joeri Rogelj 2015 im Titel der zitierten Studie festhalten, ließ sich als Engführung von klimawissenschaftlicher Faktizität und klimapolitischer Notwendigkeit beschreiben.

Die Einfachheit des Arguments hatte weitreichende Konsequenzen: Man konnte nicht mehr darauf vertrauen, dass sich nach einem Förderungspeak das Angebot fossiler Energieträger verknappt und sich die Ökonomie automatisch der klimapolitischen Notwendigkeit beugen würde, indem die Förderkosten den Energiepreis überschreiten würden. Ebenso wenig konnte man einfach fordern, die Emissionen auf ein ausreichendes Niveau zu senken, um eine weitere Klimaerwärmung stoppen zu können. Netto-Null hieß, wie es der Initiator der Gletscherinitiative im Titel seines Buchs zum Klimaabkommen von Paris festhält: »Null Öl. Null Gas. Null Kohle«.[42] Die Engführung von Klimawissenschaft und politischer Forderung wurde zu einer unbequemen Wahrheit, welche noch unbequemer wurde, als klimawissenschaftliche Studien zusehends den Verdacht erhärteten, dass das 2-Grad-Celsius-Ziel ungenügend sei, und man sich darum in Paris überraschenderweise auf die Formulierung einigte, »die globale Erwärmung auf deutlich unter 2 ° Celsius, idealerweise auf 1,5 ° Celsius über dem vorindustriellen Niveau zu begrenzen«.

Dieses politische Statement hatte direkte Auswirkungen auf die naturwissenschaftliche Forschung. So unterstreicht der Sonderbericht des IPCC 2018, der Special Report 15, um wieviel verheerender sich eine 2-Grad-Celsius- gegenüber einer 1,5-Grad-Celsius-Erwärmung auswirken würde.[43] Inzwischen ist damit zu rechnen, dass wir die 1,5-Grad-Grenze noch in diesem Jahrzehnt erreichen. Darum hält der Zwischenbericht fest, dass Unsicherheiten bei der Bestimmung eines Restbudgets größer würden, je mehr wir uns einem bestimmten Limit näherten.[44] Die Klimawissenschaften sind in der Berechnung des verbleibenden Kohlenstoffbudgets von Annahmen abhängig: Wie sehr schlagen die weiteren Klimagase, insbesondere Methan und Lachgas, zu Buche? Was passiert, wenn gewisse Kipppunkte überschritten werden – z. B. das Grönlandeis ungebremst weiter abschmilzt, auch wenn die Temperatur nicht weiter ansteigt? Was passiert, wenn die Luftverschmutzung durch Aerosole und dadurch die Albedo abnimmt und in weiterer Folge die eigentliche Erwärmung richtig durchschlägt?

Wenn das Klima kollabiert, kollabiert auch das Zeitbudget, das uns noch zur Verfügung hätte stehen sollen. Wenn die Uhr des Restbudgets noch tickt,[45] dann nur noch unter der Voraussetzung zu vieler Annahmen. Dazu gehört auch die Hoffnung, dass wir in Zukunft in großem Ausmaß Kohlendioxid der Atmosphäre entziehen können. Das Konzept des globalen Kohlenstoffbudgets hat inzwischen ausgedient. Es gibt keine Legitimation mehr, weiterhin fossile Energieträger zu verbrennen und auf eine intensive Landwirtschaft zu setzen, bei der Kunstdünger zum Einsatz kommt und industriell Fleisch hergestellt wird. Netto-Null erst 2050 ist keine Option mehr, vor allem in den entwickelten einstigen Industrieländern. Es müsste heutige Realität sein. Umso wichtiger wird das Konzept der Planetaren Grenzen, die im Zuge einer zweiten kopernikanischen Wende erkennbar werden.

1.6 Die zweite »kopernikanische Wende« hin zum Planetaren

Der Atmosphärenforscher Paul Crutzen erhielt 1995 den Nobelpreis für seine Arbeiten zum Ozonloch. Das Ozonloch war eine der ersten Planetaren Grenzen, welche zufällig entdeckt worden war und deretwegen die Weltgesellschaft rechtzeitig wirksame Maßnahmen ergriffen und durchgesetzt hat, insbesondere das Verbot von Fluorchloridkohlenwasserstoffen. Crutzen schlug auf der Jahrestagung des Internationalen Geosphären-Biosphären-Programms, *International Geosphere-Biosphere Program (IGBP)*, in Cuernavaca in Mexiko vor, nicht mehr von den tiefgreifenden und unumkehrbaren Veränderungen, die der Mensch im Holozän in Atmosphäre, Kryosphäre und Lithosphäre verursacht, sondern einfach von Anthropozän zu sprechen.[46] Dies führte zur eigentlichen Erfindung der Epoche des Anthropozän, welches im Mai 2000 im *Newsletter* 41 des genannten Programms erschien.[47] Die Verknüpfung der Wissenschaftszweige, welche sich mit Wechselwirkungen zwischen Atmosphäre, Hydrosphäre, Lithosphäre, Biosphäre und Pedosphäre, d. h. der obersten Schicht der Lithosphäre, beschäftigen, ist entscheidend, um systemische Zusammenhänge der Einwirkungen des Menschen auf seine Umwelt zu erkennen und richtig einzuordnen. Umso aussagekräftiger sind auch die weiteren Texte, die im selben Newsletter erschienen, obwohl ihnen bisher kaum Beachtung geschenkt worden ist.

Ein Autorenkollektiv zeigt exemplarisch die zukünftige Ausrichtung des Internationalen Geosphären-Biosphären-Programms auf: »Integration, interdisciplinarity, and a systems approach mark the emerging ethos [...].«[48] Damit erhebt das skizzierte Forschungsprogramm einen gesamtheitlichen Anspruch im Hinblick auf die Erforschung der Interaktion von Leben mit seinen Voraussetzungen auf unserem Planeten und versucht gleichzeitig, Doppelspurigkeiten in der Forschung zu vermeiden. Ebenso sieht es sich in der ethischen Verantwortung, Anleitungen für menschliches Handeln aufzustellen. Am deutlichsten wird das im Beitrag Hans Joachim Schellnhubers vom Potsdam Institut für Klimafolgenforschung. An Eindringlichkeit ist sein Plädoyer für dieses Programm kaum zu überbieten, wenn er von der kurz bevorstehenden zweiten kopernikanischen Wende spricht: »This revolution reverses, in a way, the glorious first one by looking back on our planet [...], striving to understand the so-perceived system as a whole and to develop concepts for global environmental management.«[49] Führte die erste kopernikanische Wende zur Dezentrierung der Erde im Kosmos und zu einem Heliozentrismus, so soll die bevorstehende zweite Revolution den Blick in die Gegenrichtung lenken – zurück auf die planetaren Voraussetzungen unseres Lebens innerhalb der systemischen Zusammenhänge der Erde. Die Modelle haben, wie ein weiterer Beitrag unter dem Titel »Earth System Models of Intermediate Complexity« festhält, einen mittleren Spezialisierungs- und Komplexitätsgrad, welcher unterschiedliche Systeme (Landsysteme, Meersysteme, Atmosphäre, Lithosphäre, Biosphäre, Stoffkreisläufe und Energieströme) untereinander anschließbar macht und gleichzeitig für einen interdisziplinären Austausch nicht nur innerhalb der Naturwissenschaften, sondern auch zwischen den verschiedenen Wissenschaftskulturen Modell stehen kann.

Im kurzen Grundsatzartikel zum Anthropozän, den Paul Crutzen mit dem Süßwasserbiologen Eugene Stoermer publiziert, geht es zunächst um die historische Einordnung. Hier äußern sich zwei ausgewiesene Naturwissenschaftler zur geisteswissenschaftlichen Disziplin der Geschichte. So seien bereits während des Holozäns, d. h. über die letzten 11 700 Jahre, die menschlichen Aktivitäten zu einer wesentlichen geologischen und morphologischen Kraft herangewachsen: »During the holocene mankind's activities gradually grew into a significant geological, morphological force [...].«[50] Die Zivilisationsgeschichte, welche auf die klimatischen Voraussetzungen des Holozäns angewiesen war, fällt in den Bereich der Erdgeschichte. Was Dipesh Chakrabarty als »Clash of Times« erkennt, ist im Begriff des Anthropozäns bereits aufgehoben. Bezeichnenderweise sprechen die beiden Autoren nur von Menschheit (»mankind«) und benennen noch nicht bestimmte Zivilisationen oder Zivilisationsformen, welche einen markanten Einfluss auf die Biosphäre hatten und haben – was in unterschiedlichen Reaktionen auf diesen Artikel präzisiert und korrigiert wird. Die beiden Autoren verweisen auf eine allgemeine Bewusstseinsgeschichte und nennen Ansätze einer ersten ökologischen Reflexivität im ausgehenden 19. Jahrhundert – etwa die Beschreibung des menschlichen Einflusses auf die Natur im Hauptwerk *Man and Nature* (1864) von einem der ersten amerikanischen Umweltschützer, George Perkins Marsh; oder der Begriff der »anthropozäischen Ära« bzw. des »Anthropozoikums« (1873) beim Geologen Antonio Stoppani; aber auch das genaue Bewusstsein für die zunehmenden Auswirkungen des Menschen auf die Umgebung beim Geologen Wladimir Iwanowitsch Wernadski, der den Begriff der »Noosphäre« prägte, also jenen Teil der Biosphäre, welcher das Bewusstsein des Menschen steuert; und somit die Notwendigkeit einer Gesellschaft, welche sich auf Wissen und Information stützt, wie der Jesuit, Geologe und Paläontologe Pierre Teilhard de Chardin in seiner Kosmogenese (ab 1922) anhand von Wernadskis Konzept ausführt.

Der Hauptteil des Beitrags von Crutzen und Stoermer befasst sich mit den Faktoren, welche gegenwärtig dazu beitragen, dass der Mensch auf derart gravierende Weise Einfluss auf die Geo- und Biosphäre hat. Hier kommt der neun Jahre später erschienene Artikel zu den Planetaren Grenzen ins Spiel, den namhafte Wissenschaftler rund um den Resilienzforscher Johan Rockström verfassten. Wir können hier von einem zweiten Grundlagendokument des Anthropozäns sprechen. Außer einem Faktor werden bereits sämtliche Planetaren Grenzen genannt: Die Treibhausgaserhöhung (und dies im Jahre 2000) liegt bei CO_2 30 Prozent und bei Methan über 100 Prozent höher als in vorindustrieller Zeit. Im Artikel zu den Planetaren Grenzen 2009 firmiert dieser Faktor unter »Climate Change«. Erwähnung finden bei Crutzen und Stoermer das Ozonloch (2009 unter »Stratospheric Ozone Depletion«), Stickstofffixierung und Kunstdünger (»Perturbed Biogeochemical Flows«); mehr als die Hälfte des Frischwassers wird verbraucht (»Global Freshwater Use«); 30 bis 50 Prozent des Festlandes werden vom Menschen genutzt (»Land System Change«); die Aussterberate ist in den tropischen Wäldern um den Faktor 1 000 bis 10 000 höher (»Biodiversity Loss«); und schließlich die Verschmutzung durch toxische Substanzen (»Chemical Pollution«). Crutzen und Stoermer erwähnen noch nicht die Ozeanversauerung, die mit dem hohen atmosphärischen Kohlendioxidgehalt und der Klimaerwärmung einhergeht. Auch sind sie noch nicht präzise in Bezug auf den Phosphormangel, der neben verfügbarem atmosphärischem Stickstoff für Lebewesen (»Fixation of atmospheric N_2 to bioavailable forms«) unter den gestörten biogeochemischen Kreisläufen (»Perturbed biogeochemical flows«) aufgeführt ist.

Bei Crutzen und Stoermer fällt der Begriff der Planetaren Grenzen nicht. Dementsprechend sind sie noch nicht systematisiert. Im Unterschied zum späteren Konzept, das sich auf Faktoren beschränkt, welche Biosphäre, Geosphäre, Lithosphäre etc. umfassen, findet bei Crutzen und Stoermer der Mensch selber als Faktor Eingang in die Studie: so das Bevölkerungswachstum mit einer Verzehnfachung über die letzten 300 Jahre sowie die rasante Urbanisierung. Ein leicht gekürzter Artikel zum Anthropozän, den Paul Crutzen 2002 in *Nature* publiziert, geht einen Schritt weiter. Er präzisiert, dass die Weltbevölkerung im 21. Jahrhundert die Zehn-Milliarden-Marke erreichen werde. Gleichzeitig erwähnt er, dass nur ein Viertel der Menschheit überhaupt als Einflussfaktor von Relevanz sei.[51] Während Crutzen den »Anthropos«, den Handlungsträger der neuen Erdepoche par excellence, in den Vordergrund rückt, gerät der Mensch im Konzept der Planetaren Grenzen strukturell und prozessual in den Hintergrund.[52] Der Mensch figuriert hier lediglich als Wirkmacht, die auf die verschiedenen Planetaren Grenzen passiven Einfluss ausübt. Somit kommt es zu einer Verschiebung vom ersten zum zweiten Grundlagendokument des Anthropozäns: weg von einer Malthusschen Problematisierung der Überbevölkerung und der sozialen Ungleichheit hin zu einer systemischen Abstraktion. Doch wie definieren sich die Planetaren Grenzen? Wie manifestieren sich darin Handlungs- und Wirkmacht des Menschen? Und welche konkreten Handlungsanweisungen können daraus gezogen werden?

1.7 Planetare Grenzen als mehrdimensionales Erzählangebot

Die Planetaren Grenzen sind als Ergebnis des skizzierten gesamtsystemischen Ansatzes, des Geosphäre-Biosphäre-Programms (GBP) zu verstehen, aus dem die neue Epochenbezeichnung »Anthropozän« hervorgeht. Neben Johan Rockström, dem Urheber dieses Konzepts, finden wir unter den neunzehn Autoren auch Paul Crutzen, James Hansen, den führenden Klimatologen der USA, oder Hans Joachim Schellnhuber. Zur Systematisierung fragt sich die Forschungsgruppe, innerhalb welcher Grenzen wir uns in einem »safe operating space« bewegen. Wie die Überlegungen von Crutzen andeuten, handelt es sich dabei nicht einfach um ein Raumkonzept. In erster Linie treffen wir auf ein *Zeit*konzept. Denn die optimalen Bedingungen findet die Menschheit noch nicht im Pleistozän vor, das extremen Schwankungen zwischen Kalt- und Warmzeiten unterliegt. Erst das Holozän, die letzte Wärmeperiode, die vor 11 700 Jahren einsetzte, bietet dem Menschen die optimalen klimatischen Bedingungen, unter denen sich menschliche Zivilisationen von zunehmender Sesshaftigkeit entwickelt haben.

Das Narrativ von Stabilität ist somit auch das Resultat eines

Vergleichs mit vorangegangenen Erdepochen, hat aber ebenso mit den Zukunftsszenarien zu tun, welche sich aus dem Verlassen der Voraussetzungen des Holozäns ergeben. Dieser zeitliche »safe operating space« ist somit als Kombination von Erd-Klima-Beobachtungen in der erdgeschichtlichen Tiefenzeit und Prognosen für das 21. Jahrhundert zu verstehen. Es handelt sich dabei nicht um ein naives *retour à la nature*, sondern um ein Ausloten eines Optimums, das wir inzwischen mit erdgeschichtlich unvergleichlicher Geschwindigkeit verlassen haben. Dafür steht exemplarisch die Klimagaskonzentration unserer Atmosphäre – mit einem geradezu unheimlichen Potential an Erwärmung mit entsprechenden Rückkopplungseffekten. Das Optimum im Holozän gilt auch als Referenz für weitere bereits überschrittene Schwellen wie den Stickstoffkreislauf und den Biodiversitätsverlust. Erderwärmung (*climate change*), Ozeanversauerung (*ocean acidification*) und stratosphärische Ozonschicht (*stratospheric ozone depletion*) beschränken sich nicht auf lokale Verhältnisse, sondern schlagen sich auf global-planetarer Skala nieder, was ihre Vorstellbarkeit und Eingrenzung deutlich erschwert. Die anderen Planetaren Grenzen, der Stickstoff- und Phosphorkreislauf (*nitrogen and phosphorus cycles*), der Süßwasserverbrauch (*freshwater use*), die Bodennutzungsänderung (*land system change*) und der Biodiversitätsverlust (*biosphere integrity*) betreffen weitgehend eine lokale, aber ebenso unumkehrbare Zerstörung natürlicher Ressourcen, welche sich wiederum auf globaler Skala auswirken. Für die beiden Planetaren Grenzen der atmosphärischen Aerosolbelastung (*atmospheric aerosol loading*), d. h. der Feinstaubbelastung, und der Verschmutzung durch Chemikalien (*novel entitities*) gibt es noch keine präzisen physikalischen Vorgaben und Quantifizierungen. Das hat paradoxerweise damit zu tun, dass die direkten Auswirkungen auf den Menschen eigentlich bekannt sind (beispielsweise die Null-Toleranz von Bleibelastung), aber keine geohistorischen Erfahrungen damit und keine entsprechenden geologischen Tiefenbohrungen vorliegen, welche einen »sicheren« *zeitlichen* Referenzwert ermöglichen würden.

Im Gegensatz dazu sind die vorindustriellen Referenzwerte für die anderen Planetaren Grenzen bekannt: Dieser Wert lag beim CO_2-Gehalt der Atmosphäre in den Warmphasen des Pleistozäns bei rund 280 ppm, was 0,28 Promille entspricht. Die Schwelle von 350 ppm haben wir bereits 1987 überschritten und bewegen uns seither im »unsafely operating space«. Hier bewegen wir uns auf der Schwelle von Instabilität, die jederzeit in positive Rückkopplungen (*tipping points*) kippen kann. Beim Biodiversitätsverlust geht man davon aus, dass heute 100 bis 1 000 Mal mehr Arten aussterben als unter den Bedingungen des Holozäns in der vorindustriellen Zeit. Beim Stickstoffzyklus wird die Grenze dort festgelegt, wo es zu einer Überdüngung der Biosphäre kommt. Dabei wird extrapoliert, welche Menge das Gesamtsystem global absorbieren kann, ohne großen Schaden zu nehmen. Und das sind 35 Millionen Tonnen pro Jahr, was nur einem Viertel des gegenwärtigen Stickstoffeintrags in unsere Böden und Gewässer entspricht.

Das bedeutet nun aber nicht, dass die anderen Planetaren Grenzen nicht auch bald überschritten würden: Beim Phosphorzyklus liegen wir mit fast zehn Millionen Tonnen kurz vor der Grenze, welche mit elf Millionen Tonnen veranschlagt wird. Bei der Ozeanversauerung können essentielle Meereslebewesen unter dem Wert von 2,75 bei der Aragonitsättigung der Wasseroberfläche (*surface ocean aragonite saturation state*) kein Kalk mehr aufbauen. Dazu gehören alles Foraminiferen und damit auch das Plankton, das meist den Anfang der Nahrungskette in der Fischerei bildet. Der vorindustrielle Wert von 3,44 liegt aktuell bei 2,87. Es sind bereits Meere wegen der Untersättigung an Aragonit gekippt. So schreiben die Autoren und Autorinnen im »National Climate Assessment 2018« der US-Regierung, dass in der Beaufortsee nördlich von Alaska und Kanada die Untersättigung vermutlich bereits 2001 eingetreten sei. Dasselbe gilt für den Frischwasserverbrauch – wo die Grenze lokal bereits überschritten ist – und die Bodennutzungsänderung von Weiden und Wald in intensive Ackerlandflächen.[53]

Der Fokus des öffentlichen Interesses auf die Klimaerwärmung hat zwar seine Berechtigung. Doch bringt er die Gefahr mit sich, den systemischen Gesamtzusammenhang aus dem Blick zu verlieren. Denn beim Biodiversitätsverlust und bei der Stickstoff-Überdüngung haben wir die Schwelle deutlich überschritten. Auch die nächsten Planetaren Grenzen sind bald erreicht. Ein Narrativ, welches sich nur auf den Zeitstrahl konzentriert, kann angesichts der exponentiellen Zunahme nur noch katastrophisch ausfallen. Andere Erzählmuster bietet das Konzept der Planetaren Grenzen an: Zwar birgt der Überblick im Kreisdiagramm die Gefahr, den Trugschluss zu ziehen, die Planetaren Grenzen im Griff zu haben – selbst wenn der Schwellenwert an der einen oder anderen »Stellschraube« überschritten sein sollte –, weil sich die metasystemische Wirkung negativ kopple und stabilisiere. Das Gegenteil ist der Fall. Der Vorteil besteht hingegen darin, dass das räumliche Konzept verschiedene Zeitlichkeiten und einen bestimmten Spielraum mit sich bringt. Wir bewegen uns nicht eindimensional auf einem Zeitstrahl in die Zukunft, sondern aktualisieren Latenzen in einem Raum von Kopplungen und Verbindungen, die es erlauben, Problemfelder, z. B. Klimaerwärmung und Überdüngung durch Stickstoff, gleichzeitig anzugehen. Sehr viele Einflüsse des Menschen haben Auswirkungen auf verschiedene Planetare Grenzen. Umso mehr müssten sie in den Fokus eines gesamtheitlichen Ansatzes zur Vermeidung und zum aktiven Eingriff kommen. Wie wir oben gesehen haben, hat der Lachgasausstoß Auswirkungen sowohl auf die Klimaerwärmung als auch auf die Zerstörung der Ozonschicht.

Die Klimaerwärmung ist immer enger mit dem Biodiversitätsverlust verbunden. Das heißt beispielsweise, dass die Flächenintensität insbesondere der Photovoltaik nicht als Verhinderungsargument ins Feld geführt werden darf, weil dadurch die Biodiversität abnehme. Vielmehr können Ausgleichsmaßnahmen oftmals vor Ort anvisiert werden. So ist weitgehend bekannt, wie in der Agrivoltaik entweder durch Aushagerung der Böden die Biodiversität oder durch teilweise Verschattung von Obst- und Beerenpflanzungen oder Kartoffel- oder Salatkulturen die landwirtschaftlichen Erträge sogar gesteigert werden können.[54] Die Beispiele unterstreichen, dass der Mensch dazu angehalten ist, mitunter aktiv in die Biosphäre einzugreifen, um deren Überleben zu ermöglichen. Lediglich das Ausscheiden von Zonen der Wildnis reicht nicht mehr. Das Überhandnehmen von Neophyten oder Unterholz führt zu einem massiven Verlust an Biodiversität. Was in prähistorischer Zeit die Megafauna mit Nashorn oder Auerochse in Eurasien schuf, muss der Mensch, der diese Megafauna ausgerottet hat, aktiv erhalten. Es geht nicht mehr um die Priorisierung, sondern um eine Parallelisierung der Problemfelder. So ermöglichen die Planetaren Grenzen ein mehrdimensionales Erzählangebot. Dennoch kann der Zustand der Erde kaum dramatischer sein, als er aus der Perspektive der Tiefenzeit im immensen Biodiversitätsverlust zu skizzieren ist.

Die Herausforderungen des Planetaren sind vielfältig. Sie haben in erster Linie mit unserer Wahrnehmung und der Rahmung unserer Erzählungen zu tun. So zwang der sich abzeichnende Klimawandel die Naturwissenschaften, ihren Fokus nicht mehr nur auf die unendliche Weite des Alls und das unendlich Kleine zu richten, sondern auch in planetaren Systemzusammenhängen zu denken. So ist das 21. Jahrhundert auf die Datensammlung und Datenkonsolidierung der Systeme von Klima, Meeren, Landmassen, Vegetationen und Atmosphäre angewiesen, um Leben auf unserem Planeten zu garantieren. Und dies im Unterschied zu den Wissenschaftsfantasien des 20. Jahrhunderts, welche den Fortschritt in immer spezialisierteren Fachdiskursen orteten.[55] Aus dem Erfindungsdokument des Anthropozäns, das lediglich einen naturwissenschaftlichen Anspruch formuliert, konnten wir schließen, dass Menschheitsgeschichte und Erdgeschichte zusammenzudenken und neu zu erzählen sind. Während Crutzen und Stoermer noch den Faktor Mensch von der Erfindung der Dampfmaschine bis zur Überbevölkerung ins Zentrum stellen, kommt es im Konzept der Planetaren Grenzen von Rockström und seinen Mitstreitern zu einer »Anthropodezentrierung«, weil sich in einzelnen Stoff- und Energiezyklen sowie in einzelnen Stoff- und Energiesystemen der Richtwert an der letzten Erdepoche, dem Holozän, orientiert und daraus die Grenzwerte abgeleitet werden. So sehr die Zeit drängt, weil wir die Absorptionskapazität unseres Planeten überschritten haben, so sehr erweist sich die Fixierung auf die Zeitachse als trügerisch. Ein sinnvolles Erzählangebot im Hinblick auf die planetaren Herausforderungen ergibt sich aus dem Vergleich unterschiedlicher Zeitdimensionen der Menschheits- und Erdgeschichte.

Entsprechend hat sich die Politik nicht nur um die Rahmenbedingungen für das Individuum und sein Zusammenleben in der Gesellschaft im klassischen soziopolitischen Sinn zu kümmern. Neuerdings hat sie die Art von Konsum und technischen Verfahren zu bestimmen, um das Überleben der Biosphäre zu sichern.[56] Der Verantwortungsbereich der Politik erweitert sich somit auf die planetare Dimension, welche die bisherige Ontologie des Menschen erschüttert – oder wie es Timothy Morton im Untertitel seiner Monographie *Hyperobjects* (2013) formuliert: »a quake in being«. Diese Erschütterung betrifft den Anthropozentrismus in seinen Grundfesten. Um unser Überleben zu sichern, sind wir auf die Koexistenz mit nicht-menschlichen Lebewesen und deren Kommunikation angewiesen.[57] Gerade darum sind wir ethisch verpflichtet, den Anteil des Menschen nicht nur zu benennen, sondern auch zu quantifizieren – um nicht ideologisch, sondern lebenspraktisch auf die Herausforderungen unserer biosphärischen Lebensgrundlage zu reagieren. Daraus ergibt sich die politische Verantwortung, kollektives Handeln und kollektive Wirkmacht hinsichtlich der Planetaren Grenzen prioritär zu behandeln. Da wir, auch epistemisch betrachtet, in neue, bisher inkommensurable Größenordnungen vorstoßen, gilt es, unseren Blick neu zu schärfen – für Zusammenhänge und Brüche, welche das Narrativ der Planetaren Grenzen einfordern. Darum widmen wir uns in den beiden folgenden Großkapiteln planetaren Metabolismen, d. h. spezifischen Energieflüssen, und Skaleneffekten, die sich aus physikalischen Grenzen ergeben.

2. Metabolismen

Warum nicht einfach von Energieflüssen sprechen? Warum der umständlichere Begriff der Metabolismen? Energieflüsse sind immer auch Stoffflüsse und verlangen nach begrifflicher Präzision. Energie ist zwar ein zentraler Aspekt unseres Lebens, doch verleitet uns der bloße Begriff zu überholten Betrachtungs- und Erzählmustern, die uns den Gesamtblick sowohl auf die Skaleneffekte unseres Handelns (⊛ 3) als auch auf die Dimensionen das Planetaren (⊛ 1) verstellen und uns in der Rekonzeptualisierung von Handeln blockieren. Darum möchte ich zunächst das Konzept der Stofflichkeit des Metabolismus so weit ausführen, dass wir eine Ahnung von sinnvollen Energieformen erhalten, bevor wir uns aus einer zeitlichen und räumlichen Vogelschau, aus der Perspektive einer »Big History«, unserer Gegenwart nähern, um dann mit einem Plädoyer für ein konsequentes dialogisches Denken abzuschließen. So schaffen wir eine Basis, um im Sinne des Angebots mehrdimensionalen Erzählens neue Muster zu finden, obwohl wir uns zunächst auf die vom fossilen Irrsinn gekennzeichnete Gegenwart zu konzentrieren haben.

2.1 Stofflichkeit des Metabolismus

Der Metabolismus bezeichnet in der Biologie und der Medizin den Stoffwechsel. Dabei geht es einerseits um Auf- und Abbau, Ersatz und Erhalt von Körpersubstanz, d. h. um den Baustoffwechsel, andererseits um den Energiestoffwechsel. Das eine ist nicht ohne das andere zu haben. Mit der Energie ist immer eine Stofflichkeit verbunden. Wir unterscheiden zwischen Katabolismus und Anabolismus: Beim Katabolismus wird Energie geliefert, indem »komplexere« Nahrungsstoffe wie Zucker oder Erdöl in energieärmere und »einfachere« Molekülverbindungen wie CO_2 oder Wasser reduziert werden. Beim Anabolismus wiederum wird Energie eingespeichert, indem einfachere Stoffe wie CO_2 oder Wasser in komplexere Zusammensetzungen überführt werden. Sobald wir von Energie sprechen, ist eine Stofflichkeit entscheidend, die höhere oder tiefere Energieniveaus in den molekularen Bindungen aufweist. Komplizierter wird es, wenn wir von Lebensenergie als biochemischem Prozess sprechen. Denn dafür ist ein Stoff zentral, über den jede Energie gespeichert und wieder zur Verfügung gestellt wird: Adenosintriphosphat. Über ihn erfolgt die sogenannte enzymkatalysierte Hydrolyse. In diesem relativ großen Molekül (mit der Summenformel $C_{10}H_{16}N_5O_{13}P_3$) tauchen zwei Elemente auf, die neben Wasser-, Sauer- und Kohlenstoff ebenso wichtig sind. Sie bilden – neben weiteren Spurenelementen – ebenso die Grundsteine des Lebens, nämlich Phosphor (P) und Stickstoff (N).

Hier kommt die Planetare Grenze, welche bereits überschritten ist, ins Spiel: die gestörten biochemischen Stoffkreisläufe (*perturbed biogeochemical flows*). Während immer weniger Phosphor verfügbar sein wird und lokal bereits Mangelware ist, zerstört das Zuviel an verfügbarem Stickstoff Biodiversität und wertvolle Böden. Aus diesem Grund muss Phosphor inzwischen aus Klärschlamm zurückgewonnen werden. Die Überdüngung mit Stickstoff stellt nicht nur für Landwirtschaftsflächen und Gewässer ein ernsthaftes Problem in Form von Nitrat dar, sondern auch für die entlegensten Biosphären wie Wälder und alpine Flora – wie wir noch sehen werden. Sobald biogene Energieträger in Form von Biomasse zum Einsatz kommen, ist nicht nur der Kohlenstoffkreislauf, sondern ebenso der Phosphor- und Stickstoffkreislauf zu berücksichtigen. Die Stofflichkeit des Energieumsatzes, der Metabolismus, rückt in den Fokus. Die Entsorgung von Kohlendioxid, Lachgas, Phosphat, Ammonium, Nitrat in Deponien, Gewässern und Atmosphäre kann keine Lösung mehr sein. Diese Skizzierung ist lediglich als Hinweis auf die direkte Kopplung der verschiedenen Nährstoffzyklen zu verstehen. Energiepolitik kann nie entkoppelt von Lebenszyklen erfolgen – so lautet ein erstes Zwischenfazit, das sich aus dem Prinzip des Metabolismus ergibt. Treten wir nun einen Schritt zurück, wechseln von der molekularen auf die planetare Ebene und werfen einen Blick auf den Metabolismus der Erde.

2.2 Metabolismus der Erde

Der renommierte Klimawissenschaftler Will Steffen, der wesentlich zum Verständnis Planetarer Grenzen beigetragen hat, nannte seinen Beitrag im Newsletter des Internationalen Geosphären-Biosphären Programms (IGBP), in dem Crutzens und Stoermers Erfindungsdokument des Anthropozäns erschien, »An integrated approach to understanding Earth's metabolism«[58]. Steffen beschreibt dabei erstmals, in welchen wiederkehrenden Zeitabständen und innerhalb welcher Grenzen die Erde ihren Energiehaushalt hoch- und wieder runterfährt. Der Artikel ist nicht nur eine eingängige Zusammenführung verschiedener Wissenschaftszweige, sondern gleichzeitig eine rhetorisch ausgeklügelte Verdichtung – einerseits in seiner Makrostruktur, in der sich die beschriebenen Zyklen widerspiegeln, andererseits in der Mikrostruktur einer einprägsamen Metaphorik.

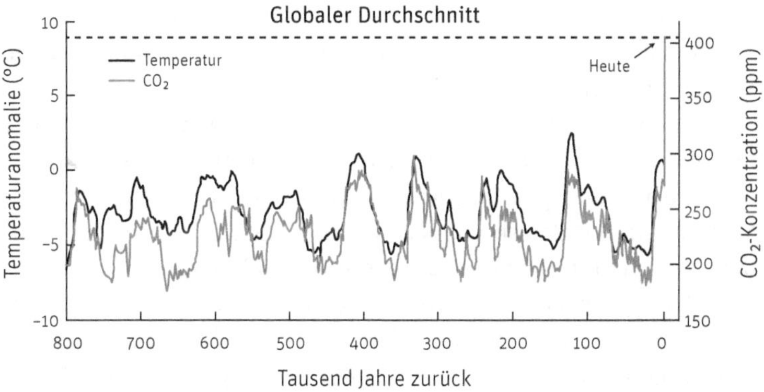

Die aufgeführten Daten in der Abbildung stammen vom längsten Eisbohrkern aus der Ostantarktis und sind 1998 aus einer Forschungskooperation zwischen Russland, den Vereinigten Staaten und Frankreich hervorgegangen. Steffen spricht bei ihrer Beschreibung von einem »rhythmischen ›Atmen‹ des Planeten« (»the rhythmic ›breathing‹ of the planet«). Die Anführungszeichen bei Atmen markieren die Uneigentlichkeit des Ausdrucks und somit den Metaphorisierungsgrad des verwendeten Bildes, da es sich nicht um ein Atmen zur Energie- bzw. Stoffgewinnung handelt, sondern um eine regelmäßige Zu- und Abnahme des atmosphärischen CO_2-Gehalts und der damit einhergehenden Temperatur über Tausende von Jahren.

Der Eisbohrkern umfasst 400 000 Jahre der jüngsten Erdgeschichte und zeigt somit die letzte Periode des vor rund 2,6 Millionen Jahren einsetzenden Pleistozäns, in welchem relativ langen Kaltphasen (Eiszeiten) kürzere Warmphasen (Zwischeneiszeiten oder Interglaziale) folgen. Bemerkenswert ist, dass die Extrempunkte der Kalt- bzw. der Warmphase jeweils innerhalb einer schmalen Bandbreite im Bereich von 15 bzw. 20 ppmV CO_2 liegen. Die Kaltphase pendelt sich zwischen 180 und 200 und die Warmphase zwischen 265 und 280 ppmV CO_2 ein. Machen wir einen Sprung in die Gegenwart: Diese schmale Bandbreite von 15 ppm, welche in der Vergangenheit jeweils über Jahrtausende anhielt, durchschreiten wir beim gegenwärtigen CO_2-Anstieg innerhalb von fünf bis acht Jahren. Mit diesem Einblick in die jüngere Erdgeschichte erhalten wir einen ersten Anhaltspunkt, um uns vorstellen zu können, in welchem Tempo der Klimagashaushalt heute aus dem Gleichgewicht gerät.

Doch was treibt den Metabolismus unserer Erde an? Um diesen Mechanismus ausfindig zu machen, braucht es das Zusammengehen von Atmosphären-, Meeres- und Festlandphysik sowie von Meeres- und Festlandbiologie. In seiner Zusammenführung nennt Will Steffen drei Punkte, welche ohne diesen interdisziplinären Austausch nicht in den Blick der Forschung geraten wären: Erstens lasse sich der Kohlendioxidanstieg nach einer Kaltphase auf die Erwärmung der meerreicheren südlichen Hemisphäre zurückführen, während die Eisschilde der Nordhemisphäre erst tausende Jahre später zu schmelzen beginnen. Zweitens sei der eigentliche Treiber der Erwärmung die enge Kopplung von atmosphärischem Kohlendioxidgehalt und Temperatur. Und drittens hänge die regelmäßige Wiederholung, d. h. die Periodizität der Zyklen, mit der Erdumlaufbahn der Erde um die Sonne, aber auch mit ihrem Neigungswinkel zusammen, deren Zusammenspiel der Bauingenieur, Mathematiker und Geowissenschaftler Milutin Milanković bereits 1924 in einer Publikation des berühmten Kontinentalplattentektonikers Alfred Wegener beschrieb. Die sich dadurch ändernde Sonneneinstrahlung allein reicht aber nicht aus, um diese Temperaturunterschiede zu erklären. Die Kopplung mit den Klimagasen ist somit entscheidend für den Metabolismus der Erde.

Darum bleibt die Frage: Wie lassen sich der obere und untere CO_2-Schwellenwert erklären, der nach einer gewissen Zeit wieder in die andere Richtung verlassen wird? Der Schwellenwert ist jeweils als Resultat starker Kontrollmechanismen im Zusammenspiel bio- und geochemischer Interaktionen zwischen Landmasse und Ozeanen zu verstehen. Am energieumsatzschwächsten Punkt gelangt der atmosphärische Kohlendioxidgehalt auf sein Minimum: »The lower level of ca. 180 ppmV [CO_2] [...] represents something of an ecosystem/biome compensation point.« (9) Wiederum eine bemerkenswerte Formulierung: »something of«. Zwar deutet sie eine Unsicherheit in der Benennung, gleichzeitig aber auch den springenden Punkt an. Denn hier wird die Antwort auf die Frage gegeben, wie sich die Erde davor rette, ganz zu vereisen, wenn kein CO_2 mehr in die Atmosphäre gelangt. Umso wirkungsvoller dann die Platzierung des Begriffs »ecosystem/biome compensation point«. Es handelt sich um die größte systemische Einheit des Lebens des Planeten, die hier wieder am Wendepunkt zur »Einatmung« und somit zur Erhöhung der Gesamtleistung steht.

Die Erklärung dafür ist aus dem Wechselspiel zwischen den beiden Subsystemen Festland und Ozeanen herzuleiten: Denn bei 180 ppmV gibt das globale System wegen des kalten und trockenen Klimas so viel Kohlenstoff an die Atmosphäre ab, wie es über die Photosynthese aufnimmt. Das hat wiederum einen Einfluss auf den Austausch von Nährstoffen zwischen Land und Ozean. An dieser Stelle bleibt uns der Autor aber eine Erklärung schuldig, und der erzählerische Bogen mündet in einen »Cliffhanger«. So konzentriert sich Will Steffen zunächst auf das Ende der »Einatmung«, auf den Peak der planetaren Gesamtleistung: »The upper limit (280 ppmV) is the point at which the solubility-driven flux of CO_2 from the ocean to the atmosphere is balanced by the uptake of CO_2 by the terrestrial and oceanic biota.« (9) Auch diese Bemerkung zum Gleichgewichtszustand hält der Autor offen, womit sich das Ende der Einatmung der Erde im Textfluss selbst bemerkbar macht. Damit lässt er uns mit der Frage zurück, wie die Kontrolle zwischen den beiden entscheidenden Systemen Land und Ozeane erfolge. Weil sich die Umlaufbahn der Erde um die Sonne ändert, erhöht sich die Sonneneinstrahlung, wodurch die Glazialphasen jeweils beendet werden (*Milankovich forcing*). Doch zunächst kommt es zu der bereits erwähnten Erwärmung der Ozeane der südlichen Hemisphäre. Das wärmere Wasser speichert weniger Treibhausgase (Kohlendioxid und Methan) und gast sie zusehends in die Atmosphäre aus. Es setzt eine doppelte positive Rückkopplung – ein »positive feedback loop« (10) – ein: Zum einen erhöht sich der atmosphärische Gehalt an Treibhausgasen, und es wird wärmer. Zum anderen schwinden allmählich die riesigen Eisflächen der Nordhemisphäre, die dunklen Wälder werden größer, und die Albedo reduziert sich weiter. So wird weniger Sonnenenergie in den Weltraum zurückgespiegelt, stattdessen vom Meer, von den Festlandmassen und von der Atmosphäre auf der Erde zurückgehalten. Die Erde kann sich wieder erwärmen.

Doch wie kommt es zum Ende dieses Prozesses, so dass sich die Erde nicht immer weiter erwärmt? Hier ist erneut das Wechselspiel zwischen Land und Meer entscheidend. Denn die erhöhte Aktivität der Biosphäre auf dem Festland mobilisiert durch mehr Wurzeltätigkeit der Pflanzen die Elemente Phosphor, Silizium und Eisen. Diese Elemente gelangen durch den Wasserfluss in erhöhter Dosis in die Ozeane und düngen diese zusätzlich. Die biotische Tätigkeit der Meere erhöht sich. Die Ozeane binden wieder vermehrt Kohlendioxid zurück. Auch hier ist die Ausdrucksweise entscheidend: »But the invigorated activity of the terrestrial biosphere is already sowing the seeds of its own ›destruction‹. The interglacial balance appears to be precarious, and the vigour of terrestrial and marine biological uptake overtakes the outgassing from the oceans.« (10) Die Vermischung von biologistischer und bellizistischer Metaphorik (»the seeds of its own ›destruction‹«) nimmt die Atemwende der Erde präzise in die Argumentation auf. Auch hier kommt es – wie bereits beim »Einatmen« und der Erwärmung des Planeten – zu einer doppelten Rückkopplung. Die Ozeane können aus zwei Gründen mehr Kohlendioxid aufnehmen: Erstens erhöht sich bei der Abkühlung des Wassers wieder die Löslichkeit von CO_2; zweitens gelangen zusätzlich Phosphor und Eisen über immer trockenere Landwinde in die Ozeane, deren Düngung und die damit einhergehende Rückbindung von Kohlenstoff nochmals zunehmen. An diesem Punkt löst der Autor den ersten Spannungsbogen mit der Frage auf, wie die Abkühlung bei 180 ppmV langsam zum Stillstand komme: Durch die Vereisung der Landmassen verringere sich dieser Düngeeffekt und damit der positive Rückkopplungseffekt.

2.3 Das »Entknappnungserlebnis« jenseits der Planetaren Grenzen

Verfolgen wir den Metabolismus der Erde von erhöhter Energieaufnahme und Energieabgabe über die letzten 400 000 Jahre, die sich auf die 2,6 Millionen Jahre des Pleistozäns ausdehnen lassen, so gewinnen wir eine andere Perspektive auf unsere Gegenwart. Erreichte die Kohlendioxidkonzentration auf der Station Mauna Loa am 9. Mai 2013 den Wert von 400 ppmV,[59] so waren es lediglich acht Jahre später über 420 ppmV. Damit hat die Erde den belebbaren Raum weit hinter sich gelassen und den Thermostat des Pleistozäns eliminiert. Oder wie es Will Steffen formuliert: »There is no evidence of a stable state or ›domain of attraction‹ above 280 ppmV.« (16) Ebenso beunruhigend ist die Tatsache, dass sich inzwischen der atmosphärische Kohlendioxidgehalt doppelt so schnell erhöht wie jeweils am Ende der Eiszeiten, als dieser – erdhistorisch betrachtet – jeweils rasant emporschnellte. So ist der heutige Temperaturanstieg mit keiner Phase der letzten 2,6 Millionen Jahre vergleichbar. Will Steffens Kommentar dazu lautet lapidar: »In terms of Earth's metabolism, we are sailing into *terra incognita*.« (16) Während sich das Konzept der Planetaren Grenzen an den klimatischen Voraussetzungen des Holozäns (der letzten 11 700 Jahre) orientiert und diese erdgeschichtlich stabile Phase im Gegensatz zum Pleistozän der letzten 2,6 Millionen Jahre mit seinen Klimaschwankungen optimale Voraussetzung für Zivilisationen der Sesshaftigkeit bildete, katapultieren wir uns nicht nur aus dem »Atmen der Erde«, sondern in die Erdepoche des Pliozäns zurück, dessen klimatische Bedingungen nicht einmal die Vorfahren des Menschen erlebten. Nicht nur war die globale Durchschnittstemperatur um 3 bis 4 Grad Celsius, in den arktischen Regionen sogar um das Doppelte höher, sondern der Meeresspiegel lag rund 20 bis 25 Meter über dem heutigen Stand – ganz abgesehen von extremen Wetterverhältnissen und versauerten Meeren.

Das Überschießen des atmosphärischen Kohlendioxidgehalts während der letzten 250 Jahre hat wiederum mit dem Metabolismus menschlicher Tätigkeit zu tun. Man kann grob von zwei Energierevolutionen der Menschheit sprechen: Die erste ereignete sich im Übergang vom Pleistozän zum Holozän mit der Sesshaftigkeit und der damit zusammenhängenden neolithischen Revolution, als der Mensch begann, Ackerbau zu betreiben und die Biosphäre für sich herzurichten. Die zweite Energierevolution markiert den Beginn des Anthropozäns, als sich der Energieverbrauch pro Person im Vergleich zum gesamten Holozän vervielfachte. Im Pleistozän machte die Nahrungsaufnahme noch über ein Viertel des Energieverbrauchs aus. Der Mensch als Ackerkulturwesen entkoppelte den Energieverbrauch zusehends von der Nahrung. Die meiste Energie wurde anderweitig benötigt, stammte aber weitgehend aus erneuerbaren Energiequellen wie Holz und sonstiger Biomasse. Erst mit der Industrialisierung entkoppelte sich der Mensch in doppelter Weise: Zum einen wird nur noch ein Bruchteil der Energie als Nahrung verbraucht. Zum anderen stammen rund 70 Gigajoule (vergleichbar mit fast 2,5 Tonnen Steinkohle), welche ein Mensch pro Jahr im globalen Durchschnitt braucht, aus meist fossilen Energieträgern. Die Energienutzung hat sich allein im 20. Jahrhundert um den Faktor 16 erhöht – und dies exponentiell.

So kommt es, wie es der Philosoph Peter Sloterdijk formuliert, zum »Entknappungserlebnis« der Menschheit.[60] Doch dieses Erlebnis ist nur einem Bruchteil der Menschheit gewährt. Lediglich zwanzig Prozent profitieren überdurchschnittlich von dieser zweiten Energierevolution, während die Mehrheit im Zustand des Holozäns verbleibt. Sie hat keine Mittel für den Zugang zu Produkten und Dienstleistungen, die fossil hergestellt bzw. betrieben werden. So kommt es zu einer doppelten Entkopplung: erstens zu einer Entkopplung vom Energieaufwand für die Nahrungssuche und -verarbeitung als Sammler und Jäger und zweitens zu einer Entkopplung von erneuerbaren Energieträgern, die im Holozän die Grundlage des Metabolismus menschlicher Tätigkeit bildete.

Diese doppelte Entkopplung geht Hand in Hand mit einer doppelten Sehnsuchtsübertragung: Erstens verbindet der heutige privilegierte Mensch noch immer Konzepte von Freiheit und Paradies mit fossil betriebener Mobilität. Zweitens nährt die Mehrheit der nicht privilegierten Menschheit ihre Sehnsüchte aus dem angeblich entwickelten Modell höchst energieintensiver und gleichzeitig höchst ineffizienter privilegierter Lebensweisen.[61]

Dipesh Chakrabarty zeichnet die Abhängigkeit des Freiheitskonzepts und der Befreiungsdiskurse von fossilen Energieträgern seit der Industrialisierung nach.[62] Sein zentrales Anliegen besteht darin, die Geschichte der Befreiung und der Freiheit mit dem fossilen Energiekonsum zusammenzudenken. Gleichzeitig könnte es sich bei dieser Sichtweise zumindest partiell um einen Kurzschluss handeln, dem wir im Folgenden nachgehen. Der heutige fossile Energieverbrauch hat mit Konsum von Gütern, aber vor allem auch mit Konsum von Mobilität zu tun, so dass Peter Sloterdijk die Absurdität eines modernen bzw. postmodernen Freiheitsbegriffs folgendermaßen auf den Punkt bringt: »Wir können uns keine Freiheit mehr vorstellen, die nicht immer auch Freiheit zu riskanten Beschleunigungen einschließt, Freiheit zur Fortbewegung an fernste Ziele, Freiheit zur Übertreibung und zur Verschwendung, ja schließlich auch Freiheit zur Explosion und zur Selbstzerstörung.«[63] Beispiele finden sich in unserem Alltag, vom täglichen Berufsverkehr über mobiles Freizeitverhalten bis hin zu Ferien oder Berufsverpflichtungen am anderen Ende der Welt. Besonders prägnant kommt dieser »Traum einer bis zur Selbstaufgabe getriebenen Befreiung von sozialen Zwängen als Auto-Mobilität« im Roadmovie *Thelma and Louise* (1991) zum Ausdruck, der damit endet, dass die beiden Frauen mit ihrem Auto absichtlich über einen Abgrund in den Grand Canyon und damit in den Tod fahren.[64]

Nach den bleiernen Jahren des Kalten Kriegs und der Wende bildete ein solcher Film den Nukleus für das Ende der Geschichte, in diesem Fall einer individuellen Befreiungsgeschichte, welche auch als gesellschaftliche Befreiungsgeschichte gedacht war. So konstatiert Eva Horn, dass der »Freiheitsbegriff, der sich mit dem fossilenergetischen Regime entwickelt hat«, »heute eines der wichtigsten Hindernisse für seine Überwindung« sei.[65] Die Absurdität und Ineffizienz mobiler Freiheit wird in der filmischen Überhöhung und Zuspitzung besonders deutlich. Konsequenterweise sieht Horn uns in der Pflicht, »Kultur- und Sozialgeschichte mit der Geschichte menschlicher Energienutzung« zu verknüpfen.[66] So sehr dieser Freiheitsbegriff noch heute wirksam ist, so sehr müssen wir ihn innerhalb eines neuen Erzählrahmens, welcher die Planetaren Grenzen priorisiert, doppelt hinterfragen, um *sowohl* den physikalisch-ökonomischen Sachverhalt der zweiten Energierevolution mit ihrer fossilen Pfadabhängigkeit *als auch* die bis in unsere Tage aktive Übertragungssehnsucht zu überwinden. Die immer noch hohe Pfadabhängigkeit von fossilen Energieträgern ist unübersehbar[67] und auf diesen kontaminierten Freiheitsbegriff zurück zu führen, der das politische Kapillarsystem bis in die dünnste Verästelung hinein durchdringt. Doch diese Pfadabhängigkeit drängte sich in der ersten Hälfte des 20. Jahrhunderts noch nicht unbedingt auf.

So war dem Nobelpreisträger für Chemie und Begründer der Physikalischen Chemie Wilhelm Ostwald 1909 klar, dass wir unseren Energiebedarf mithilfe eines »photoelektrischen Apparates« decken werden.[68] Der Anthropologe und Verfechter der kulturellen Evolution Leslie White spricht fast ein halbes Jahrhundert später von »sub-atomaren« Energiequellen und kommt auf die Sonnenenergie zu sprechen.[69] Denn die Ineffizienz des fossil betriebenen Energiesystems ist in erster Linie auf die Entropieerzeugung, d. h. die Erhöhung von »Unordnung« in einem abgeschlossenen System der Erwärmung zurückzuführen. So verursacht das Kohlendioxid in der Atmosphäre bereits das Vierfache an Erwärmung pro Jahr durch seine Isolationsleistung, verglichen mit dem, was es in Form von Wärmeleistung bei der Umwandlung vom fossilen Ausgangsstoff wie Kohle, Erdgas oder Erdöl erzeugt hat. Gemäß dem Physiker Geoffrey West erhöht sich die planetare Entropie um 150 Billionen Kilowattstunden.[70] Die Entropie ist jedes Jahr höher um den Wert, der heute dem Weltenergiebedarf entspricht. Die Gesamtentropie (und damit die Klimaerwärmung) nimmt daher ständig zu, solange die fossilen Energieträger immer noch die Hauptenergiequelle bilden.

Folgen wir Geoffrey Wests Argumentation weiter, so kommt es mit der zweiten Energierevolution der Menschheit und dem damit verbundenen Rückgriff auf fossile Energieträger zu einem »dramatischen Übergang von einem *offenen* System, in dem Energie von außen, von der Sonne, geliefert wurde, zu einem *geschlossenen* System, in dem sie aus internen fossilen Brennstoffen stammt«. Dies sei »ein fundamentaler Systemwechsel mit enormen thermodynamischen Konsequenzen« gewesen, »da sich in einem geschlossenen System der zweite Hauptsatz der Thermodynamik zusammen mit seiner Voraussetzung, dass die Entropie immer wachse, uneingeschränkt bestätigt«.[71] Was der Physiker als Problem eines begrenzten Raums formuliert, das in unserer Gegenwart in einen hypertrophischen Zeitkollaps mündet, übersetzt die systemische Erd- und Atmosphärenwissenschaft in Kohlenstoff-Zyklen zwischen Atmosphäre, Hydrosphäre, Pedosphäre, Lithosphäre und Biosphäre. Diese Zyklen sind von sehr unterschiedlicher Dauer.

Dennoch verdeutlichen die Kohlenstoff-Zyklen – so verschieden sie sein mögen –, dass in unserer Gegenwart zwei Zeitskalen kollidieren: Im Zyklus der jahreszeitlichen Vegetation zeigt sich vor allem auf der nördlichen Hemisphäre mit deutlich mehr Festland, wie rund 250 Gigatonnen Kohlenstoff jährlich von der Vegetation ein- und ausgeatmet werden. Aus der minimalen Differenz zwischen diesen jährlichen Kohlenstoffoszillationen ergibt sich eine Zu- bzw. Abnahme des Kohlendioxidgehalts in der Atmosphäre, wie zuvor im Metabolismus der Erde beschrieben. Diese Zu- und Abnahme führt zur übergeordneten Oszillation zwischen Kalt- und Warmzeiten innerhalb von rund 100 000 Jahren und prägt das Pleistozän seit rund 2,6 Millionen Jahren mit immer größerer Amplitude, wie wir im vorangegangenen Kapitel gesehen haben. Auch wenn menschliche Zivilisationen von Viehhaltung und Ackerbau, von Städten und sozialer Ausdifferenzierung mit diesen Amplituden keine Erfahrung hatten, da diese sich erst im Holozän der letzten 11 700 Jahre entwickelten, so hatte sich der Homo sapiens als Spezies der letzten 300 000 Jahre an diese Amplituden des Pleistozäns zwischen Eiszeiten und kurzen Wärmephasen angepasst. Mit Rückgriff auf fossile Energieträger, welche aber vor mehr als 300 Millionen Jahren in die Lithosphäre eingelagert worden waren und auf einmal wieder in Form von Kohlendioxid in die Atmosphäre gelangten, wird eine zweite, rund tausend Mal größere Zeitskala als die menschliche aufgerufen. Damit kollidieren zwei inkommensurable Zeitskalen und konfrontieren uns mit dem Hyperobjekt der Klimaerwärmung. Wir sprechen hier von einem Skaleneffekt, dem wir uns im nächsten Großkapitel genauer zuwenden werden. Um es mit Geoffrey West zu sagen: »Abgesehen von ihren vielen anderen Problemen kann uns weder die nukleare Option noch die der traditionellen fossilen Brennstoffe aus der Falle des geschlossenen Systems befreien, während die solare Option den Vorzug hat, uns zu einem wahrhaft nachhaltigen offenen System zurückzuführen.«[72] Die Lösung liegt also auf der Hand. Die Frage, ob wir uns von den fossilen Pfadabhängigkeiten und den damit verbundenen Konsumgewohnheiten schnell genug befreien können, bleibt aber weiterhin bestehen und ist letztlich von der Politik zu beantworten. Am einfachsten wäre das Verbot fossiler Energieträger im Hier und Jetzt.

2.4 Wir hängen am Tropf: Subventionierung fossiler Energieträger

Das Problem, dass erneuerbare Energieträger aus Photovoltaik und Windanlagen nicht konkurrenzfähig sind, besteht seit einiger Zeit nicht mehr. Im Gegenteil: Die Produktionskosten pro Energieeinheit haben sich über die letzten Jahre derart reduziert, dass sie inzwischen konkurrenzlos sind. Das Phänomen der Klimaerwärmung mag also »superkomplex« sein, wie es Timothy Morton im Anschluss an sein Hyperobjekt darstellt, doch unsere Antwort könnte einfach sein.[73] Das Problem liegt anderswo: in der direkten und indirekten Subventionierung der fossilen Energieträger, d. h. in der weltweiten Unterstützung von Förderung, Transport, Verteilung und Konsum (a) sowie in der Auslagerung der Kosten, welche durch Kohle, Erdöl und Erdgas entstehen und nicht eingepreist werden (b). Dabei handelt es sich um festgefahrene Denk- und Machtstrukturen, welche die Förderung und die Pfadabhängigkeit von den Fossilen zementieren. Der Internationale Währungsfonds (IWF) spricht bei der direkten Unterstützung von einer vorsteuerlichen Subventionierung (a), bei der Kostenauslagerung von einer nachsteuerlichen Subventionierung (b).[74] In 191 Staaten untersucht die Studie den Unterscheid zwischen den bestehenden und den »effizienten« Preisen (»the gap between existing and efficient prices«) in den Jahren 2015 und 2017 und stellt fest, dass dieser Unterschied weltweit bei 5200 Milliarden Dollar pro Jahr liegt, was 6,5 % des globalen Bruttosozialprodukts entspricht. Zu den größten Subventionsgebern gehören China (mit 1400 Milliarden Dollar), die USA (649 Milliarden), Russland (551 Milliarden), die EU (289 Milliarden) und Indien (209 Milliarden). Hätte man 2015 die fossilen Energien richtig bepreist, wäre 28 Prozent weniger CO_2 ausgestoßen worden. Damit hätte man die Klimaziele des Kyoto-Protokolls und des Pariser Vertrags bereits »übererfüllt«; ebenso hätte es nur noch halb so viele Tote wegen Luftverschmutzung gegeben, und die Staaten hätten 3,8 Prozent des Bruttosozialprodukts für andere Zwecke verwenden können.[75]

Der Reihe nach. Kommen wir zuerst zu den vorsteuerlichen Subventionierungen. Alle 20 Tage transportieren Tankschiffe 12000 Tonnen Schweröl und Diesel auf die Touristeninsel Rhodos, womit zwei Kraftwerke ihre Generatoren zur Stromherstellung betreiben.[76] Tag für Tag werden nur für die Elektrizitätsversorgung der Insel 700 Tonnen Öl verbrannt – für eine Elektrizitätsversorgung, welche mühelos von Photovoltaikanlagen sichergestellt werden könnte. Dies gilt nicht nur für Rhodos, sondern für fast alle griechischen Inseln. Selbst nach der Schuldenkrise zahlt Griechenland weiterhin 500 Millionen Euro pro Jahr nur für die Finanzierung der entsprechenden Reedereien (insbesondere der Familien Latsis und Vardinogiannis) und der Ölgeneratoren. Was wir als lokalen Skandal behandeln könnten, wiederholt sich vor allem in den reicheren Staaten rund um den Globus, um angeblich weiterhin konkurrenzfähig zu sein. Von dieser vorsteuerlichen Subventionierung profitieren in erster Linie die Luftfahrt (deren Kerosin international steuerbefreit ist), aber auch die Automobilität oder die Landwirtschaft aufgrund reduzierter Dieselbesteuerung, sowie die energieintensive Zement-, die Stahl- oder die Erdölindustrie selbst. Die Rechercheplattform Investigative Europe rechnet zwar äußerst vorsichtig, kommt aber europaweit auf 137 Milliarden an vorsteuerlichen Subventionen, wobei der Anteil der Subventionen zum jeweiligen Bruttoinlandsprodukt zwischen 0,1 % in Dänemark und 2,7 % in Griechenland liegt.[77]

Selbst ein rein ökonomisches Denken könnte diese Praxis entlarven, reichte doch im Fall Rhodos eine einmalige Investition in Photovoltaikanlagen. Die Energiepreise würden nicht wesentlich steigen, die Anlagen wären innerhalb weniger Jahre amortisiert und die Touristeninsel würde pro Tag 2 000 Tonnen CO_2 weniger emittieren. Doch damit beginnt die Geschichte erst. Nun kommen die externalisierten Kosten bzw. die gemäß IWF nachsteuerlichen Subventionen ins Spiel. Angenommen, man lässt die Faktoren massive Luftverschmutzung durch Schwerölverbrennung in Form von Feinstaub, Schwefeldioxid (SO_2) und verschiedenen Stickstoffoxiden (NO_X) außen vor. Angenommen also, wir berechnen aus den 2 000 Tonnen Kohlendioxid nur die Klimafolgeschäden, welche die IWF-Studie konservativ im Bereich zwischen 40 und 80 Dollar pro emittierter Tonne CO_2 veranschlagt,[78] so entstehen allein für die Elektrizitätsversorgung der Insel Rhodos 80 000 bis 160 000 Dollar Klimafolgeschäden pro Tag. Gehen wir davon aus, dass Rhodos mit seinen 150 000 Betten im Schnitt zu zwei Dritteln belegt ist, so entfallen auf einen Touristen pro Tag ein bis zwei Dollar Klimafolgeschäden. Das mag ja noch gehen. Bereits im Jahr 2016 ging das deutsche Umweltbundesamt (UBA) von 180 Euro Klimafolgeschäden pro Tonne Kohlendioxid aus.[79] Damit sind wir schon bei gut 4 Dollar pro Touristin und Tag. Und dabei sind die Klimafolgeschäden aus Flug, Mobilität vor Ort und Güterkonsum nicht eingerechnet. Fossilbasierter Urlaub ist weder finanziell noch ökologisch tragbar.

Folgen wir der IWF-Studie weiter, so verfügt das Instrument, mit der fossilen Vergangenheit endgültig zu brechen, über einen noch längeren Hebel, der für viele augenscheinlich noch immer schwer nachvollziehbare Kategorien wie globale Klima- oder Generationengerechtigkeit einschließt. Den längeren Hebel finden wir gegenwärtig nicht in den Klimafolgeschäden, die je nach Berechnungsgrundlage weiterhin einer gewissen Varianz unterliegen, sondern in der direkten Luftverschmutzung durch die Verbrennung von Fossilen. So forderte die Luftverschmutzung 2015 8,9 Millionen frühzeitig Verstorbene weltweit.[80] Die »Bepreisung« von Toten ist ethisch höchst problematisch – unabhängig von der Berechnungsgrundlage.,[81] Im Unterschied zur IWF-Studie halte ich es für zielführender, uns zunächst auf den Kohlensektor zu konzentrieren. Damit verlängern wir nämlich den Hebel zusätzlich, um die Sinnlosigkeit fossiler Energieträger aufzuzeigen.

So makaber der Vergleich angesichts des Krieges zunächst sein mag: In der Ukraine sterben jährlich über eine halbe Million Menschen frühzeitig an Herz- und Lungenkrankheiten wegen Emissionen aus Kohlekraftwerken. Auf 1 000 Einwohner sind das 16 vorzeitig Verstorbene.[82] In Russland beträgt dieser Wert 10 (rund 1,5 Millionen frühzeitig Verstorbene pro Jahr), in China 5,3 (7,15 Millionen frühzeitig Verstorbene). Selbst in Deutschland mit der weltweit führenden Schadstoffeliminierung liegt dieser Wert fast so hoch wie in China bei 4,6 frühzeitig Verstorbenen pro 1 000 Einwohnern. Hochgerechnet auf die Gesamtbevölkerung bedeutet das 378 000 frühzeitig Verstorbene. Eine weitere, ebenso makabere Kennzahl beziffert die frühzeitige Mortalität im Verhältnis zur produzierten Energie. Auch hier liegt die Ukraine mit 43 frühzeitig Verstorbenen pro einer Million produzierter Gigajoules an einsamer Spitze.[83] Anders gesagt: Ein Energiepäckchen von 6,5 GWh fordert einen Toten. Diese Energiemenge produziere ich innerhalb eines Jahrs mit einer Solaranlage von rund drei Hektar Fläche. Verteile ich diese Energiemenge auf die Leistungsgarantiedauer einer Photovoltaikanlage, so reichen mir 1 000 Quadratmeter Photovoltaik, um einen frühzeitigen Tod in der Ukraine zu verhindern.[84]

Gehen wir einen Schritt weiter und schätzen diese Anlage konservativ mit einem hohen Preis von 150 Dollar pro Quadratmeter Photovoltaik ein, so reichen mir in der Ukraine 150 000 Dollar, um einen Toten zu verhindern. Verglichen mit dem ethisch fragwürdigen Mortalitätswert, der in der Ukraine bei 900 000 Dollar liegt,[85] reicht ein Sechstel des »Werts eines Menschen«, um seinen frühzeitigen Tod zu verhindern. Ist es nicht absurd, dass die Ukraine nicht längst alle ihre Kohlekraftwerke vom Netz genommen hat? Dieser Referenzwert lässt sich auf weitere Länder übertragen.[86]

Die Referenzwerte stammen teilweise noch aus dem Jahr 2014. Inzwischen hat sich die globale Lage bezüglich der direkten Verschmutzung und Mortalität durch Kohlekraft regional teilweise verschoben. Während sich in den ehemaligen Sowjetrepubliken und in Indien die Situation kaum verändert oder sogar verschlimmert hat (wobei die Länder in Südostasien wie Indonesien oder Thailand hervorstechen), hat sich die Luftqualität in Mittel- und Westeuropa deutlich verbessert.[87] Einen klaren Akzent setzt Großbritannien. Noch 2014 betrug die Mortalität 2,9 Menschen pro Terajoule Energiemenge aus Kohlekraft. Ein Zubau von Photovoltaikanlagen im Umfang von knapp 15 000 Quadratmetern hätte ausgereicht, um ein Menschenleben zu retten. Dieser Zubau würde rund 2,3 Millionen Dollar kosten. Das entspricht dem halben Mortalitätswert eines durchschnittlichen Briten.[88] Doch die Briten haben einen anderen Weg eingeschlagen: Einerseits haben sie einen großen Teil der Kohlekraftwerke durch Offshore-Windkraftwerke ersetzt, auch weil die Insel nicht sonderlich von der Sonne privilegiert ist. Andererseits haben sie zusätzlich Atomkraftwerke hochgefahren und sind teilweise auf Gaskraftwerke umgestiegen, was – wie wir noch sehen werden – keine Lösung darstellt. Und zum Teil haben sie die Kohle einfach durch die Verbrennung von Holzpellets oder Holzschnitzel ersetzt. Biomasse, so auch Holz, zählt auf europäischer Ebene immer noch zu den erneuerbaren Energieträgern, obwohl die Ressource einerseits sehr beschränkt ist und bereits jetzt – gerade wegen der Klimafolgen – unter Druck steht, und sie andererseits die Schadstoffemission massiv erhöht.

Bisher haben wir uns auf die Luftverschmutzung durch Kohlekraftwerke konzentriert. Dieser eine Grund reicht für einen weltweiten Ausstieg. Nicht berücksichtigt haben wir bisher den Klimaeffekt und die Mortalität aufgrund von Mobilität. Während bei einer Elektrifizierung der individuellen Mobilität die Unfallgefahr weiterhin hoch bleibt, die Herstellung von Batterien je nach Rohstoff ressourcenintensiv sein kann (aber nicht muss) und der Pneuabrieb vor allem in urbanen Gebieten eine hohe Feinstaubbelastung hinterlässt, kann der Klimaeffekt durch einen Wegfall des Kohlendioxidausstoßes deutlich reduziert werden. Motorisierte Individualmobilität ist aber grundsätzlich zu hinterfragen, da sie nicht zu hoher Lebensqualität beiträgt – ähnlich ein zu hoher Fleischkonsum, wie er inzwischen in allen »entwickelten« Ländern zum Alltag gehört. Unberücksichtigt gelassen haben wir die eingangs dieses Kapitels erwähnten externalisierten Kosten, welche durch die Klimaerwärmung und die Versauerung der Meere entstehen. Diese unterliegen weiterhin einer großen Varianz, abhängig davon, welche Kosten eingepreist werden. Die Latenz des Klimaeffekts über Hunderttausende von Jahren (was jede historische Dimension sprengt) lässt uns erahnen, welche Geldsummen sich daraus ergeben können. Darum ist es zielführender und pragmatischer, sich an der CO_2-Bepreisung bzw. an den Kosten für die Rückbindung zu orientieren. Dafür können wir den gegenwärtigen Preis für eine Tonne CO_2 auf dem EU ETS als untere Grenze annehmen. Wir bewegen uns hier im Bereich zwischen 60 und 100 Euro.[89] Wir können uns aber auch auf den Preis beziehen, den der Spinoff *Climeworks* gegenwärtig verlangt, um auf Island eine Tonne CO_2 der Atmosphäre zu entziehen und in karbonisierter Form ins Lavagestein einzulagern. Eine solche Tonne kostet gegenwärtig immer noch rund 1 000 Euro, obwohl die Firmengründer in den nächsten Jahren ein Fünftel dieses Preises anvisieren.[90] Umso dringender ist die direkte Dekarbonisierung, die Verhinderung des Klimagasausstoßes.

2.5 »Molecules of Freedom« – nicht nur rhetorischer Überschuss

Leider zeigt sich hier eine Gegentendenz, in welcher man den Teufel mit dem Beelzebub auszutreiben sucht. Erdgas besteht aus Methan, einem Klimagas, das in seiner Wirkung zwischen Kohlendioxid und Lachgas liegt. Auf Englisch spricht man von »natural gas«. Im Deutschen klingt die fossile Herkunft zumindest noch an, lässt sich aber in der oft anzutreffenden Lehnübersetzung »natürliches Gas« oder in der Schweizer Marke »gaz […] energie« kaschieren – dunkelgrün eingefärbt, dazwischen ein Blatt in hellerem Grün: ein zu klein geratenes Feigenblatt unterstreicht die ständig formulierte Behauptung, es handle sich beim Erdgas um eine Brückentechnologie. Das fossile Erdgas soll eine Brücke in eine fossilfreie Zukunft mit Gas schlagen, das biogen oder synthetisch hergestellt wird. Die »Brückentechnologie« bildet das argumentative Grundgerüst, um weiterhin am lukrativen fossilen Pfad und an der Infrastruktur (von der Förderung über Pipelines und Flüssiggasterminals bis hin zur lokalen Feinverteilung auf kommunaler Ebene) festzuhalten.

Doch warum halten selbst umweltbewusste Politiker: innen an dieser Technologie fest, obwohl sie uns nur noch länger in der fossilen Pfadabhängigkeit gefangen hält? Wahrscheinlich hat das weniger mit den durchsichtigen Manövern der Erdgaswirtschaft zu tun. Vielmehr fügt sich der Enthusiasmus für die Brückentechnologie in ein internationales Umfeld ein, das die fossile Pfadabhängigkeit in mehrfacher Hinsicht zementiert: Dazu zählt in erster Linie das Pipeline-Projekt Nord Stream 2, das Deutschland bis zu Russlands Invasion in die Ukraine hartnäckig verfolgt und gebaut hat. Das zusätzliche Erdgas hätte ja auch seine Abnehmer finden müssen. Trotz der historischen Zäsur hält sich das Abhängigkeitsnarrativ; und europäische Minister schwärmen aus, um sich Flüssiggasreserven zu sichern.

Es scheint, als hätten die USA ihre Marketingstrategie für die neue Weltlage frühzeitig aufgegleist: Ihr aufwendig gefracktes und als LNG (*liquified natural gas*) verschifftes Erdgas nennen sie werbewirksam »molecules of freedom«.[91] Diese »Freiheitsmoleküle« scheinen besonders attraktiv zu sein. Entsprechend wird der Aufbau von LNG-Anlagen mit direkten Zuschüssen im Umfang von Milliarden von Euro vorangetrieben. Bereits 2017 betrugen die deutschen Subventionen für Erdgas 1,4 Milliarden Euro.[92] 2015 entfielen in Europa 10 Prozent der Subventionen für fossile Energieträger (im Umfang von 264 Milliarden Euro) auf Erdgas. Allein in Deutschland soll das Erdgas bis 2024 zusätzlich mit 90 Milliarden Euro subventioniert werden.[93] Das Fanal ökonomischer und ökologischer Unsinnigkeit materialisiert sich in den unnötig verbauten Stahlrohren von Nordstream 2. Dennoch schaffte es Europa nicht, sich sofort vom russischen Erdgas loszusagen. Im Unterschied zu Kohle und Öl ist Erdgas enger an solche Infrastrukturprojekte gebunden. Und so fordert das Geld aus den Fossilen seinen Blutzoll in der Ukraine.

Gleichzeitig bleibt deutlich weniger Kapital übrig, um in die Energiewende hin zu einer dekarbonisierten Wirtschafts- und Lebensweise zu investieren. Zudem bleiben die fossilen Energiepreise marktverzerrend und erschweren den erneuerbaren Energien den Markteintritt. Paradoxerweise blockiert gerade das Narrativ einer klimafreundlicheren fossilen Energieform die nötige Wende.

Stimmt dieses Narrativ überhaupt? Noch 2018 behauptete die Internationale Energieagentur in ihrem *World Energy Outlook*, Erdgas sei deutlich klimafreundlicher als Kohle und Erdöl und biete sich daher als Brückentechnologie an. Dafür griff die Agentur auf eine Metastudie zurück, welche die jährlichen Methanemissionen fossiler Energieträger in einem sogenannten »Bottom-up-Verfahren« errechnet hatte. Darin entfällt über eine Drittel der fossilen Methanemissionen auf Kohle, der Rest auf Erdöl und Erdgas.[94] Dabei übersah die Internationale Energieagentur, dass sich die vorliegende Erhebung auf den Zeitraum zwischen 2003 und 2012 bezog.

Seit 2007 steigt die atmosphärische Methankonzentration Jahr für Jahr drastisch. Obwohl bis heute nicht restlos geklärt ist, aus welchen Quellen das Methan stammt, ist der Anstieg hauptsächlich auf neue Methoden der Erdgasförderung und des Erdgastransports, insbesondere auf Fracking und LNG zurückzuführen.[95] Inzwischen sind die hohen Emissionswerte bei Frackinggas bekannt.[96] In der Kombination der Daten aus dem IAE-Outlook 2018 mit Publikationen jüngeren Datums kommt die Erdgasstudie 2019 der Energy Watch Group zum Schluss, dass die tatsächlichen Emissionen aus Erdgas um rund einen Drittel höher ausfallen. Bei der Stromerzeugung aus »neuem Gas«, das Fracking, LNG oder einen langen Pipelinetransport über 4000 Kilometer beinhaltet, liegt der Wert sogar um zwei Fünftel höher als bei Kohle.[97]

Der Unterschied zwischen den Werten ist derart eklatant, dass das Erdgas zum klimaschädlichsten Energieträger überhaupt wird. Ein Teil der zusätzlichen Klimawirkung ist sicherlich der Tatsache geschuldet, dass gerade in Europa zusehends Fracking-Gas aus den USA und normales Gas beispielsweise aus Katar als LNG gebraucht wird. Hinzu kommt, dass der Outlook der Internationalen Energieagentur die Klimawirkung direkt mit dem Kohlendioxid vergleicht und auf hundert Jahre verteilt, was nur einem Drittel der tatsächlichen Klimawirkung entspricht. Dieses Überschießen in der Gegenwart ist entscheidend für das Eintreten von Kipppunkten, welche die Klimawirkung ohne weiteres menschliches Dazutun weitertreiben (⊛ 3.6). Wenn auf der COP 26 im Herbst 2021 in Glasgow eine Mehrzahl der Länder eine Methan-Reduktion um 30 Prozent bis 2030 beschlossen hat, so aus dem einfachen Grund, um der Klimawelle die Spitze zu brechen – eine Spitze, welche die Erdgasvertreter gegenwärtig weiter in die Höhe treiben. Damit erweist sich die »Überbrückungstechnologie« mit »Freiheitsmolekülen« als »Brücke ins Nirgendwo«[98] der *terra incognita*, vor der die Klima- und Erdwissenschaft seit langem warnt.

Die Gefährlichkeit einer solchen Rhetorik wird von dem Befund verstärkt, dass die bisherigen Annahmen in Bezug auf die Klimawirksamkeit des Methans massiv erhöht werden müssen. Der zum Teil unerklärliche Anstieg des atmosphärischen Methangehalts ist darauf zurückzuführen, dass es wegen einer positiven Rückkopplung deutlich länger braucht, bis das Molekül über das Hydroxyl-Radikal (OH^-), das sogenannte »Waschmittel der Atmosphäre«, zu Kohlendioxid oxidiert. Weil dadurch das Methan über eine deutlich längere Zeitspanne in der Atmosphäre bleibt, ist es nicht nur 28 Mal, sondern 80 Mal klimaaktiver.[99] Erklärt wird dieser Befund mit der Klimaerwärmung selbst, die inzwischen deutlich mehr Brände verursacht als noch vor ein paar Jahren. Dadurch entsteht Kohlenmonoxid, welches das OH^- bindet, das für den Methanabbau nicht mehr zur Verfügung steht.[100] Je schneller die Klimaerwärmung voranschreitet, desto mehr Brände, desto mehr Methan, desto mehr Klimaerwärmung: ein Teufelskreis, der noch teuflischer ist als im IPCC-Bericht vom Februar 2022 festgehalten. Wahrscheinlich haben wir damit einen bisher unbekannten Kipppunkt überschritten. (➲ 3.6)

2.6 »Geteilte« Welten

An einem schönen Sommermorgen kam ich mit dem Eurocity Zürich–Mailand in Flüelen an – bis zur Eröffnung des Zentralbahnhofs *dem* Umsteigeort im Zentralschweizer Kanton Uri. Ich wollte mir Zwischenverpflegung für die nächsten beiden Tage in den Bergen beschaffen. Doch auf dem Fußweg zur Talstation Eggberge, wo meine Seilbahn in einer halben Stunde abfuhr, gibt es keinen Lebensmittelladen mehr. So schlug ich auf Anraten der Verkäuferin am Bahnhofskiosk den Weg Richtung Autobahnausfahrt ein, um zum Großverteiler und der letzten Einkaufsmöglichkeit zu gelangen. Eigentlich ein Wunder, dass ein Trottoir dorthin führt. Ich tätigte meinen Einkauf widerwillig, weil die lokalen Produkte an einer Hand abzuzählen waren. Wie kam ich weiter zur Talstation? Das Einfallstor der Axenstraße ins Urner Reußtal unter der NEAT-Eisenbahn-Achse weist zwar noch ein Trottoir auf. Dieses endet aber abrupt im Niemandsland vor dem Kreisel, der den Transit- vom Lokalverkehr scheidet. Mir blieb nichts anderes übrig, als die Autobahnzufahrt zu begehen – mit Rucksack und Rollkoffer in einem Moment, in dem ich mich relativ sicher wähnte. Als ich mich mitten auf der Straße befand, brauste ein SUV aus einem Tunnel. Hupen, Fluchen meinerseits. Mensch, wir leben zusammen auf einer Erde und tun so, als ob wir uns in Parallelwelten aufhalten könnten! Hier eine reichlich dekarbonisierte, dort eine skrupellose Welt, basierend auf fossilen Energieträgern und industrieller Massentierhaltung. Doch spätestens wenn die umweltbewusste Jugend im Sommer den Billigflieger nimmt und die Bauernfamilie auf die Alp zieht und durch ihr Tun der Atmosphäre Klimagase entzieht, kehren sich die Verhältnisse um. Die Welten sind lokal durchaus austauschbar. Global zeigen sich die Parallelwelten aber umso eklatanter: Verursacht ein Fünftel der Menschheit über die Hälfte des Klimagasausstoßes, kann die Mehrheit der Menschheit kaum dafür verantwortlich gemacht werden.

Der ökonomische Graben, der sich durch unsere Welt zieht, macht die Welten der Happy Few und der Mehrheit hingegen unaustauschbar. So leiden der Nomade und Viehhalter in Darfur und die Reisbäuerin und Fischerin in Bangladesch schon jetzt akut unter den Folgen der Klimaerwärmung: unter dem Vordringen der Wüste und unter Überschwemmungen wegen immer heftigeren Monsunen und steigendem Meeresspiegel. Wir tun nur so, als ob wir uns in Parallelwelten bewegen könnten, als ob das eine mit dem anderen nichts zu tun hätte. Dennoch hat der Fußgänger nichts auf der Autobahneinfahrt verloren; er ist gefährdet. Mit dem Klimagasausstoß entziehen wir uns die Lebensgrundlage. Darum betrifft die Klimaerwärmung alle – unabhängig von der weltanschaulichen oder sozialen Position, unabhängig von der eigenen Funktion in Beruf oder im Privaten. Jede Institution, jedes Individuum steht in der Verantwortung. Natürlich können wir weiterhin mit dem Finger auf die Politik zeigen, auf die anderen, die alles falsch machen. Doch die Zeit, in der wir uns gegenseitig den Schwarzen Peter zugeschoben haben, ist vorbei. Letztlich ist es die Verzahnung verschiedener Verantwortlichkeiten aus Gesellschaft, Politik, Wirtschaft, Wissenschaft oder Rechtsprechung, welche das Problem lösen kann.

Ein buntes, aber koordiniertes Miteinander kann uns vielleicht noch retten. Nach einer umfangreichen Sichtung von Klimastudien in meinem letzten Buch bin ich vorsichtig geworden. Ich bin nicht optimistisch, was die Zukunft unserer Biosphäre betrifft. Oder mit Terry Eagleton gesprochen: Ich habe nur noch Hoffnung ohne Optimismus – »Hope without Optimism« (2015). In unserer beschränkten Biosphäre tun die Bündelung der Kräfte und die Überwindung von Grenzen zwischen angeblich unterschiedlichen Welten not: Die Schranken zwischen beinahe oder immer schon dekarbonisierter und fossil betriebener Lebensweise sind aufzuheben, vor allem zwischen eine kaum CO_2-emittierenden Mehrheit und einer für die Klimaerwärmung hauptverantwortlichen Minderheit der Weltbevölkerung. Die Grenzen zwischen den Disziplinen sind mitgemeint. Dafür lohnt sich ein Blick in die Zeit vor der Industrialisierung.

2.7 Galiani oder Stopp der Ausdifferenzierung – zum Weizenhandel

In den 1760er-Jahren taucht eine schillernde, quirlige, hoch intelligente und mit allen Wassern gewaschene Person in den Pariser Salons auf: Ferdinando Galiani aus Neapel in seinen besten Jahren. Ein glänzender Latinist und Liebhaber von Horaz, stilistisch derart beschlagen, dass er angeblich Überlieferungsfehler beim großen römischen Dichter aufzudecken wusste. Leider ist sein »Horaz-Kommentar« verschwunden, Fragmente erschienen 1780 in der *Gazette litteraire d'Europe*. Überliefert ist seine Schrift zum neapolitanischen Dialekt. Profunder könnte eine linguistische Arbeit nicht sein. Voltaire, der arrivierte Denker der europäischen Aufklärung, inzwischen für ein ansehnliches Honorar am Preußischen Hof von Friedrich dem Großen angestellt, äußert sich im Brief vom 10. Januar 1770 an Diderot bewundernd: Galiani sei die Inkarnation von Platon und Molière zugleich. Dabei spricht er von einem Stück, von dem er zwei Drittel gelesen habe und auf dessen Auflösung er mit großer Ungeduld warte, woraufhin er ins Schwärmen gerät: »Oh! Le plaisant livre, le charmant livre, que les dialogues sur le commerce des bleds!«[101]

Es handelt sich weder um ein Theaterstück noch um einen Roman, sondern um eine im Dialog gehaltene Abhandlung zum Getreidehandel – und zu vielem mehr. In seinem Artikel in der Großen Enzyklopädie zu Getreide, »bled, ou blé«, den der Galiani-Biograph ausführlich zitiert, kommt Voltaire nicht aus dem Schwärmen heraus, wenn er die neue Diskussionskultur in den Pariser Salons beschreibt. Die französische Nation, übersättigt von Tragödien, Komödien, Opern, Romanen, moralischen Überlegungen und theologischen Disputen, beginne endlich, vernünftig über das Getreide nachzudenken. Man habe selbst den Weinanbau vergessen, um über den Anbau von Weizen und Roggen zu sprechen. Man habe Nützliches zur Landwirtschaft geschrieben, weiß Voltaire zu berichten. Galianis *Dialoge* – der Bestseller in Paris von 1770 – nehmen die Hungersnot in Neapel zwischen 1763 und 1766 als Ausgangspunkt. Sie sind darauf ausgelegt, die verschiedenen Positionen zwischen freiem Handel und staatlicher Regulierung auszuloten. Die Dialoge kommen nie zu einem eindeutigen Schluss. Im Gegenteil: Sie gelangen vom Hundertsten ins Tausendste und behandeln alles, was Frankreich – jenseits von Tratsch – gerade beschäftigt: die politische Freiheit, das Verhältnis zwischen Nutztier und Mensch, Naturgesetze und menschliche Konventionen. Voltaire hat nicht unrecht, wenn er in Galiani eine Reinkarnation Platons sieht: In den *Dialogen* übernimmt der Chevalier de Zanobi, der durchwegs ein Alter Ego Galianis sein kann, die Rolle des Sokrates. Sein Gesprächspartner ist der Marquis de Roquemaure. Während des Gesprächs greift immer wieder ein Président ein, der ab und zu als Gesprächspartner auszuhelfen hat.

So schwadroniert der Chevalier im achten und letzten Dialog im Hause des Marquis, aber typischerweise in dessen Abwesenheit, über die Liberalisierung: »Nichts ist so richtig, als dass sich die freien Getreidepreise in einem Gleichgewicht einfinden. Nichts ist so richtig, als dass der frei gewordene Handel überall dort Getreide verteilen wird, wo es Geld und Konsumenten gibt.«[102] Doch das sei nun theoretisch zu verstehen, wie der Chevalier weiter zu bedenken gibt. Praktisch habe man weiterhin ein Verteilungsproblem. Denn meistens würden zwei Wochen ab der Bestellung vergehen, bis das Getreide dort ankomme, wo es gebraucht werde. Darum könne es zu Versorgungsengpässen und Hunger kommen, wenn der Markt nicht weiter reguliert werde. Gehe es um Details, würden die sogenannten Naturgesetze nicht viel nützen. Darum habe die Verteilung des Getreides jenseits von reinen Marktgesetzen zu erfolgen.

Just in diesem Moment kommt Marquis de Roquemaure mit einem Dokument aus der Druckerei zurücz: mit dem Edikt über den freien Getreideexport und -import.[103] Bei diesem Edikt handelt es sich noch um eine Fiktion. Fünf Jahre nach der Publikation von Galianis Dialogen erlässt Turgot, der oberste Schatzmeister unter Ludwig XVI, das Edikt zum freien Handel mit Getreide. Ebenso vermischt Voltaire in seinem Enzyklopädie-Artikel Fiktion und Wirklichkeit, wenn er unterstreicht, dass die Liberalisierung zu einer Hungersnot geführt habe. Der Marquis platzt nun vor Neugierde, was der Chevalier davon halte. Er solle sich aber nicht wieder in allgemeinen Überlegungen und weitschweifenden Gedanken verlieren. Dieser fingierte Einlass von Realität führt zum längsten Dialog. Darin lobt der Chevalier das Edikt in den höchsten Tönen, weil der Herrschende dadurch seinen Untertanen das Recht auf freien Handel zugestehe. Dennoch müsse der Staat die Produktion und den Handel garantieren.

Bereits in seinem Erstlingswerk *Della moneta* (*Über das Geld*), das Galiani als 22-Jähriger veröffentlicht, vertritt er die These, dass der Staat die Grundversorgung der Bevölkerung sicherzustellen habe – unabhängig von seiner Regierungsform. Letztlich garantiere den Geldwert aber erst eine demokratische und marktwirtschaftliche Sicherung, die von entsprechenden Institutionen und einem sozialen Gewissen getragen werde. Zum einen konnte sich dieses Werk als klassisches Standardwerk der italienischen Nationalökonomie etablieren. Karl Marx wiederum konnte seine Arbeitstheorie auf diese Ausführungen stützen. Zum anderen zeigt Galiani bereits hier, wie er seinen Stil ganz nach dem Geschmack seines Publikums auszurichten weiß. In der Vorrede zu seinen *Dialogen* hält er als Selbstbeschreibung fest, es sei »unnütz anzukünden, dass diese Unterhaltungen nicht erfunden seien. Man wird sich dessen schnell gewahr durch den familiären Ton, sich Scherze zu erlauben, durch die Echtheit der Charaktere und ganz im Allgemeinen durch eine Art Unachtsamkeit, wodurch wahrscheinlich die Lektüre denjenigen nur leichter fällt, welche einen natürlichen und einfachen Geschmack haben«.[104]

Voltaire kommt in seinem Enzyklopädieartikel über das Getreide zum Schluss: »Herr Abbé Galiani, der Neapolitaner, erfreute die französische Nation mit der Getreideausfuhr; er fand das Geheimnis, sogar auf Französisch ebenso vergnügliche und informative Dialoge wie unsere besten Romane und unsere besten ernsthaften Bücher zu schreiben.«[105] Die weiteren historischen Begebenheiten mahnen in vielem an die heutigen Verhältnisse: Wegen der teuren Hofhaltung und der Kriege, insbesondere des Siebenjährige Kriegs von 1756 bis 1763, ging Frankreich Pleite. Über 98 Prozent der Bevölkerung – in erster Linie aus der Landwirtschaft, aber auch aus dem Bürgertum – litten unter den hohen Abgaben, während die zwei Prozent aus Oberschicht, Klerus und Adel zwar keine Entscheidungsvollmachten, welche sich allein auf den König konzentrierten, aber sämtliche Privilegien besaßen. Die archaisch anmutende Ständeordnung und die Unentschlossenheit des Königs führten zur Französischen Revolution, nachdem es zwischen 1787 und 1789 wegen massiver Trockenheit, Hagel und harten Wintern zu schlechten Getreideernten und fast einer Verdopplung der Brotpreise, zu Meutereien und Hungersnöten gekommen war. Die Bevölkerung konnte sich, wenn überhaupt, nur noch Brot und keine Handwerksprodukte mehr leisten. Die Betriebe mussten ihre Produktion herunterfahren oder schließen. Die Gläubiger verloren ihr Vertrauen in den Staat.

Das Beispiel Galiani lehrt uns, wie wichtig es ist, Kunst und Wissenschaft, Literatur und Geschichte, mögliche, bevorstehende und realisierte Weltkonzepte und Lebensrealitäten zusammenzudenken. Stilistische Präzision geht mit der genauen Kenntnis ökonomischer und naturwissenschaftlicher Daten Hand in Hand. Das Bewusstsein für die unterschiedlich gelagerten Vorlieben seines Publikums bestimmt die Art seiner Vermittlung – sei es in wissenschaftlichen Abhandlungen oder in unterhaltsamen Dialogen. Im Unterschied zur Unterhaltung auf dem Hof und im sich anbahnenden bürgerlichen Kulturbetrieb kennt Galiani keine Ablenkung von der Realität. Vielmehr bilden poetische Imagination und gedankliche Ausschweifung in verschiedenste Wissensfelder, von Philologie bis Getreideanbau Wirklichkeitserweiterungen, um bisher Unmögliches möglich zu machen. Die Französische Revolution ist ein Ergebnis davon. Sie ist – obwohl sie erst nach James Watts Erfindung der Dampfmaschine im Jahre 1769 erfolgte – das Ergebnis eines noch präfossilen, nicht maschinengetriebenen Zeitalters. Sie ist ebenso das Ergebnis von Diskursen und Handlungen, welche sich noch nicht hinter »ausdifferenzierten« und voneinander abgegrenzten Diskursen und Handlungen verschanzten.[106] Erst die Denkweise einer »Moderne« verliert die Zusammenhänge.[107] Erst der Konzertbetrieb (auch im übertragenen Sinn) imitiert und steigert den Industrielärm mit immer größer und lauter werdenden Orchestern und richtet sich an der gleichstufig normierten Stimmung des Konzertflügels, des Königsinstruments des 19. Jahrhunderts, aus.[108] Erst das losgelöste Eintauchen des autonomen Subjekts in romantische Welten kappte den Bezug zur biosphärischen Realität. Der Mensch hatte sich nicht mehr in jährlich wiederkehrende Zyklen wie den Kohlenstoff-Zyklus einzufügen, sondern vermeinte sich auf fossil gespeicherte Ressourcen verlassen zu können.

Galiani macht uns bewusst, dass sich »salonfähige« Diskurse zu ernährungs- und somit energiepolitischen Themen etablieren lassen. Ein Beispiel dafür ist der menschliche Metabolismus des Holozäns, die Ernährung durch Getreide. Die gesellschaftliche Verhandlung der Verteilungsfrage hat zur bisher größten historischen Disruption geführt. Dieselbe Frage stellt sich heute nicht nur auf einem viel höheren Energieniveau pro Kopf, sondern auch mit einem viel höheren Multiplikationsfaktor. Beide Faktoren haben die Entropie weltweit in bedrohlichem Ausmaß verstärkt. Politik heißt darum heute Bewusstsein für die Größenordnung, für die entsprechende Skalierung und nicht nur Energie- und Ernährungssicherheit und Anspruch auf Freiheit. Die Triangulierung und Interdependenz dieser Bereiche treten im Krieg gegen die Ukraine besonders deutlich zu Tage. Durch die zerstörerischen Kräfte im Zeitalter des »Misanthropozäns«[109] werden alle Bereiche destabilisiert: Energie- und

Nahrungsversorgung, aber auch der Anspruch und die Freiheit auf politische Mitbestimmung.

Darum genügen ausdifferenzierte Diskurse nicht mehr, seien sie naturwissenschaftlicher oder technizistischer, politologischer oder kulturologischer, soziologischer oder philosophischer Natur. Denn der Mensch ist im neuen Zeitalter des Anthropozäns nicht nur geologische Macht geworden, sondern hat sich gleichzeitig den Kräften der verschiedenen Erdsysteme in besonderer Weise ausgesetzt. Entsprechend werden sich die Migrationsbewegungen aus klimatischen Gründen in naher Zukunft vervielfachen: »Im 18. Jahrhundert sind gemäß Schätzungen 50 bis 60 Millionen Menschen grenzüberschreitend migriert. Im 20. Jahrhundert sind Hunderte von Millionen auf diese Weise umgesiedelt. In diesem Jahrhundert werden es Milliarden sein.«[110] Diese Zahl steht in Relation zur Weltbevölkerung. Aber nicht nur. In Ländern wie Indien, aber auch in den USA haben sich die internen Bevölkerungsverschiebungen in klimatisch höchst gefährdete und in Zukunft kaum mehr belebbare Gebiete bewegt.

So hat sich der Mensch noch viel radikaler dem neuen Klimaregime in sinnvollen Migrationen anzupassen. Dabei sind die nordischen Länder Europas und vor allem Russland und Kanada besonders attraktiv. Zudem hat er seine Metabolismen weitgehend auf offene Systeme umzustellen. So technizistisch es klingen mag: Sowohl für Mobilität, Gebäude und Industrie als auch für die Nahrungsherstellung ist er gut beraten, abgesehen von Restaurationsmaßnahmen, auf Eingriffe in die verschiedenen Erdsysteme und Zyklen, insbesondere in den Kohlen- und Stickstoffkreislauf, möglichst zu verzichten. Letztlich geht es um eine intelligente Kombination von Zahlen und Größenordnungen mit Diskursen. Das führt ebenfalls zum Verzicht auf gesellschaftspolitische »Naturgesetze«. Vielmehr führt der Einbezug aller notwendigen Faktoren zu ideologischen Entkopplungen – wie sie Galiani in der dialogischen Unterbrechung seiner Folgerungslogik exemplarisch vorgeführt hat.

3. Skaleneffekte

So oft das Bild des einsamen blauen Planeten im leeren schwarzen Weltraum schon beschworen worden ist, so sehr verdeutlicht es die Begrenztheit unserer Lebensmöglichkeiten. Obwohl es noch immer ökonomische Modelle gibt, die sich von den Ressourcen der Biosphäre entkoppeln zu können meinen, können sie nicht über die Begrenztheit des Raumes, des Planetaren, hinwegtäuschen. Der Energieverbrauch, dessen Stofflichkeit insbesondere in den Kohlenstoffzyklus der Biosphäre eingreift, macht uns die zeitliche Dimension bewusst. Die Größenordnungen von Stoffmenge und Zeit entscheiden darüber, ob ein System resilient bleibt oder nicht. Der Mensch hat inzwischen geologische Handlungsmacht. Unklar ist noch, wo sie ihm entgleitet und wo die »Natur« zurückschlägt. Entsprechend müssen wir – wie es Dipesh Chakrabarty formuliert – unsere Vorstellungskraft anpassen. So sind wir Menschen nicht nur als Individuen, sondern als Kollektiv eine geologische Kraft. Das war zwar schon immer so. Doch die Größenordnung, die Skalierung, spielt eine zentrale Rolle: »Humans can become a planetary geological agent only historically and collectively, that is, when we have reached numbers and invented technologies that are on a scale large enough to have an impact on the planet itself.«[III]

In diesem Teil konzentrieren wir uns auf spezifische Facetten von Skalierungen, um zu zeigen, an welchem Punkt die in der Biosphäre ineinandergreifenden Systeme kollabieren. Es geht zugleich um physikalische Voraussetzungen und Wahrnehmungsmuster, um planetare Daten und Diskursmuster. Darum setzen wir nochmals beim Methan an, aber nicht mehr im Kontext der Erdgasförderung (➲ 2.5), sondern in jenem der Landwirtschaft, um zu zeigen, dass es im Sinne von Skalierungen um Verhältnismäßigkeit von verschiedenen Klimahausgasen, aber auch von lokalem, hier: alpinen, Raum und planetarer Skala geht. Die Schwierigkeit, exponentielles

Wachstum einzuschätzen, ist weniger eine anthropologische Konstante als eine Prägung der Moderne, welche den Fortschritt linear denkt. Doch Kipppunkte veranschaulichen, dass sie exponentielles Wachstum kaum mehr verhindern können und in ihrer gegenseitigen Kopplung dem Menschen plötzlich die Handlungsmacht entziehen. So führen Skaleneffekte zum Zeitkollaps, der jeglichen Machbarkeitsdiskurs obsolet werden lässt.

3.1 Wahrnehmung und Vergleichbarkeit: Skalierbarkeit und Skaleneffekt

Nehmen wir wahr und interpretieren das Wahrgenommene, so tun wir das gezwungenermaßen immer innerhalb eines limitierten Bereichs: Wir riechen nur das, worauf unsere Geruchsnerven reagieren; wir ertasten nur Gegenstände von einer bestimmten Größe und Festigkeit; wir schmecken nur das, worauf das Zusammenspiel von Zunge, Gaumen und Geruchsinn anspricht; wir hören nur das, was in einer bestimmten Lautstärke in einem bestimmten Frequenzbereich erklingt; und wir sehen nur das, was als Lichtreflexion in unser Auge gelangt. Natürlich können wir diese Bereiche erweitern. Dafür gibt es Hilfsmittel wie Brillen und Hörgeräte und – im Zeitalter einer fast unbeschränkten technischen Verfügbarkeit – unverzichtbare Messgeräte, welche für uns Nicht-Wahrnehmbares in wahrnehmbare Signale transponieren. Ein spektakuläres Beispiel bietet Sir David Attenboroughs Film *Das Leben in Farbe*, welcher die Farbenwahrnehmung der Tiere mit einer eigens dafür entwickelten Technologie für das menschliche Auge sichtbar macht.[112] Selbst dann sind die wahrgenommenen Signale noch in Information zu übersetzen; erst wenn wir ihnen Relevanz zuschreiben, setzen wir sie in einen Kontext mit anderen Informationen. Doch die Vergleichbarkeit bringt die Crux mit sich, dass wir Ereignisse nur innerhalb einer bestimmten Größenordnung direkt miteinander verbinden können: »[T]herefore our perception of events provides us with only a low dimensional slice through a high-dimensional cake«.[113] Selbst der Größenvergleich und somit die Frage nach der Skalierung unterliegt der Prämisse von Wahrnehmbarkeit und Übersetzbarkeit in Information: Solange Zeit und Raum übergangslos verkleinert und vergrößert werden können, haben wir einen festen Rahmen, innerhalb dessen wir die Größen zueinander in Beziehung setzen können. Die Skala einer Karte zeigt uns, in welchem Maßstab wir aufgezeichnete in reale Distanz übersetzen. Wir können die Distanz somit genau berechnen und von der kartierten auf die reale Strecke schließen.

Unbeschränkte Skalierbarkeit ist im praktischen Gebrauch der Kartographie ein uneinlösbares Versprechen, solange nicht zusätzliche Qualitäts- und Innovationspotentiale eingesetzt werden und ich – beispielsweise bei der Verkleinerung des Maßstabs – nicht mehr Informationen erhalte. Bei jeder Veränderung der Größenordnung sind wir auf zusätzliche Parameter angewiesen. Selbst dann gehen wir davon aus, dass uns die Skala 1:100 die Streckenvergrößerung von einem Zentimeter auf einen Meter anzeigt. Damit sind wir eigentlich am Ende unseres Lateins. So wissen wir, dass es kaum lineare Korrelationen gibt. Das Bruttosozialprodukt einer Stadt nimmt nicht proportional zur Einwohnerzahl zu, sondern überproportional. Dasselbe kennen wir aus der industriellen Produktion. Die Wirtschaftswissenschaften sprechen von einem wachsenden Skalenertrag, die Naturwissenschaften von einer superlinearen Skalierung. Umgekehrt sprechen sie von einer sublinearen Skalierung, wenn bei einer Erhöhung beispielsweise des Gewichts die Kraft nicht linear zunimmt – was beim Gewichtheben offensichtlich wird.[114] Oder wenn ein doppelt so schwerer Mensch nicht doppelt so viele Kalorien für seinen Energieversorgung benötigt. Diese nicht-linearen Skalierungen sind für biophysikalische Systeme von größter Relevanz, weil sie sich in einer bestimmten Größenordnung oder bei einer bestimmten Belastung plötzlich anders verhalten, als man erwartet hatte.

Auf eine wichtige Beobachtung von Nicht-Linearität ist erstaunlicherweise erst Galileo Galilei gestoßen. Er zeigt auf, warum sich die Statik nicht an die Größenverhältnisse anpasst und somit nicht gleich bleibt.[115] Machen wir aus der Maus einen Elefanten: Warum hat ein Elefant im Verhältnis so überproportional in seine Statik, in Knochen und Muskeln, zu investieren? Weil die Statik im Verhältnis zum Gewicht sublinear skaliert. Kommen wir auf das Beispiel der Karte zurück, so sehen wir, dass nur die Strecken linear zueinander skalieren. Sobald ich um eine Dimension erhöhe, von der Strecke in die Fläche gehe, ist das Verhältnis nicht mehr 1:100 (Zentimeter zu Meter). Denn ein Quadratzentimeter ist ein Quadratmeter. Wir haben es hier mit einer Skalierung von 1:10 000 zu tun. Erhöhen wir nochmals um eine Dimension und gehen von der Fläche in den Raum, so ist das Verhältnis zwischen einem Kubikzentimeter und einem Kubikmeter 1:1 000 000. Die Skalierung von der Strecke zur Fläche und von der Fläche zum Volumen ist superlinear. Verdoppelt sich die Fläche, vervierfacht sich das Volumen. Umgekehrt skaliert das Volumen zur Fläche und die Fläche zur Strecke sublinear. Vervierfache ich das Volumen, so verdoppelt sich die Fläche lediglich.

Was bedeutet dieser Befund für den Vergleich der Statik von Maus und Elefant? Wir wissen, dass das Gewicht mit dem *Volumen* und die Statik bzw. die Muskelkraft mit der Schnitt*fläche* des Knochens bzw. des Muskels korreliert. Das Gewicht einer Maus liegt bei rund 20 Gramm, das eines Elefanten bei 6 000 Kilogramm. Das Gewicht steht also im Verhältnis von 1:3 000 000, während die Statik nur um den Faktor 21 000 zunehmen kann. Das entspricht ungefähr 3 000 000 hoch ⅔. Mit anderen Worten: Wäre der Elefant gleich groß wie die Maus, wäre seine Muskelkraft 140 Mal kleiner. Darum hat er so viel in die Statik und Muskulatur zu investieren, welche in ihrer sublinearen Skalierung im Verhältnis zu seinem Gewicht immer deutlich schwächer ausfallen. Darum macht das Wasser den größten Säugetieren wie dem Blauwal das Leben einfacher. Dank dem Auftrieb hat er nicht mehr dieselbe Investition in seine Statik und Muskulatur wie der Elefant zu leisten, sondern kann sich auf eine schnellere Fortbewegung konzentrieren. Säugetiere können also nicht beliebig groß werden. Irgendwann brechen sie unter ihrem Gewicht zusammen. Sie unterliegen einem typischen Skaleneffekt. Hand aufs Herz: Wie oft mussten Sie schon erklären, dass der Luftwiderstand im Verhältnis zur Geschwindigkeit quadratisch zunimmt? Selbst die einfachste Fortbewegung unterliegt einer supralinearen Skalierung. Im Unterschied zu einem Fahrzeug, das darum nur eine bestimmte Geschwindigkeit erreicht, kann in der Kopplung von Systemen auf einmal ein gegenteiliger Effekt entstehen: Anstatt sich gegenseitig zu stabilisieren, destabilisieren sie sich und kollabieren.

3.2 Skaleneffekte vorstellbar machen

Sobald wir von mehrdimensionalen Systemen sprechen – Gebäude, Lebewesen oder Ökosysteme –, sind supra- bzw. sublineare Skalierungen am Werk. Das durchkreuzt jede einfache lineare Extrapolation, aber auch jede einfache Wahrnehmung, Übertragbarkeit und Erzählbarkeit. Es gibt keine 1:1-Übertragung von Ursache und Wirkung, von einem Faktor zum anderen. Es gibt kein einfaches zeitliches Nacheinander mehr. Bei der Klimaerwärmung haben wir es mit der Kopplung unterschiedlicher Systeme von Atmosphäre, Meeren, Land- und Eismassen zu tun, die bis zu einem bestimmten Bereich resilient bleiben konnten, aber kippen, sobald ein gewisser Grenzbereich der Belastbarkeit erreicht wird (➾ 3.6). Symptomatisch wird ein solches Kippen beim Wetter als chaotischem System, das in einem labilen Zustand auf einmal auf kleinste Änderungen reagiert – der berühmte Schmetterlingsflügelschlag in Südamerika, der einen Hurrikan in der Karibik auslöst. Dadurch entstehen unter dem neuen Klimaregime bislang unbekannte Wetterereignisse. Eva Horn definiert Skaleneffekte als »epistemische und materielle Zäune«, welche »materiell« »nicht selten unüberschreitbare Grenzen« darstellen, sich aber »gelegentlich« »perspektivisch überwinden« lassen würden.[116] Die »perspektivische Überwindung« erfordert Denkmodelle, welche die Skalierung mitdenken, so z. B. dass der individuelle Einfluss auf die Biosphäre, so gering er auch sein mag, in seiner Multiplikation – beim Elefanten sprachen wir im Vergleich zur Maus vom Faktor von drei Millionen – das planetare Absorptionsvermögen – sprich: die Statik eines Säugetiers – schlichtweg überfordert.

Versuchen wir das Überschreiten der Planetaren Grenzen lediglich in Bezug auf die Klimaerwärmung und die daran gekoppelte Versauerung der Meere auf das individuelle und gesellschaftliche Handeln hinunterzubrechen: Mit dem Überschreiten dieser beiden planetarischen Grenzen haben wir eine quantifizierbare Menge in bestimmbaren Einheiten – im Falle des atmosphärischen Kohlendioxids in Millionstel (ppm), im Falle der Ozeanversauerung einen logarithmischen pH-Wert. Die Skalierung ist hier genau bestimmbar – und dies global. Doch wenn es darum geht, die damit verbundene Gefahr mit Politik, Ethik oder spezifischen

Interpretationen von Geschichte oder Kultur zu verbinden, erweist sich die Größenordnung meist als nutzlos.[117] So ist mit einem Skaleneffekt zwischen regionaler und planetarer Dimension zu rechnen, was die politische Komponente komplex macht. So ist es klimatologisch einfacher vorauszusagen, was mit unserer Erde insgesamt passiert als konkret an einzelnen Orten. Es gibt keine lineare Extrapolation zwischen Lokalem und Planetarem oder umgekehrt. Symptomatisch dafür sind die Diskussionen um die Auswirkungen einer Verlangsamung oder eines Stillstands des Golfstroms bzw. der Atlantischen Meridionalen Umwälzzirkulation (AMOC) (➔ 3.6).[118] Die meisten Diskussionsbeiträge spekulieren über die lokalen Auswirkungen auf (Nord-)Europa, um eine nächste Eiszeit heraufzubeschwören und daraus gleich die Abkühlung der gesamten Erde abzuleiten. Gleich zwei Narrative werden dadurch perpetuiert: zum einen die Angst vor einer neuen Eiszeit, welche beim Kippen des Klimas einsetzen könnte; zum anderen eine zu direkte Verbindung zwischen den beiden Skalen, wie sie sich im Slogan »Act locally, think globally« niederschlägt. Mit diesen narrativen Mustern stolpern wir über den Skaleneffekt als diskursive Falle. Im Fall des Golfstroms bedeutet das nichts anderes, als dass eine lokale Abkühlung, verursacht durch den sich verlangsamenden oder stillstehenden Golfstrom, das Ergebnis nicht absorbierter Wärme ist. Daraus resultiert ein Rückstau von Wärme in der Karibik, wodurch die Anzahl und Stärke von Hurrikanen überproportional zunimmt – also ein Skaleneffekt in Form einer weiteren positiven Rückkopplung, die sich durch die Hintertür einschleicht.

Die traditionelle Unterscheidung von Wetter und Klima vereinfacht die Skaleneffekte. Was für das Klima auf lokaler Ebene für einen Durchschnitt über dreißig Jahre modelliert werden kann, unterliegt der Labilität der chaotischen Systeme, welche wegen erhöhter Entropie im konkreten Wetterverlauf immer mehr in Extremereignisse kippen – in seit Menschengedenken nie aufgetretene Hitze-, Brand- und Flutwellen. So zeigt die Komplexitätstheorie, dass die Skaleneffekte desto schneller und häufiger eintreten, je mehr Parameter geändert werden. Das trifft nicht nur auf die Systeme der Biosphäre und ihre Kopplung mit Hydro-, Litho- und Atmosphäre zu, sondern tangiert ebenso die immer komplexer werdende globale Zivilisation mit ihren analogen und digitalen Infrastrukturen. Oder wie es Debora MacKenzie formuliert: »Once a society develops beyond a certain level of complexity it becomes fragile. Eventually it reaches a point at which even a relatively minor disturbance can bring everything crashing down.«[119] Pandemien können diese Abhängigkeiten offenlegen und wahrscheinlich als Vorboten künftiger planetarer Ereignisse figurieren. Sie sind ein Faktor, dem der Mensch nur mit viel Aufwand und Mühe begegnen kann und durch den wir Systemrelevanzen erkennen, welche zuvor unserer Aufmerksamkeit entgangen sind. Was in Modellen mathematisch plausibel ist, scheitert somit auf verschiedenen Stufen am Skaleneffekt.

Dennoch: Ein Versuch, meinen Einfluss auf die Biosphäre quantifizierbar und damit vorstellbar zu machen, liegt in der Berechnung des individuellen ökologischen Fußabdrucks. Ich kann zwar meinen eigenen Entropieverursacher eruieren und verändern. Doch damit sind weder der Multiplikationsfaktor in Milliardenhöhe noch positive Rückkopplungen in zusammenhängenden und teilweise chaotischen Systemen eingerechnet. So ist der Fußabdruck letztlich eine sehr komplizierte Übersetzung, in welcher große und kleinste Skalen kollidieren; Clark spricht von einer besonderen Katachrese.[120] Das Konzept des persönlichen ökologischen Fußabdrucks ist zum Scheitern verurteilt. Selbst wenn ich mich vegan ernähre und weitgehend auf fossil getriebene Mobilität verzichte, bin ich in ein Gesamtsystem eingebunden, das weiterhin auf ein geschlossenes statt auf ein offenes Energiesystem zurückgreift.

Ein systemisches Denken zielt auf eine Kopplung von Planetarem, Metabolismen und Skaleneffekten. Das Individuelle und die »Singularitäten des Lokalen« werden somit nicht einfach im Globalen subsummiert, sondern in die »planetarischen Eskalationen und Emergenzen« integriert.[121] Umso verständlicher sind die Forderungen der Klimabewegung, die von den Planetaren Grenzen ausgehen, in der politischen Umsetzung aber auf Granit stoßen, weil sich bislang die lokalen politischen Entitäten immer wieder als Sonderfälle sehen. Das Problem liegt nicht in den Forderungen der Klimabewegung, sondern in der bisherigen Unvergleichbarkeit der individuell-lokalen mit den planetaren Skalen. Gleichzeitig geraten die Planetaren Grenzen miteinander in Konflikt. Obwohl wir wissen, dass – global gesehen – keine der Grenzen überschritten werden darf, werden im politischen Vollzug unterschiedliche Gewichtungen vorgenommen, so dass Konflikte insbesondere zwischen Biodiversität und Klimaschutz vorprogrammiert sind (➲ 6.4).

3.3 Energie und Pufferung dank Biomasse? – »Wir schießen uns selber ins Bein«

Ein später Winternachmittag. Ein letztes Mal ziehe ich mit meinen Langlaufskiern meine Runden im schattigen Tal. Noch genieße ich den Blick auf die hell erleuchteten Bergflanken, bevor sich die Sicht auf einmal merklich eintrübt. Aus dem Schornstein der Heizzentrale des Dorfs steigt dichter Rauch, der sich wie ein Schleier über das Tal und in meine Lungen legt: kein Wasserdampf, sondern kleine Partikel, sogenannte Aerosole, Feinstaub. Infolge der Unmengen an Sturmholz nach dem Sturmtief Lothar, das am 26. Dezember 1999 über West- und Mitteleuropa wütete, wurde diese Infrastruktur zur Holzverbrennung installiert, die inzwischen in die Jahre gekommen ist. Gleichzeitig hat man die Gunst der Stunde erfasst, denn diese Heizungen werden nicht fossil, sondern mit erneuerbaren Energieträgern, in erster Linie mit Holzschnitzeln, betrieben. Obwohl man sich bewusst war, dass sich der Holz-Zyklus nicht so schnell schließt, da es mehrere Jahrzehnte braucht, bis der verlorengegangene Kohlenstoff wieder zurückgebunden wird, avancierte Biomasse zur Hauptquelle der Erneuerbaren. Auch wenn inzwischen Bewegung in den Energiemarkt gekommen ist, macht Biomasse noch immer rund zwei Drittel der sogenannten Erneuerbaren aus.[122] Die landwirtschaftlich hergestellten Biokraftstoffe stehen in direkter Konkurrenz mit der Lebensmittelproduktion (➲ 3.1). Doch ein neuer Rohstoff kommt ins Visier.

2009 gab die EU eine neue Direktive für Erneuerbare heraus, deren Anteil bis 2020 auf ein Fünftel erhöht werden sollte.[123] Unterstützt wurde diese Direktive von einer großzügigen Subventionspolitik. Davon profitierte aber nicht in erster Linie die Windkraft oder die Photovoltaik, sondern derjenige Energieträger, welcher die bisherigen Technologien einfach weiterverwenden konnte und mit dem die Gewinnmarge möglichst groß ausfiel, nämlich Holz.

Ein typisches Beispiel dafür ist Lettland, das zwar noch immer zu großen Teilen von Erdgas-Importen abhängt, aber in Bezug auf die erneuerbare Energieproduktion mit einem Anteil von 56 Prozent EU-weit nach Österreich, das vor allem von seiner Wasserkraft profitiert, den zweiten Platz belegt. Dies erstaunt zunächst. Den Großteil von Lettlands erneuerbarer Energieproduktion liefert mit über 80 Prozent Brennholz.[124] Ehemalige Kohlekraftwerke konnten relativ kostengünstig auf Holzverbrennung umgerüstet werden, von EU-Subventionen profitieren und das noch als Green Deal verkaufen.[125] So müssen sie keine CO_2-Abgaben mehr entrichten, weil man davon ausgeht, dass genug Holz nachwächst. Wurde zu Beginn des Jahrtausends ein Großteil des EU-Holzes noch als Baustoff verwendet und lediglich ein Bruchteil davon verbrannt, wurde zehn Jahre später bereits über die Hälfte davon verbrannt. Heute subventioniert die EU die Holzverbrennung mit 30 Milliarden Euro. Hinzu kommen nationale Förderprogramme.[126]

Dennoch handelt es sich um eine Fortführung des business as usual – unter dem Deckmantel der Erneuerbaren. So auch beim umstrittenen Kraftwerk von Gardanne in der Provence, das bis 2015 Kohle zur Elektrizitätsherstellung verbrannte und in der Folge teilweise auf Biomasse, insbesondere auf Holz der Umgebung zurückgriff, wo es schlecht nachwächst, weil die Wälder wegen der immer größeren Trockenheit im Zuge des Klimawandels schwinden. Zwar konnte der Widerstand der lokalen Bevölkerung diese Praxis unterbrechen; inzwischen geht die Energiegewinnung weiter. Um dem lokalen Widerstand auszuweichen, werden in Deutschland riesige Flächen vom Borkenkäfer befallener ausgetrockneter Fichtenwälder abgeholzt und nach China verfrachtet, wo sie als erneuerbare Energieträger Kohlekraftwerken zugeführt werden, um die Ökobilanz aufzuwerten. Ob der Wald in der Provence oder in Deutschland jemals wieder die einstige Speicherkapazität von Kohlenstoff aufweisen wird, steht angesichts der immer größer werdenden Wetterextreme in den Sternen. Oder wie es eine lokale Aktivistin in Gardanne formuliert: »Wir schießen uns selber ins Bein.«[127]

Mit dem Anstieg der Energiepreise seit Russlands Angriffskrieg auf die Ukraine steigt der Druck auf die Wälder der EU nochmals erheblich. Insbesondere in Randzonen, etwa in den Karpaten Nordostrumäniens, sind immer größere Flächen vom Kahlschlag betroffen. Fast alle Wälder in Rumänien sind inzwischen zu jung, um Bäume zu schlagen, so dass der Raubbau nun vor allem Wälder in Nationalparks und von der EU als biodivers vorgesehene Gebiete betrifft. Momentan erntet man in Europa deutlich mehr Holz, als nachwachsen kann, und importiert sogar Pellets aus Kanada und den USA, welche nachweislich aus Primärwäldern stammen.[128]

Die Konkurrenz bekommt in erster Linie die holzverarbeitende Industrie zu spüren, welche das Potential hätte, die CO_2-intensive Baubranche klimapositiv zu machen. Nicht nur der Krieg, auch die Subventionen verteuern den Rohstoffpreis sinnlos, und es kommt zu einer unfairen Konkurrenz zwischen einer sinnvollen Mehrfachnutzung und einer nicht nachhaltigen Energienutzung. Sinnvolle Arbeitsplätze gehen verloren – abgesehen von der starken Feinstaubbelastung, vergleichbar mit derjenigen aus Kohlekraftwerken. Holz ist eine extrem sensible Ressource, die Ökobilanz kippt schnell ins Negative. So haben etwa Belgien und die Niederlande die Subventionen auf die Umstellung von Kohle- auf Holzkraftwerke gestoppt.[129] Nachhaltigkeit – übrigens ein Begriff aus der Forstwirtschaft – kann nur bei einer kleinteiligen, äußerst behutsamen Waldpflege gewährleistet werden. Die Skalierung spielt gerade bei der Nutzung von Biomasse eine zentrale Rolle, weil die Schwelle zur Vernutzung von Acker- und Waldflächen, welche die CO_2-Bilanz deutlich verschlechtert, relativ schnell erreicht ist. So zeigt sich einmal mehr, wie schnell wir in den Erdmetabolismus eingreifen und diesen zum Kippen bringen.

Die Lösung dafür liegt nicht – wie wir schon in Bezug auf die »Übergangstechnologie« Erdgas gesehen haben – im Rückgriff auf fossile Ressourcen, sondern zuerst in der Nutzung der gegenwärtig offenen Energiesysteme Windkraft und Photovoltaik, sowie dann in einer äußerst behutsamen und intelligenten Integration von Biomasse in einen Kohlenstoffzyklus, der insbesondere an den Stickstoff- und Phosphorzyklus zu koppeln ist.[130] Skaleneffekte in der Energienutzung treten in erster Linie wegen der Stofflichkeit von Metabolismen ein, während die Nutzung von Biomasse die Planetaren Grenzen der Stoffkreisläufe, aber auch deren gegenseitige Rückkopplungen in die Rechnung aufzunehmen hat – vor allem wenn wir bedenken, dass wir die CO_2-Emissionen nicht nur auf null, sondern so schnell wie möglich in den negativen Bereich bringen müssen, um uns nur die geringste Chance ausrechnen zu können, die planetaren Schwellenwerte und damit den Bereich der irreversiblen Kipppunkte zu verlassen (⊕ 3.6).

Bisher haben wir davon profitiert, dass – neben den Meeren – zusätzliche Biomasse bis zur Hälfte des anthropogenen Kohlendioxidausstoßes aufgenommen und damit vorläufig eliminiert hat.[131] Dieser Pufferungseffekt, der für das Meer fatal ist und auf dem Festland Pflanzen verdrängt, welche möglichst nährstoffarme Böden brauchen, nimmt wegen der Klimafolgen rasant ab. Symptomatisch dafür ist das Ergrünen der Alpen. Dadurch wird zwar über der Waldgrenze etwas mehr Kohlenstoff zurückgebunden; jedoch reduziert sich der Albedoeffekt in einem noch größeren Ausmaß, weshalb die Klimaerwärmung in den Alpen überdurchschnittlich zunimmt.[132] Dasselbe gilt für die arktische Region – jenseits der Waldgrenzen. Wird nun der atmosphärische CO_2-Gehalt der Atmosphäre massiv gesenkt, wird ein Großteil des gepufferten Kohlenstoffs wieder ausgasen und muss ebenfalls zurückgebunden werden.[133] Wir können also nicht nur umrechnen, wieviel Gigatonnen wir pro ppm Reduktion zurückzubinden haben.[134] Vielmehr ist der Gesamtausstoß, den wir seit 1987 in die Atmosphäre gelassen haben, der Atmosphäre wieder zu entziehen.

Damit aber würde nicht nur die globale Temperatur, sondern auch die Ozeanversauerung reduziert. Der bisherige Lösungsansatz, von dem man sich die größte Hochskalierung bei der industriellen Rückbindung erhoffte, bestand in der Energienutzung von Biomasse mit gleichzeitiger CO_2-Abscheidung und -Rückbindung, BECCS (*Bioenergy with Carbon Capture and Storage*). Da der Eingriff in die Biosphäre zur Bereitstellung von Biomasse, wie aufgezeigt, sehr schnell kontraproduktiv wird und neben der Konkurrenz zur Nahrungsmittelproduktion und der Holzverwertung mehr Kohlendioxid in die Atmosphäre entlässt als zurückbindet, erreichen wir entgegen einstiger Annahmen relativ schnell die Schwelle des Skaleneffekts. Mit anderen Worten: Nicht nur bei der Energienutzung, sondern auch bei der Kohlenstoffrückbindung reagiert die Biosphäre sensibel auf Eingriffe in die Stofflichkeit des Metabolismus.

Mit großer Wahrscheinlichkeit etabliert sich als einzig probates Instrument zur beliebig hochskalierbaren Kohlendioxidrückbindung die Abscheidung direkt aus der Umgebungsluft: DACCS (*Direct Air Carbon Capture and Storage*). Davon wird der Metabolismus der Erde am wenigsten tangiert. Für dieses Verfahren werden die Industrieanlagen am sinnvollsten dort betrieben, wo einerseits offene Energiesysteme in Form von Sonne und/oder Geothermie und andererseits die geologischen Lagerstätten zur Refossilisierung durch Karbonisierung zur Verfügung stehen. Ehemalige Fördergebiete von Gas und Öl in Wüsten sind dazu prädestiniert, diese globale Herkulesaufgabe zu übernehmen. Biomasse hingegen soll lediglich zur Revitalisierung und fossilfreien Produktionssteigerung von ausgelaugten Ackerflächen und vielleicht noch von Wiesen eingesetzt werden. Den Ausgangsstoff dafür bildet Pflanzenkohle. Durch ihren gezielten Einsatz werden Böden dekontaminiert und erhalten gleichzeitig die Fähigkeit, zusätzlich zur Pflanzenkohle Kohlenstoff und Nährstoffe zu speichern, welcher sich die Pflanzen gezielt bedienen.[135] Zur Herstellung dieser Pflanzenkohle braucht man Biomasse, die nicht bis zur Asche abgebrannt, sondern lediglich gebrenzt, d. h. pyrolysiert wird. Dadurch entsteht kaum Feinstaub. Und ich ziehe meine Langlaufrunden im Tal, ohne dass sich die Sicht eintrübt und meine Atemwege belegt werden.

3.4 Landwirtschaft: Von den Alpen in die weite Welt

Neben Kohlendioxid sind Methan und Lachgas (N_2O) die größten Klimatreiber, die der Mensch zu verantworten hat. Sie tragen mindestens zu einem Viertel der Klimaerwärmung bei. Das Methan wäre relativ kurzlebig, weil es innerhalb weniger Jahre zu Kohlendioxid oxidieren könnte, stünde genug OH^- zur Verfügung (⊜ 2.5). Dessen Lebensdauer könnte sich durchschnittlich auf etwa neun Jahre beschränken.[136] Lachgas dagegen ist nicht nur deutlich klimaaktiver, sondern auch um einiges stabiler und langlebiger. Während man über die mittlere Lebensdauer dem Methan eine CO_2-Äquivalenz um den Faktor 25 zuschreibt, handelt es sich beim Lachgas um den Faktor 298. Zu großen Teilen stammen diese Treibhausgase aus der Landwirtschaft und deren Abfallverarbeitung,[137] wobei die organischen Restbestände eine zentrale Rolle spielen. Methan entsteht in der anaeroben, d. h. unter Ausschluss von Sauerstoff erfolgten Verarbeitung von Kohlenstoff – so auf Reisfeldern und vor allem bei der Verdauung von Wiederkäuern. Lachgas wiederum ist meist das Ergebnis von aeroben Prozessen der Stickstoffzersetzung, z. B. bei der Lagerung von Hofmist oder bei der Düngung von Feldern. Im Fokus steht damit vor allem die Fleisch- und Milchproduktion von Wiederkäuern wie Schafen, Ziegen und Rindern, aber auch die industrielle Haltung von Hühnern und Schweinen. Auf sie entfällt der Hauptanteil an den Klimagasen Methan und Lachgas.

Damit hätten wir neben den fossilen Energieträgern die Hauptverursacher der Klimaerwärmung identifiziert – könnte man meinen. Doch gerade in der Landwirtschaft ist es komplizierter, wenn man Birnen (Methan) gegen Äpfel (Lachgas) aufrechnet oder bedenkt, dass es spezifische nicht-industrielle Bewirtschaftungsformen gibt, welche mehr CO_2-Äquivalenz in Form von Biomasse im Boden zurückbinden könnte, als in Form von Klimagasen emittiert wird. Folgende Geschichte liest sich vielleicht wie investigativer Journalismus, weil die naturwissenschaftliche Datenlage zwar eine wichtige Rolle spielt, aber nicht entscheidend für die Gesamtbeurteilung ist. Ich muss vorausschicken, dass darin die Rolle der verschiedenen Akteure zwar von Bedeutung ist. Doch verstehe ich folgende Zusammenführung nicht als Verdikt, sondern als Aufmunterung zum vertieften Dialog. Beginnen wir mit dem Befund.

Insbesondere in peripheren Lagen des Alpenraums wird die Landwirtschaft wegen der Abwanderung und des ökonomischen Drucks allzu sehr extensiviert. Weiden werden nicht mehr überall oder nicht mehr regelmäßig bestoßen. Im Zuge der Klimaerwärmung steigt dadurch nicht nur die Waldgrenze, ebenso »verwalden« oder »verbuschen« bisher freie Weideflächen. Obwohl insbesondere Vertreter aus Landwirtschaft und Biologie diese »Verwaldung« oder »Verbuschung« aus unterschiedlichen Gründen (Reduktion von Weideflächen und Biodiversität) beklagen, herrscht ein positiver Grundtenor vor: Denn Waldzunahme bedeutet zusätzliche Kohlenstoffspeicherung, welche die einzelnen Länder gleich als Senke ins CO_2-Gesamtbudget gemäß ihren Verpflichtungen aus dem Pariser Klimaabkommen aufnehmen. Doch als »natürliche« Kulturfolger breitet sich vor allem an nährstoffreichen, weniger sonnenbeschienenen Hängen die Grünerle aus, welche das Gelände so dicht belegt, dass kein Samen der ursprünglichen Baumarten wie Föhre, Fichte, Arve oder Bergahorn keimen kann. Die »Verbuschung« ist in diesem Fall keine Vorstufe zum Wald, sondern bleibt. In einem vom Menschen weitgehend unberührten Alpenraum gedieh die Grünerle nur an spezifischen Standorten, in Bachgräben und an Hängen, an denen bereits vor der Rodung der ursprünglichen Bergwälder regelmäßig Lawinen niedergingen. Die Grünerle profitierte von diesem zusätzlichen Düngereintrag. Inzwischen ist aber auf verlassenen, eher feuchteren Weiden der Düngereintrag anthropogen. Nicht alles ist natürlich, was man der Natur überlässt.

Das Urserental zwischen Gotthard-, Furka- und Oberalppass war ursprünglich bewaldet, bevor es im Spätmittelalter weitgehend für Weiden urbar gemacht wurde. Mit der landwirtschaftlichen Extensivierung der letzten Jahrzehnte hat sich dort der Grünerlenbestand vervielfacht. Er prägt nicht nur das Landschaftsbild, sondern trägt wesentlich zur Vergandung der Weiden bei. Entsprechend besorgt ist die Talbevölkerung, welche die Verhältnisse genau kennt. Über ihre demokratischen Vertreter im Kantonsparlament, dem Landrat, lässt sie die Kantonsregierung fragen, wie man die Grünerle wieder zurückzudrängen gedenke. Die vorläufige Antwort lautet: Gar nicht. Wie kam man auf eine solche Schlussfolgerung? Die kurze Antwort: Indem man sich auf den Vergleich von Äpfeln mit Birnen beschränkte.

Warum gerade Lachgas und Methan? Die Grünerle stillt ihren Hunger nach Nährstoffen durch eine Symbiose mit Bakterien, sogenannten Frankia-Symbionten, welche aus der Luft Stickstoff für die Pflanze binden und ihr zugänglich machen. Solange diese Bakterien den Stickstoff während der Vegetationsphase als Dünger zur Verfügung stellen, stellt es für die Umwelt kein Problem dar. Sobald aber der Herbst einsetzt, das Buschwerk die Blätter fallen lässt und die Biomasse von anderen Bakterien wieder abgebaut wird, gelangt der überschüssige Stickstoff als Nitrat ins Wasser und in Form von Lachgas in die Luft. Zu Beginn des Winters erhöht sich somit die

Nitratbelastung und der Lachgasausstoß. Solange sich die Grünerle auf einzelne Lawinenhänge und Bachrinnen beschränkt, welche nicht bewaldet werden können, kann die Belastung vernachlässigt werden. Doch sobald sie sich im ganzen Alpenraum über ihre »ursprünglichen« Habitate hinaus ausbreitet, ist ihr lokaler und vor allem auch ihr global-planetarer Einfluss in die Rechnung aufzunehmen. Konkret geht man von rund zehn Quadratkilometern Grünerlenbestand im Urserental aus, was rund fünf Prozent der Gesamtfläche entspricht.[138] Dieser Bestand emittiert im Jahr rund 8,4 Tonnen Lachgas[139] mit dem Klimaeffekt von 2 500 Tonnen CO_2e. Das entspricht in etwa dem Ausstoß einer durchschnittlichen Kehrrichtverbrennungsanlage (KVA) innerhalb von zwei Wochen.[140]

Das mag alles nicht besonders relevant erscheinen. Geht man konservativ davon aus, dass nur zwei Prozent des Alpenraums mit Grünerlen verbuscht sind, so entspricht das 4 000 Quadratkilometern und einem Klimaeffekt von einer Megatonne CO_2e – was fast dem Fünffachen des CO_2-Ausstoßes von Liechtenstein entspricht, und das Jahr für Jahr. Bereits dieser Lachgasausstoß könnte verhindert werden, indem die Grünerlen von Schafen, konkret von genügsamen Engadinerschafen mit hoher Fleischqualität, beweidet würden.[141] Die Schafe verletzen die Sträucher, die deshalb von Pilzen befallen werden, welche bis aufs Wurzelwerk übergreifen, was effizienter als der mechanische Grünerlenschnitt ist.

Doch nun kommt der Vergleich von Äpfeln mit Birnen. Natürlich kann man den Methanausstoß durch die Schafe in Anschlag bringen, welche in der Beweidung von drei Monaten maximal 339 Tonnen CO_2-Äquivalenz ausstoßen.[142] Möchte man besonders viel Methanausstoß in Anschlag bringen, könnte man davon ausgehen, dass die Schafe über das ganze Jahr Methan ausstoßen, was zur vierfachen CO_2-Äquivalenz und somit zu 1356 Tonnen CO_2e führte. Der Vergleich hinkt dennoch. Denn eine zweimalige Bestoßung reicht, um den Grünerlenbestand zu eliminieren. Selbst unter Annahme aller Maximalwerte zeitigt die Beweidung einen halb so großen Klimaeffekt wie der Grünerlenbestand, der Jahr für Jahr Lachgas ausstößt.

Die Grünerlen belasten nicht nur das Wasser mit Nitrat und die Atmosphäre mit Lachgas. Sie übernehmen darüber hinaus keine

Schutzwaldfunktion, weil der Schnee leicht über die Büsche ins Tal gleitet; die Biodiversität reduziert sich massiv; der Boden wird anhaltend überdüngt (Eutrophierung), versauert, verliert an Humus und rutscht teilweise ab.[143] Zudem schädigt inzwischen hauptsächlich Lachgas die troposphärische Ozonschicht – und nicht mehr die FCKW. So hat das »unnatürliche« Überhandnehmen der Grünerlen einen Einfluss auf mindestens fünf von insgesamt neun Planetaren Grenzen: auf die Klimaerwärmung, auf Landnutzungsänderungen, auf die Unversehrtheit der Biodiversität, auf den biogeochemischen Kreislauf von Stickstoff, auf das Süßwasser und auf das Ozonloch.

Entgegen der Annahme, die Verbuschung sei eine Vorstufe zur Bewaldung, unterbinden die Grünerlen die beiden sinnvollen Alternativen im Alpenraum: Schutzwald, der als zusätzliche CO_2-Senke gezählt werden kann, oder offene Weide, auf der die Biodiversität sehr hoch sein kann. Beide Alternativen sind mit Arbeitsaufwand verbunden: Im Falle des Schutzwalds ist eine sinnvolle Aufforstung zu initiieren und zu begleiten; im Falle des Weidelands eine regelmäßige Bestoßung und Pflege zu garantieren. Aus beiden Szenarien (die ja nach Geländebeurteilung gleichzeitig in den Anschlag gebracht werden können) ergeben sich sinnvolle Wertschöpfungsketten: hier der Schutz weiterer wirtschaftlicher Tätigkeiten und Infrastrukturen für Tourismus, Landwirtschaft oder Energiegewinnung etc.; dort die Herstellung von hochwertigen Fleisch- und Milchprodukten, welche klimaneutral sein können. Denn Alpweiden binden ein Mehrfaches oder zumindest deutlich mehr an Kohlenstoff in Form von Biomasse, als die Wiederkäuer durch ihren Methanausstoß zum Klimaeffekt beitragen.[144] Verbunden mit der saisonalen Stallhaltung über den Winter gleicht sich dieser Klimaeffekt wahrscheinlich aus, so dass man von einer klimaneutralen Landwirtschaft sprechen kann.

Damit schlagen wir den Bogen von der lokalen zur planetaren Skala. Auch wenn die einen die »Vergandung« beklagen, andere wiederum die Erlenbüsche als beliebtes Refugium für Hirsche erachten: Entscheidend sind in diesem Fall nicht lokale Befindlichkeiten, sondern die Hochskalierung, d. h. die Frage, welchen Beitrag das Lokale zum Globalen leistet bzw. welche Auswirkungen das Lokale auf die Planetaren Grenzen hat. Diese sind nicht nur hinsichtlich der globalen institutionellen Verantwortung essentiell, sondern auch als Existenzgrundlage des Lokalen. Gleichzeitig sind wir auf die globale Ebene der Nahrungsmittelproduktion gelangt, die beim Klimaeffekt eine zentrale Rolle spielt. Sobald Getreide an Tiere verfüttert wird, konkurrenziert die Fleisch- und Milchproduktion die menschliche Nahrungsmittelproduktion. Dasselbe gilt übrigens auch für Biokraftstoffe aus Zuckerrohr, Weizen, Mais, Palm- oder Rapsöl. Sowohl für die industrielle Fleischproduktion als auch für Biokraftstoffe werden kostbare Naturräume wie tropische Regenwälder oder subtropische Steppen in Ackerflächen und Plantagen umgewandelt, welche erodieren, vertrocknen und verwüsten. Die negativen Effekte – Antibiotikaresistenz, unwürdige Tierhaltung, schlechte Fleisch- und Milchqualität – sind bekannt.

Die Antwort auf all das muss nicht strikter Veganismus sein, sondern eine generelle Reduktion und umso höhere Wertschätzung des Fleisch- und Milchkonsums einerseits sowie eine Beschränkung auf hochwertige Produkte wie aus dem Alpenraum, welche ohne Einsatz von Pestiziden, Kunstdünger und Antibiotika hergestellt werden. Die hochwertigen Alpenprodukte sollten nicht als Rohmaterial die Region verlassen, sondern möglichst vor Ort verarbeitet und vermarktet werden. Damit wird nicht nur die regionale Spezialität zum Argument für die Einhaltung der Planetaren Grenzen erhoben, sondern auch eine wichtige Wertschöpfungskette vor Ort geschlossen. Zudem könnten die ausgetrockneten Grünerlen ein Jahr nach dem Schafverbiss eingesammelt, zu hochwertiger Pflanzenkohle pyrolysiert und einer Kaskadennutzung zugeführt werden, was wiederum zu einer CO_2-Rückbindung beitrüge.

3.5 Die Crux mit dem exponentiellen Wachstum

Der persische Dichter Abū ʾl-Qāsim Firdausī (940–1020) weiß in seinem Monumentalwerk, dem *Buch der Könige*, von der Unvorstellbarkeit exponentiellen Wachstums zu erzählen, indem er das zu seiner Zeit in Mode gekommene Schachbrett zum Gegenstand einer Geschichte macht: Der König war von diesem so variantenreichen Spiel derart fasziniert, dass er den Erfinder fragte, was er denn als Lohn dafür empfangen wolle. Da dieser um die Gesetze der Mathematik wusste, tat er so, als ob er lediglich einen bescheidenen

Wunsch habe: Man beginne auf dem ersten Feld mit einem Reiskorn und verdopple die Menge auf dem folgenden Feld, bis alle 64 Positionen besetzt seien. Der König, ein bisschen enttäuscht von dieser bescheidenen Forderung, beauftragte seinen Kämmerer, die Menge herauszufinden, um den korrekten Lohn auszahlen zu können. Als dieser aber selbst am Ende der Woche seine Berechnungen noch nicht beendet hatte, wurde der König ungeduldig und fragte nach dem Grund für das Ausbleibens einer Antwort. Der Kämmerer musste dem König klarmachen, dass dieser selbst mit dem gesamten Reichsvermögen die Rechnung nicht begleichen könnte. Auf dem 64. Feld lägen nämlich 2 hoch 63 Körner, ungefähr 10 hoch 18, also eine Trillion – was mehr als der heutigen weltweiten Reisjahresproduktion entspricht.

Die Gefährlichkeit exponentiellen Wachstums liegt in der Zeitdimension, in der Plötzlichkeit, mit der eine Menge nicht mehr zu bewältigen ist, wie Geoffrey West anhand eines weiteren Rätsels veranschaulicht: Eine bestimmte Anzahl Bakterien verdoppelt sich jede Minute in einem Gefäß, bis es voll ist. Der Prozess beginnt um acht und endet um zwölf Uhr. Wann ist die Hälfte des Gefäßes voll? Während viele intuitiv auf die Halbzeit tippen, weil sie sich eine lineare Vermehrung vorstellen, ist um zehn Uhr das Bakterium noch kaum festzustellen. Den Effekt sieht man buchstäblich erst in den allerletzten Minuten, spätestens aber um 11 Uhr 59 – wenn das Gefäß halb voll von Bakterien ist.[145] Sobald Systeme positiv miteinander koppeln, folgt der Effekt in ebenso exponentiellem Wachstum. Das gilt insbesondere für die Planetaren Grenzen, welche lange Zeit eingehalten und plötzlich überschritten werden. Ökologische Systeme kollabieren unter dem menschlichen Einfluss, weil beispielsweise die Absorption in Biomasse und Meeren plötzlich aufhört und die Meere selber zur Quelle werden – wie wir im vorigen Kapitel gesehen haben.

Die Skaleneffekte ereignen sich an der Schnittstelle zwischen politischem Input und erdsystemischer Reaktion. Während Politik – wie am individuellen ökologischen Fußabdruck gezeigt – im besten Fall die Freiheit und das Verhalten des Individuums im Verhältnis zum Mitmenschen regelt, agieren diese Individuen, vor allem wenn sie derart massiv auf Ressourcen zurückgreifen, im kollektiven Output auf das Erdsystem fatal. Am Klimawandel zeigt sich der Skaleneffekt exemplarisch: Je mehr sich an modernen Konsumformen beteiligen, desto kleiner sind anteilsmäßig Einfluss und Verantwortung jedes Einzelnen, aber umso gravierender in der kollektiven Summe.[146] Während im Individuellen der Effekt unsichtbar bleibt und kein offensichtlicher Kausalitätsbezug hergestellt werden kann, ergibt sich die geologische Wirkmacht menschlichen Handelns erst aus der Kontingenz der Anzahl individueller Handlungen in Vergangenheit wie Gegenwart, im Lokalen wie im Entlegensten als globale Aufsummierung. Zudem tritt der Effekt dieser Wirkmacht meist nicht dort ein, wo sie am meisten entfesselt wird, z. B. im Konsum fossiler Energieträger im globalen Norden, sondern da, wo er kaum etwas mit den Ursachen zu tun hat, z. B. in Form von Überschwemmungen in Pakistan.[147]

Bis vor kurzem waren kulturwissenschaftliche wie historiographische Betrachtung und Analyse oftmals blind für Skaleneffekte der Geosysteme, weil sie weitgehend das ökonomische Narrativ einer beliebigen Skalierbarkeit übernommen hatten. Sie rechneten weder mit einer systemischen Überlastung der Biosphäre noch mit der Plötzlichkeit exponentiellen Wachstums.

Symptomatisch für ein solch überkommenes Narrativ ist der Thermostat an unserem Planeten Erde. Er suggeriert, dass wir alles im Griff haben und mit kurzfristigem Geoengineering, z. B. mit dem Einbringen von Aerosolen in der Stratosphäre, als *Dei ex machina* die globale Temperatur wie in einem Wohnzimmer regulieren können. Bei einem solchen Geoengineering bleiben viele Fragen ungeklärt, beispielsweise die Frage, wer welche Maßnahmen beschließt und einleitet, sowie welchen Effekt diese auf das konkrete Wetter haben und welche Kollateralschäden sie verursachen.

Dabei sind drei Skaleneffekte am Werk: erstens ein *räumlicher* Skaleneffekt, bei dem nicht garantiert werden kann, dass sich die Auswirkungen der Maßnahmen regional eingrenzen lassen. Im Gegenteil: Man muss davon ausgehen, dass eine lokale Maßnahme weiträumige, wenn nicht planetare Auswirkungen hat. Zweitens ein *zeitlicher* Skaleneffekt: Zwar kann die Klimawirkung relativ genau berechnet werden, z. B. welche Energiemenge reduziert wird. Doch bleibt es äußerst schwierig zu eruieren, welche Auswirkungen die

Klimamaßnahmen auf das konkrete Wetter haben. Und drittens die Kombination von *räumlichem* und *zeitlichem* Skaleneffekt: Es bleibt unmöglich zu eruieren, welche Auswirkungen eine langfristige lokale Maßnahme, z. B. eine Kühlung über der Karibik, an einem Ort, z. B. in Nordeuropa, hat, vor allem wenn der Golfstrom reduziert ist oder nicht mehr funktioniert. Gerade weil sich die herkömmlichen Klimazonen verschieben oder komplett verändern, sind die Skaleneffekte umso unvorhersehbarer und treten umso überraschender ein.

Die Fantasie, alles im Griff zu haben, ist zwar demselben Denken geschuldet, welches die Klima- und Erdwissenschaften überhaupt dazu gebracht hat, Planetare Grenzen festzulegen: der Vorstellung unseres Planeten als System. So sinnvoll es ist, die Belastbarkeit der Erde zu modellieren, so gefährlich bleibt die Rede, welche mit dem ökologischen Fußabdruck Hand in Hand geht, dass *wir* weiterhin die Möglichkeit haben, das Ruder noch herumzureißen. Wer stattet hier wen mit Handlungsmacht aus – gerade im Wissen darum, dass die Menschheit per se keine Superheldin ist? Dabei wird die Komplexität der Problemlage deutlich unterschätzt. So sind die Planetaren Grenzen in den meisten Fällen systemisch miteinander gekoppelt (⊛ 2); und die unterschiedlichsten sozialen, politischen und kulturellen Modelle und Einstellungen haben diese Komplexität zu bewältigen, obwohl die beiden Welten der klimatischen Faktizität und der anthropologischen Voraussetzungen kaum verknüpft sind. Daraus eine kohärente und effektive Politik abzuleiten, ist fast ein Ding der Unmöglichkeit. Denn die große Herausforderung einer kohärenten und konsequenten Klimapolitik besteht gerade in der Notwendigkeit, alle Faktoren zusammen zu denken.

Dafür sind vor allem auch Rechtsvorstellungen grundlegend zu überarbeiten. Eine ausschließlich auf individuelle Freiheit basierte Politik taugt nicht mehr, weil sie von der beliebigen Nutzung unerschöpflicher Ressourcen und vom Anspruch auf unbegrenzte Eigentumsakkumulation ausgeht. So geht John Locke im 17. Jahrhundert davon aus, dass es genug Ressourcen auf dieser Erde gäbe, so dass niemand jemand anderen enteigne, wenn er sich etwas aneigne.[148] Doch inzwischen macht es einen wesentlichen Unterschied, ob sich der damit verbundene allgemeine Rechtsanspruch auf ein paar Tausend, ein paar Millionen oder ein paar Milliarden Menschen bezieht. Die Ressourcenfrage und der Rechtsanspruch sind eine Frage der Skala. Die Verschiebung ins Planetare betrifft nicht nur ausgewählte Ökosysteme, sondern die Lebensfähigkeit der gesamten Erde. Wir sind darauf angewiesen, in Termini von Skalen und Skalenvarianz zu denken, um im Zeitkollaps politisch zu handeln.

3.6 Kipppunkte

Noch ist nicht Hochsommer, lediglich ein heißer und trockener Frühling im Mai nach der ersten je in diesem Monat in Mitteleuropa verzeichneten Tropennacht. Gerade komme ich von der Erfrischung im See und sehe die Nachbarn beim Gießen ihres Rasens und ihrer Sträuche. Man kommt ins Gespräch. Ja, die Pflanzen hätten das Wasser bitter nötig bei diesem warmen Wind. Zu lange habe es nicht mehr geregnet. Und dann folgt eine scheinbar selbstverständliche Sentenz, um das Gespräch zu beenden, die mich ins Grübeln bringt: »Die Natur bestimmt.« Durch den Kopf schießen mir Gedanken, die beweisen, warum diese Aussage nicht stimmt und warum der Mensch der bestimmende Faktor ist – zumindest seit Anbruch des neuen Zeitalters, des Anthropozäns, wann immer man dessen Anfang setzt. Verdattert verabschiede ich mich und denke mir trotz all meiner Einwände: Es ist vielleicht nicht mehr der Mensch, der bestimmt, sondern wirklich wieder die sogenannte Natur oder die Eigendynamik der gekoppelten Systeme, welche die Biosphäre bestimmt. Und darauf haben wir inzwischen kaum noch Einfluss.

Der Blick auf die Klimaprognosen der letzten Jahrzehnte verdeutlicht, dass wir meist das Worst-Case-Szenario beschritten haben.[149] Entscheidend ist weniger, dass sich die gemessenen Klima-Werte jeweils am oberen Ende der Prognosen ansiedelten. Diese Werte sind nur symptomatisch für die erhöhte Treibhausgaskonzentration. Entscheidend sind die inzwischen erreichten Kipppunkte, welche nicht mehr rückgängig zu machen sind – außer wir finden ein Mittel, den Ausstoß von Treibhausgasen massiv zu reduzieren. Das muss in naher Zukunft gelingen, wobei die Treibhausgase deutlich unter den Wert von 350 ppm gesenkt werden müssen. Doch selbst dieses Szenario, das von der größten Anstrengung für Negativemissionen ausgeht, garantiert nicht, dass wir je wieder Verhältnisse wie im Holozän antreffen. Dies hat in erster Linie mit der positiven Kopplung der einzelnen Kipppunkte zu tun, die heute zusehends ineinandergreifen.

Was sind eigentlich Kipppunkte? Die Frage, ob es sich wirklich um Punkte handelt oder ob der dehnbarere Schwellenbegriff vielleicht angebrachter wäre, kann man durchaus diskutieren. So bezeichnet ein Kipppunkt ein irreversibles Überschreiten einer Schwelle. Während die Schwelle in ihrer räumlichen Ausdehnung einen gewissen Spielraum lässt, ist der Bewegung des Kippens eine zeitliche oder probabilistische Komponente inhärent. So bezeichnet Eva Horn in ihrer Monographie *Zukunft als Katastrophe* den tipping point als »Möglichkeit«, dass »eine Situation kippt, aus der Balance gerät«.[150] Das Problem besteht darin, dass der Punkt nicht immer genau bestimmt werden kann und man sich ihm meist in »kleinen Schritten, winzigen Taten, alltäglichen Verhaltensweisen«[151] nähert. Wir wissen, dass sich die Kipppunkte in einem bestimmten Schwellenbereich befinden. So können wir beispielsweise aufgrund paläontologischer Daten den globalen Durchschnittstemperatur- bzw. Treibhausgaskonzentrationsbereich bestimmen, in dem Grönlands Eisschild mit großer Wahrscheinlichkeit abschmilzt. Wann genau der Prozess unumkehrbar geworden ist, ist schwer abzuschätzen. Es ist wie bei einem überlaufenden Gefäß: Man weiß zwar, wieviel Flüssigkeit es enthält, aber nicht genau, wie groß es ist. Dies gilt nicht nur für Klima- und Ökosysteme, sondern auch für den Finanzmarkt, den Sozialstaat, den Konsum oder den Verkehr.[152]

Wie eingangs des Buchs ausgeführt, beschreibt Thomas Malthus bereits 1798 in seinem *Essay on the Principles of Population* den Skaleneffekt und damit verbundene Kipppunkte, wenn die endliche Ressource an Nahrungsmittel nicht mit dem Bevölkerungswachstum mithalten kann, während in der Weiterführung dieses Gedankens der Club of Rome in seinen *Grenzen des Wachstums* zusätzliche Parameter wie Industrialisierung und Umweltverschmutzung einführt.[153] Die an die Skaleneffekte gebundene Kipppunkte wurden in der Biosphäre im Laufe der Erdgeschichte immer wieder erreicht. Dabei wandelt sich eine rein quantitative in eine qualitative Kategorie. Man spricht hier von Emergenz. Die Sauerstoffkatastrophe vor 2,45 Milliarden Jahren, ausgelöst durch Vorläufer von Cyanobakterien, bewirkte einen solchen Übergang vom rein Quantitativen ins Qualitative in der Emergenz neuer Lebensformen. *À la longue* – und hier sprechen wir von Jahrmillionen – entsteht eine neue Qualität von Leben. Doch für die aktuelle Biosphäre mit ihrer Fauna und Flora, den Menschen eingeschlossen, ist die Emergenz katastrophal, weil die neue »Qualität« in erster Linie nicht mehr lebensförderndes Gleichgewicht für komplexe Systeme und Organismen, sondern Lebensfeindlichkeit bedeutet.

Die Kopplung von Kipppunkten hat eine für die menschliche Spezies einmalige erdhistorische Dimension. So reduziert das Abschmelzen von Grönlands Eisschild die atlantische meridionale Umwälzzirkulation (*Atlantic Meridional Overturning Circulation* = AMOC). Dies wiederum führt zu einer Verstärkung der *El Niño-Southern Oscillation* (ENSO), was unter anderem zu Dürren im Amazonas führt, die auch dieses System frühzeitig an den Kipppunkt zur Selbstauslöschung bringt. Wenn wir im Folgenden dennoch die einzelnen Kipppunkte in den Blick nehmen, so müssen wir uns vor Augen halten, dass diese bereits vor einer globalen Durchschnittstemperatur von zwei Grad Celsius über dem vorindustriellen Wert auf eine Weise interagieren, dass sie sich gegenseitig aus einem stabilen Zustand (Homöostase) bringen – worauf der Mensch keinen Einfluss mehr hat.

Beginnen wir mit einem Kipppunkt, der schon erreicht ist oder kurz bevorsteht. Jedenfalls ist er der erste in einer Kette, der alle weiteren Kipppunkte anstößt. Es gibt Szenarien, die davon ausgehen, dass er bei einer globalen Durchschnittstemperatur von 0,8 Grad Celsius über dem vorindustriellen Wert um die Jahrtausendwende bereits eingetreten ist: Wir sprechen vom Abschmelzen des grönländischen Eisschildes.[154] Der Blick in die letzte zwischeneiszeitliche Wärmephase vor 120 000 Jahren liefert uns erste Anhaltspunkte zur Frage, warum ein Kipppunkt nicht so genau bestimmt werden kann. Damals lag die atmosphärische CO_2-Konzentration bei rund 280 ppm und somit am oberen Ende des »Metabolismus der Erde«, wie ihn Will Steffen im Jahre 2000 beschreibt (➲ 2.2). Die globale Durchschnittstemperatur lag in der letzten Interglazialphase ein halbes bis ein ganzes Grad über dem vorindustriellen Referenzwert. In Grönland war es deutlich wärmer – wie immer in Wärmephasen –, was heutigen Erfahrungen entspricht. Man vermutet, dass der Eisschild rund 130 Meter niedriger als heute lag, bevor die letzte Eiszeit einsetzte.

Da wir die Obergrenze von 280 ppm CO_2 und der globalen Durchschnittstemperaturerhöhung von einem Grad Celsius deutlich hinter uns gelassen haben, ist auf die Anhaltspunkte aus dem Pleistozän kein Verlass mehr. Die heutigen Verhältnisse sind mit keiner Wärmephase im Pleistozän vergleichbar. Vielmehr müssen wir eine frühere Serie in den Blick nehmen: das mittlere Pliozän. Vor mehr als drei Millionen Jahren lagen die Werte zwischen 300 und 450 ppm. Die Rekonstruktion des grönländischen Eisschildes in dieser Zeit ist eine Herausforderung. Daher liegen verschiedene Modelle vor, wovon die meisten ein stark eisreduziertes oder sogar ein ganz eisfreies Grönland nachzeichnen. In dieser erdgeschichtlichen Phase muss der Meeresspiegel um 2,2 bis 4,4 Meter höher als heute gelegen haben. Nicht nur die geologischen Verhältnisse sind schwer zu rekonstruieren, auch der Beitrag des antarktischen Eisschildes, der abgesehen vom Westteil deutlich stabiler als derjenige Grönlands ist, ist schwer einzuschätzen.

Jedenfalls stehen wir kurz davor, selbst die Schwelle des mittleren Pliozäns von 450 ppm Kohlendioxid zu verlassen. Voraussichtlich erreichen wir diese Marke 2035 – abgesehen von den übrigen anthropogenen Klimahausgasen Methan und Lachgas, welche einen wesentlichen Beitrag zum Überschießen der Temperaturen leisten. Bisher ist kaum ein Bruchteil eines Hundertstels des grönländischen Eisschildes mit einem Volumen von insgesamt 2,8 Millionen Kubikkilometern geschmolzen. Doch die Trägheit des Systems kann uns nicht darüber hinwegtäuschen, was passiert, wenn die positiven Rückkopplungen den Eisschild von mindestens drei Seiten angreifen: Erstens senkt sich beim Abschmelzen die Höhe des Eises über dem Meeresspiegel. Dadurch schlagen höhere Temperaturen und kleiner ausfallende Niederschläge auf geringerer Höhe über dem Meer zu Buche. Dadurch liegt zweitens ein immer größerer Teil des Eises über immer längere Strecken im Jahr ohne Schutz durch eine reflektierende Schneedecke blank, was die Albedo markant verringert. Grönlands Eisschild ist dank des relativ feuchten Klimas und der großen Gletscher vor allem im Westen äußerst dynamisch. Die Abnahme des schützenden Packeises vor Grönland führt schließlich drittens dazu, dass das Meerwasser das Kalben und die Fließgeschwindigkeit der Gletscher erhöht. Diese dritte positive Rückkopplung veranschaulicht ihre Eigendynamik: Je mehr Eis abschmilzt, desto schneller fließt es ins Meer.

Obwohl das bisherige Abschmelzen des grönländischen Eisschildes erst zu 1,2 Zentimetern Meeresspiegelanstieg beigetragen hat, würde ihn das Gesamtvolumen um rund sieben Meter erhöhen. Damit gingen nicht nur ganze Küsten und Landstriche, sondern ganze Länder und Metropolitanzonen verloren. Hier ist letztlich nur noch die Geschwindigkeit von Relevanz. Wie die erdhistorische Vergangenheit aufzeigt, spielt insbesondere der westantarktische Eisschild eine Rolle. Sein Abschmelzen führt zu massiven Änderungen des Meeresspiegels und könnte in der Geschwindigkeit diejenige Grönlands übertreffen. Angenommen wird hier der Kipppunkt bei zwischen 1,2 und 2 Grad Celsius über der vorindustriellen Durchschnittstemperatur. Gebannt den Blick auf einen einzigen Kipppunkt des Klimasystems zu werfen, ist daher nicht zielführend. Klimaanpassungen vorzunehmen, heißt auch, die Gesamtsituation richtig einzuschätzen. Soll sich der Meeresspiegel die nächsten fünfzig Jahre nicht nur um einen Meter erhöhen – was schon verheerend wäre –, müssten bereits heute Länder wie Deutschland, die Niederlande, Belgien, Italien, Polen, England, Indien, Bangladesch, China, Indonesien und die USA einen Plan haben, in welchem Moment Gebiete evakuiert und aufgegeben werden. Es wäre schon seit einiger Zeit angebracht, uns nichts mehr vormachen zu wollen, sondern die Worst-Case-Szenarien mitzuplanen.[155]

Als besonders delikat erweist sich die atlantische meridionale Umwälzzirkulation (AMOC). Sie treibt nicht nur den Golfstrom, sondern das weltweite System der Meeresströme an. Obwohl man davon ausgeht, dass der Golfstrom erst bei einer globalen Temperaturerhöhung von drei bis 5,5 Grad Celsius zum Erliegen kommt, ist bereits heute eine deutliche Verlangsamung zu beobachten, was zu einem kühleren und trockeneren Klima in Europa und im Osten der USA führt. Es bleibt dahingestellt, wie diese angenommene Abkühlung mit der allgemeinen globalen Klimaerwärmung interagiert. In jedem Fall ist mit einem völlig neuen, bisher unbekannten Klima mit schwierig zu bewältigenden Wetterextremen zu rechnen. Es ist müßig, alle Kipppunkte in der bisherigen Ausführlichkeit zu beschreiben. Bezeichnenderweise gehen in populärwissenschaftlichen Artikeln gewisse Kipppunkte unter – so auch im bereits zitierten Artikel »How close are we to Climate Tipping Points« der Columbia Climate School.[156] Dabei handelt es sich meist um jene Systeme, die wahrscheinlich schon gekippt sind, etwa der bislang kühlende Albedoeffekt des Nordpolarmeereises oder die Korallenriffe als Wiege für die meisten Meerestiere. Schon der IPCC-Sonderbericht 2018 rechnete damit, dass ein Großteil der Korallenriffe selbst bei Einhaltung des 1,5-Grad-Ziels verloren gehe.[157] Der sechste Sachstandsbericht des IPCC hält im ersten Teil fest, dass bis Mitte des Jahrhunderts das Nordpolarmeer im Sommer weitgehend eisfrei sein wird. Wenn gesagt wird, dass es keinen Kipppunkt dafür gebe,[158] dann haben wir ihn hinter uns gelassen. Mit allen dazugehörigen Effekten, die sich nun beschleunigen: die Erwärmung des Meers und des Klimas der Polarregion, die Abnahme der atlantischen Umwälzzirkulation und schließlich das Ausgasen von Permafrost und Methanspeichern aus subterraner und submariner Eisform.

Erwärmt sich Permafrost und taut auf, werden Mikroben aus dem »Winterschlaf« geweckt und veratmen den organischen Kohlenstoff in Kohlendioxid und Methan. Es ist davon auszugehen, dass 1 400 Gigatonnen Kohlenstoff, also fast das Doppelte des heutigen Kohlenstoffs in der Atmosphäre, in Permafrost gespeichert sind. Gemäß der *Arctic Report Card* 2019 können davon jährlich 300 bis 600 Megatonnen in die Atmosphäre gelangen. Also könnten bis zu 5 Prozent der gegenwärtig viel zu hohen Kohlendioxidemissionen aus fossilen Brennstoffen automatisch und auf »natürliche Weise« in die Luft gelangen – und das Jahr für Jahr, auch wenn die anthropogene Klimabilanz hoffentlich bald Netto-Null sein wird. Vergleichbares gilt für den submarinen Methanspeicher in Eisform, für die Hydrate, die bereits aus der Laptev-See in die Atmosphäre entweichen.[159] Den Kipppunkt setzt man zwar bei zwei Grad Celsius durchschnittlicher globaler Erwärmung an,[160] weil man bei dieser

Temperatur 40 Prozent Verlust an Permafrost vermutet. Man kann sich aber nicht des Eindrucks erwehren, dass bis dann andere Prozesse nicht mehr zu stoppen sind.

Wir können es drehen und wenden, wie wir wollen: Betrachtet man die einzelnen Kipppunkte isoliert, mögen die Grenzwerte zutreffen. Doch deuten alle Anzeichen darauf hin, dass sich die Systeme gegenseitig hochschaukeln. Das kann lokal in der Polarregion erfolgen, weil beispielsweise die Albedo sowohl wegen schwindenden Eises als auch wegen des Vordringens der Taiga Richtung Norden abnimmt. Auch auf globaler Ebene ist zu erahnen, dass der Schalter mit großer Wahrscheinlichkeit umgelegt wurde. Kommen wir nochmals zum El-Niño-Phänomen zurück, zur El Niño-Southern Oscillation, welche alle zwei bis sieben Jahre auftritt. El Niño kehrt die normale pazifische Ost-West-Strömung La Niña am Äquator in West-Ost-Richtung. Das sehr häufige Auftreten von El Niño in den 90er-Jahren, das zum Ausbleichen eines Sechstels der weltweiten Korallenriffe führte, wurde von Tim Flannery als Tor zu einem neuen Weltklima bezeichnet. Denn El Niño erfasst beinahe das ganze Weltklima: So kommt es zu Überschwemmungen in Peru und Mexiko sowie zu Dürren in Indien und Indonesien, aber auch im Amazonas – womit ein weiterer Kipppunkt schneller als erwartet angestoßen wird. Den Amazonas stabilisieren zwar weitgehend selbsterhaltende Wasserzyklen. Hier geht die Forschung davon aus, dass der Kipppunkt bei einem Verlust von einem Fünftel bis zu einem Viertel der Waldfläche einsetzt. Ab diesem Punkt speichert der Wald nicht mehr seine 200 Gigatonnen Kohlenstoff, sondern entlässt sie in relativ kurzer Zeit in die Atmosphäre. Inzwischen sind 17 Prozent der Waldfläche verloren. Falls die Politik wie im Brasilien unter Bolsonaro zwischen 2019 und 2022 fortfährt, wird bis 2030 über ein Viertel verloren und der Kipppunkt erreicht sein.[161] Bereits heute hat El Niño das Potential, den Amazonas so stark unter Dürrestress zu setzen, dass er mehr CO_2 abgibt als bisher. Damit würde in ein paar Jahren die atmosphärische Kohlendioxidkonzentration auf 500 ppm steigen.[162] Ein Horrorszenario.

Erst im Zusammengehen von planetarem Denken, das die Metabolismen der Biosphäre in ihrer (geo-)historischen Dimensionierung, ihren Eigendynamiken und gegenseitigen Kopplungen zusammendenkt, wird »ein Denken in Diskontinuitäten, Schwellenwerten, Sprüngen und Eskalationen« möglich. Ob wir das als »Katastrophismus« bezeichnen[163] und es mit historisch verbürgten Ereignissen im Holozän vergleichbar machen, ist zu hinterfragen. Die Unvergleichbarkeit und Unüberwindbarkeit des Problems, aber auch die Irreversibilität von Kipppunkten stellen die Herausforderungen in ein anderes Licht und erfordern ein radikales Handeln und nicht nur diskursive Einordnung und wissenschaftliche Herrichtung. Denn hier bestimmt nicht mehr der Mensch, sondern eine wie auch immer geartete »Natur«, die uns entgleitet.

3.7 Leerstelle: affektive Abstinenz

Eigentlich müsste das Katastrophische in den Erzählungen zur globalen Klimaerwärmung und zur Überschreitung weiterer Planetarer Grenzen bereits seit einiger Zeit zum richtigen Handeln anleiten. Die Beispiele sind zahlreich und gehen Hand in Hand mit einer immer genauer beschriebenen Faktizität aufgrund akkurater Szenarien zu Klima und Biodiversität sowie aufgrund synoptischer Aufarbeitungen in den IPCC- und IPBES-Sachstandsberichten. Natürlich kann man den Vertreterinnen und Vertretern der Wissenschaft vorhalten, die Übersetzung in eine allgemein verständliche Sprache nicht immer zu leisten. So spricht der isländische Autor und Umweltschützer Andri Snaer Magnason von einem Rauschen, das die Dringlichkeit der Sache und damit »99 Prozent der Bedeutung« verschlucke.[164] Doch die populärwissenschaftlichen Aufarbeitungen, an denen er sich aktiv beteiligt, etablieren sich inzwischen eindrücklich und werden breit rezipiert. Man denke nur an die einschlägigen Katastrophen-Darstellungen bei David Wallace-Wells, welche bereits gemachte Erfahrungen mit Hitzekatastrophen in die Zukunft extrapolieren,[165] oder an die filmischen Zeugnisse von David Attenborough.[166]

Offensichtlich entzieht sich das Katastrophische überschrittener Planetarer Grenzen soziokulturell etablierten Kategorien. Vielmehr löst es passive Affektdynamiken aus: Gleichgültigkeit, Apathie, Aversion und Depression und in selteneren Fällen Empathie, Trauer, Engagement, Widerstand usw. Dies hat verschiedene Gründe, die sich in zwei Kategorien erfassen lassen: einerseits in bekannten narrativen, andererseits in psychischen Reaktionsmustern. Verweisen die narrativen Muster auf primär soziokulturelle Gründe, scheinen psychische Muster eher individueller Natur zu sein. Wahrscheinlich zeitigen letztlich die Interaktion und Interdependenz zwischen kollektiv und individuell verhandelten Mustern diese fatale Wirkung. Dennoch lohnt es sich, die beiden Kategorien zunächst getrennt nachzuzeichnen.

Wie der indische Schriftsteller und Essayist Amitav Ghosh in seiner Monographie *Die Große Verblendung* (*The Great Derangement*) festhält, haben erst die Moderne und Postmoderne zu einer Einengung des Raum- und Zeitframings in literarischen Erzählungen geführt. Etablierte Erzählweisen beschränken sich seit dem 19. Jahrhundert zusehends auf ein vorgegebenes Raumsetting und einen bestimmten Zeitausschnitt – meist aus der Perspektive eines Individuums. Dadurch geht einer spezifischen Erzählweise, die dem modernen Roman geschuldet ist, der Blick fürs Gesamte, für Kontexte und Vorbedingungen verloren. Dieser setzt sich explizit von der epischen Erzählung ab – welche sich in der Zeit nicht nur über Generationen, sondern bis zurück in die Anfänge und im Raum nicht nur über eine bestimmte Region, sondern über die ganze bekannte Erde erstrecken kann. Natürlich gibt es auch in der Moderne und Postmoderne multiperspektivische und mehrstimmige oder über große Zeiträume angelegte Erzählwerke. Sie fanden aber kaum Eingang in den literarischen Kanon. Ins Zentrum rückte die Individualerzählung, welche von einem begrenzten Blick in eine beschränkte Umwelt zu einer psychologisierten Form von Introspektion führte.

Vergleichbar mit dem Roadmovie *Thelma and Louise* (⊛ 2.3) ist die Erzählung *Elephant* von Raymond Carver. In einer mustergültigen Analyse zeichnet der Literaturwissenschaftler Timothy Clark nach, dass die Erzählung geradezu verlangt, auf der soziopolitischen Skala eingeordnet zu werden. So werde in der Erzählung ökonomische Prekarität einer Familie der US-amerikanischen Mittelschicht vor dem Hintergrund von Eigentum an Autos und Häusern entwickelt, welche sich eine Mehrheit der Menschheit gar nicht leisten könne. Eine analytische Einordnung auf der individuellen und soziopolitischen Skala, welche den westlichen

Lebensstil als selbstverständlich setzt, unterliegt dem engen Rahmen eines sich etablierenden Neoliberalismus und damit eines »methodologischen Nationalismus«.[167] Auf der planetaren Skala wird hingegen deutlich, wie sehr das Setting der Erzählung auf einen hochgradig überdimensionierten Ressourcenverbrauch angewiesen ist, der nicht nur Auswirkungen auf Zeitgenossen, welche diese Privilegien nicht haben, sondern auch auf Folgegenerationen hat. Die Frage, warum weder Literaturkritik noch Literaturanalyse der Postmoderne die Einordnung auf der planetaren Skala leisteten, lässt sich nur beantworten, wenn das Verfahren der Erzählung selbst ernst genommen wird. Denn dieses zielt darauf ab, die Handlungen aus der jeweils individualisierten Innensicht zu legitimieren – so irrational diese auf der planetaren Skala auch sein mögen. Bei diesem reduktionistischen Erzähl- und Analyseverfahren spricht die Forschung von Downscaling,[168] d. h., Handlungen und die damit verbundenen metabolistischen Ressourcen werden auf den kleinsten gemeinsamen Nenner, auf die individuelle Skala reduziert – wie sie noch heute im Begriff der »Eigenverantwortung« auftaucht.

Der individuelle CO_2-Fußabdruck entspricht einem solchen Downscaling, welches British Petroleum mit Hilfe von PR-Fachleuten erfolgreich lanciert hat.[169] Den »carbon footprint calculator« stellte die zweitgrößte private Erdölfirma 2004 zur Verfügung, damit man sehen konnte, wie das alltägliche Leben, der Konsum und die Arbeit jedes einzelnen Individuums für die Erderwärmung und deren Folgen verantwortlich sind – und im logischen Umkehrschluss: nicht die erdölproduzierende Industrie.[170] Bis heute fällt ein solches Downscaling auf fruchtbaren Boden, weil die entsprechenden individualisierenden Erzählmuster seit über zweihundert Jahren ihre Wirkmacht entfalten konnten.

Konterkariert und stabilisiert wird diese scheinbar individuelle Handlungsmacht und »Eigenverantwortung« von der modernen Vorstellung einer stabilen Geo- und Biosphäre im Hintergrund. Dipesh Chakrabarty sieht dafür seine eigene Disziplin, die Wissenschaft mit den größten Narrativen überhaupt, die Geschichtswissenschaft des 19. und beginnenden 20. Jahrhunderts, in der Verantwortung. Nationale Ereignisgeschichten konnten sich innerhalb der großen Erzählung immer auf der Basis geologischer Kontinuität entwickeln, die keine Brüche aufwies. Eine stabile Geo- und Biosphäre war eine Konstruktion, welche der hegelianische Philosophiehistoriker Benedetto Croce mit seiner scharfen Trennung zwischen Natur- und Kulturgeschichte begründete.[171] Selbst Ferdinand Braudel, der seine Geschichte der langen Dauer (*longue durée*) auf die geomorphologischen Eigenheiten des Mittelmeerraumes zurückführte, setzte das moderne Trennungsnarrativ fort.[172]

Downscaling und Ausgrenzung von Natur – und damit auch Ausgrenzung der Vorstellung, dass uns die Geogeschichte überrollen könnte – führen zu einer psychischen Abkopplung bzw. affektiven Abstinenz. Je nach ideologischer Provenienz kommen unterschiedliche Distanzierungsstrategien in verschiedenen Mischungen zum Zug: Verdrängung aus dem Alltag (1), traumatische Auslagerung (2) oder ökomodernistische Rationalisierung (3). So untersucht Kari Marie Norgaard in ihrem norwegischen »Seldwyla«, dem fiktionalen Bygdaby, das Verhalten der Bevölkerung im ungewöhnlich warmen Winter 2000/01, als der Schnee zwei Monate zu spät kam, Eisfischen unmöglich wurde und die Skipisten viel Kunstschnee erforderten.[173] Die Einwohnerinnen und Einwohner von Bygdaby konnten diese außergewöhnliche Wetterlage mit der Klimaerwärmung in Verbindung bringen. Lokale wie staatliche Medien berichteten ausführlich über diesen Zusammenhang. Doch die betroffene Bevölkerung reagierte nicht darauf: Weder ließ sie sich politisch einspannen, noch hatte sie einen Einfluss auf ihren Konsum fossiler Energieträger. Das Ausbleiben jeglicher Reaktion führen die Autorin und ihr Forschungsteam auf eine systematische Verdrängung des Wissens über die Klimaerwärmung aus privaten, politischen und sozialen Alltagsgesprächen zurück. Unabhängig vom Bildungsstatus wurde die Klimaerwärmung zwar zu Allgemeinwissen, aber als unvorstellbar und nicht in den Alltag integrierbar, was typisch für Angehörige von Industrienationen ist, welche historisch am meisten in der Verantwortung stehen. Die Verdrängung aus allen Lebensbereichen erklärt sich das Forschungsteam als Schutzmechanismus, um nicht ständiger Bedrohung ausgesetzt zu sein. Die Selbstlähmung lässt sich somit auf ein psychisches Schutzprogramm zurückführen.

Timothy Morton geht einen Schritt weiter, indem er eine spezifische Auslagerung im Zusammenhang mit einer posttraumatischen Belastungsstörung sieht. Er spricht von einem »Ecological Posttraumatic Syndrom Disorder«.[174] Entscheidend sind für ihn wiederkehrende Träume, in denen man das traumatisch Erlebte immer wieder durchmacht. So wenig man das Geträumte los wird, so sehr findet man daran Gefallen, weil es das Erlebte selbst – Morton spricht von »trauma data« – dämpft. Angesichts der beschleunigten Zerstörung der Biosphäre durch unser Handeln kommt diesem Träumen eine entsprechende Entlastungsfunktion zu. Es erlaubt uns, uns neben unser eigenes und systemisch zerstörerisches Handeln zu stellen und so zu tun, als ob Handeln erst reiflicher Überlegung folgte. Timothy Morton veranschaulicht diesen Sachverhalt durch die an jeder Konferenz zu Klimafragen auftauchende Frage, was nun zu tun sei. Bezeichnenderweise erlebt der oder die Traumatisierte den Traum von einem Zeitpunkt *vor* dem Trauma. Indem wir uns mental in die Lage versetzen, etwas vorwegnehmen zu können, wähnen wir uns in falscher Sicherheit. Die antizipierende Angst ist deutlich weniger intensiv als die Angst, die uns mitten in der traumatischen Erfahrung überfällt.[175] Das Trauma selbst zeichnet sich dadurch aus, dass wir ihm völlig ausgeliefert sind und uns ihm in keinerlei Weise entziehen können. Wir stehen mitten im Schrecken – als direkte Reaktion auf die traumatische Erfahrung.

Das gilt besonders für das Überschreiten Planetarer Grenzen. In Mortons Konzeption des Hyperobjekts können wir uns diesem Trauma in keiner Weise entziehen und versetzen uns dennoch in die fiktive Position *vor* dem traumatisierenden Zeitkollaps. Daraus entsteht nicht nur apokalyptische Literatur, sondern auch ein Denken in Szenarien und fulminanten Zukunftsbildern, als ob wir uns dadurch unserer gegenwärtigen Lage entledigen könnten. Gerade der klimawissenschaftlich-politische Diskurs zur Frage, wieviel fossile Brennstoffe wir in Zukunft noch verbrennen können, legt in fataler Weise Zeugnis von einem solchen Traum ab. Wir sind mittendrin: nicht einfach im Denken, sondern in unserem gegenwärtigen Handeln und in den Konsequenzen vergangenen Handelns.

Eine konsequente »Realisierung« dieses antizipierenden Traums lässt sich in der dritten Distanzierungsstrategie, der ökomodernistischen Rationalisierung, ausmachen. Das zentrale Argument dreht sich hier um den Begriff der sogenannten »Entkopplung«. So soll sich die Menschheit in einem »guten Anthropozän« weiterentwickeln und wirtschaftlich prosperieren können, ohne die »Natur« weiter derart in Mitleidenschaft zu ziehen. Das ökomodernistische Manifest[176] setzt für diese Vision auf eine Intensivierung der Landwirtschaft und Aquakultur, losgelöst von den herkömmlichen Boden- und Wasserressourcen. Große Teile davon sollen in Zukunft sich selbst überlassen werden und »verwildern«. Dank erneuerbarer Energieressourcen, vor allem dank der der Solarenergie, aber auch der Kernkraft, soll die Flächenbeanspruchung minimiert werden. Das Hauptargument der Entkopplung der Wirtschaftsleistung von der Umweltbelastung bezieht der Ökomodernismus aus einem Eklektizismus, der das Planetare zwar nennt, aber implizit verdrängt. So sieht er die richtungsweisenden Tendenzen in einem sinkenden Bevölkerungswachstum, in der Reduktion der Arbeitskräfte und des Flächenbedarfs pro Kopf in der Landwirtschaft.

Bezeichnenderweise setzt die Argumentation auf ein »schlechtes« Anthropozän, das lange vor der Großen Beschleunigung der Nachkriegsjahre einsetzt: So würden drei Viertel der anthropogenen Entwaldung auf die Zeit vor der Industrialisierung fallen, und in Nordamerika hätten im späten Pleistozän ein bis zwei Millionen Menschen die großen Säugetiere fast vollkommen ausgerottet. Beide Argumente stehen symptomatisch für eine westliche Sichtweise, welche die Verheerungen der Kolonialisierung in der Neuzeit und den Raubbau natürlicher Ressourcen in neo- und postkolonialen Verhältnissen verdrängt.[177] Dass der Rückgriff auf die energiedichtere Kohle den Druck auf die Wälder in den mittleren Breiten erheblich reduziert und wir uns damit ungleich größere Probleme mit Klimaerwärmung und Ozeanversauerung eingehandelt haben, wird zu Beginn des Manifests implizit eingestanden. Zwar heißt es, fossil basierte Brennstoffe, Technisierung, Produktion und Düngemittel seien Treiber des Bevölkerungswachstums im Zeitalter der Industrialisierung gewesen. Gleichzeitig werden weiterhin der Bau von Kohlekraftwerken in Bangladesch und der Einsatz von Kunstdünger zur Flächenreduktion gerechtfertigt, obwohl das Manifest davon ausgeht, dass die Entwicklungsländer nicht mehr den ressourcenintensiven Weg der Industrieländer einschlagen müssen.

Letztlich entpuppt sich im szientistischen Ökomodernismus der Traum der posttraumatischen Belastungsstörung in Reinform, wenn er den Höhepunkt des Raubbaus zur Mitte des 21. Jahrhunderts veranschlagt. So geht der Ökomodernismus von belastbareren Systemen aus, als die heutigen Erd- und Klimawissenschaften beschreiben und prognostizieren. Diese gutgläubige ökomodernistische Annahme basiert auf einem Wissensstand zu Beginn des 21. Jahrhunderts – ein Mitgrund, dass seine Bedeutung angesichts neuerer Herausforderungen zu schwinden scheint. Nichtsdestotrotz sind die drei skizzierten Distanzierungsstrategien nicht von der Hand zu weisen. Denn sie gründen auf menschlichen Bedürfnissen wie psychischer Unversehrtheit. Wir wissen aus anderen Kontexten, wie wichtig ein Alltag ist, über dem nicht das Damoklesschwert ständiger Bedrohung schwebt. Wir wissen, wie sinnvoll es ist, eine solche Bedrohung rechtzeitig abwenden zu können, indem wir Katastrophenszenarien durchdeklinieren. Wir wissen, dass der Mensch in der Vergangenheit immer wieder Lösungen für anstehende Herausforderungen gefunden hat. Nur zäumen wir in allen drei Distanzierungsstrategien das Pferd von hinten auf: Indem wir die Bedrohung ignorieren, verschwindet sie nicht, sondern wird immer größer. Obwohl wir sie in die Zukunft vertagen, ist sie bereits heute hier. Schließlich lassen sich die bio- und geophysikalischen Voraussetzungen nicht unserer Wirtschaftsweise anpassen.

Um unsere Affektlogiken nicht ins Leere laufen zu lassen, müssen wir uns den fundamentalen Schwierigkeiten unserer Wahrnehmung im Zeitkollaps bewusst werden. Obwohl wir von einem plötzlichen Ereignis, einem Kollaps, sprechen, bewegen sich die mit der Überschreitung Planetarer Grenzen einhergehenden schwerwiegendsten Ereignisse in einer Langsamkeit, die sich dem bisherigen Wahrnehmungshorizont, in welchen wir ein historisches Ereignis einordnen, entziehen. So spricht die Kultur- und Literaturwissenschaft von »langsamer Gewalt«, welche den gewohnten Rahmen von Gewaltanwendung oder plötzlichen »Naturkatastrophen«

sprengt. »Langsame Gewalt« beschreibt die langsamen, nicht gleich nachvollziehbaren Auswirkungen von Umweltverschmutzung und Überschreitung Planetarer Grenzen.[178] Sie entzieht sich unseren gewohnten Wahrnehmungsmustern, aber auch der Darstellbarkeit von Katastrophen. Wir befinden uns im Paradox latenter Katastrophen, deren Auswirkungen auf die Lebensgrundlage wie die Biodiversität und die Biosphäre gerade wegen ihrer langsamen Unerbittlichkeit um Faktoren verheerender sind. In dieser Gemengelage wird uns bewusst, wie sehr wir uns nicht von der »Natur« entkoppeln können, sondern mit ihr in vielfältiger Weise verstrickt sind. Gleichzeitig treffen verschiedene Skalen aufeinander und bringen sich gegenseitig zum Kollaps: Unterschiedliche Zeitskalen wie politisch-ökonomische Planungszyklen und epochales Selbstverständnis einer Generation können weder mit der Tiefenzeit der Erdgeschichte noch mit einer tiefen Zukunft (*deep future*) in Deckung gebracht werden. Ebenso kollabieren die üblichen Raumdimensionen: Das Lokale lässt sich nicht mehr als abgeschlossene Entität abkapseln, sondern ist immer schon in die planetaren Veränderungen des Erdsystems eingebunden und gleichzeitig ein Spiegel planetarer Umwälzungen. Ebenso ist das individuelle Handeln in seiner milliardenfachen Multiplikation und in seiner Verstrickung in globale und planetare Prozesse Bestandteil der unbeabsichtigten langsamen Gewalt.[179]

Dabei wären wir wieder beim persönlichen ökologischen Fußabdruck, aber nicht in seiner Funktion als individualisierende Schuldzuweisung auf Basis eines systematischen Downscalings. Im Gegenteil: Die affektive Dimension eines planetaren Bewusstseins beschränkt sich nicht mehr auf individuelle Scham und Handlungsblockade, weil das Individuum dem System ausgeliefert ist. Es werden jetzt andere Narrative erzählt. Wenn in den folgenden Teilen dieses Buchs auch literarische Beispiele auf ihre Exemplarität hin befragt werden, so geschieht das vor dem Hintergrund der Hoffnung, dass sich der Mensch dank neuer Weltentwürfe den Herausforderungen der Gegenwart anpassen und darauf reagieren kann. Werden die Herausforderungen heute im Planetaren (⊜ 1), in den Metabolismen (⊜ 2) und in den Skaleneffekten (⊜ 3) fassbar, so lassen sich narrative Kerne rund um die Epochalisierung der Zivilisation im Holozän (⊜ 4), um ein Natur-Kultur-Mischverhältnis in Form von Hemorobien (⊜ 5) und schließlich um eine zeitliche Neuordnung (⊜ 6) festmachen. Die neuen Narrative sind in ein *Upscaling* eingebunden. Im Unterschied zum fragmentierten und ausdifferenzierten *Downscaling* verbinden sich in einer solchen holistischen Erzählweise persönliche, soziale und planetare Skala, wie das Timothy Clark vorschlägt.[180] Für diese Verschränkung ist eine rein lineare Zeitauffassung zu verlassen und einer tentakulären zuzuführen.[181] In diesen neuen Erzählmustern weicht die affektive Abstinenz einer Neugier für und einem Staunen über die geohistorischen Tiefenzeiten, über eine anthropologische Tiefengeschichte, aber auch über die Allpräsenz des vermeintlich Zukünftigen.

4. Abschied vom Holozän

4.1 Die Biosphäre als vermeintlich stabiler Hintergrund

Amitav Ghosh spricht von einer Trennung zwischen literarisch-narrativem Schreiben und Sachbuchliteratur. Exemplarisch nennt er Arundhati Roy und Paul Kingsnorth. Als Autorin des Romans *The God of the Small Things* (*Der Gott der kleinen Dinge*, 1997) klassiert er Roy als »eine der besten Prosastilistinnen unserer Zeit« (18).[182] Dennoch wird die Klimaerwärmung bei ihr nur in Sachbüchern wie *Capitalism: A Ghost Story* (2014) thematisiert und nicht in ihrem literarischen Werk. Strukturparallel bei Kingsnorth, der historische Romane wie *The Wake* (2014) schreibt, angesiedelt im England des 11. Jahrhunderts, und gleichzeitig als Klimaaktivist das einflussreiche »Dark Mountain Project« gründet. So ortet Amitav Gosh das Problem in der Diskrepanz zwischen einer wissenschaftlich-technischen Sprache der Zahlen, welche bisher den Zugang zum Klimawandel gewährleistete, und Praktiken und Prämissen, von denen wir uns in den Geisteswissenschaften leiten lassen. Wir bekommen das Problem nicht auf den Radar, weil die Klimakrise vor allem auch »eine Krise der Kultur und deshalb eine der Imagination« ist.[183] Wie stark diese Krise in unseren Narrativen verankert ist, zeigt sich in der Absurdität der Objekte unseres Begehrens: Nicht das Auto, nicht das Flugzeug, nicht die moderne klimaschädliche Architektur sind Objekte unserer Bewunderung. Vielmehr sind sie Auslöser von »Übertragungssehnsüchten«, welche zutiefst von bekannten Narrativen geprägt sind, von der Vorstellung des Paradieses in den Tropen oder der absoluten Freiheit auf der Straße, welche durch wilde Landschaften führt: »Das Flugzeug, das uns dann auf die Insel bringt, ist bloß noch die Glut dieses Feuers.«[184] Die Übertragungssehnsucht, die sich aus Erzählungen von der Südseeinsel oder aus dem Roadmovie speist, ist somit zentraler Faktor im Widerstand, den Klimakollaps heute in unser Erzählen zu integrieren. Folgen wir Ghoshs Argument, gibt es einen weiteren, wahrscheinlich noch relevanteren Grund.

Im modernen Roman steht das Alltägliche im Vordergrund, welches zur »Regelmäßigkeit des bürgerlichen Lebens« passt.[185] Diese Vorstellung korreliert mit Wahrscheinlichkeits- und Unwahrscheinlichkeitsideen der Gesellschaft, welche dem gradualistischen Ansatz einer vermeintlichen Geologie des 18. und 19. Jahrhunderts zu verdanken ist. Danach kann sich nichts »auf andere Weise verändern als auf die Art, in der man die Dinge gegenwärtig sich verändern sieht«.[186] Dieses Denkmodell wird heute verstärkt, indem sich die Sozialwissenschaften größtenteils auf die Gegenwart fixieren und selten einen historischen Blick wagen.[187] So ist »das 19. Jahrhundert doch eine Zeit« gewesen, »in der sowohl die Erzählliteratur als auch die Geologie davon ausging, dass die Natur maßvoll und geordnet sei – diese Idee war sozusagen das Erkennungszeichen des neuen ›modernen‹ Bürgers«.[188] Mit Bruno Latour gesprochen, haben wir uns nie modernisiert, sondern den neuen Mythos geschaffen, dass uns die »Natur« nichts anhaben könne, weil sich unsere Ordnung ihrer Ordnung angepasst habe.[189]

Folgen wir Ghoshs Argumentation, verstärkt der realistische Roman die Illusion, welche uns vorgibt, wie wir Wirklichkeit zu imaginieren haben. So besteht die Ironie dieser Erzählform darin, dass der Gestus zur Erzeugung von Realität in Wirklichkeit im Verbergen des Realen besteht: »Das Kalkül, mit dem Wahrscheinlichkeit in die imaginäre Welt eines Romans eingebracht wird, ist nicht das Gleiche wie das Kalkül, dessen es außerhalb des Romans bedürfte.«[190] So wirke ein eher unwahrscheinliches Ereignis im realen Leben – wie die Begegnung mit einer alten Schulfreundin auf einer Reise in einer entfernten Weltgegend – enorm unwahrscheinlich in einem Roman.[191] Auf diese Weise ließen sich die neuen, bisher unbekannten und daher noch unwahrscheinlich erscheinenden Wetterereignisse, welche durch die Klimaerwärmung rasant zunehmen, erzählerisch in einem Roman, der auf die realistische Tradition zurückgreift, ebenso wenig integrieren.

Natürlich könnte man einwenden, dass sich der magische Realismus jeglicher Wahrscheinlichkeitsrechnung entzieht. Doch die Wetterereignisse und meteorologischen Vorgänge sind heute im Vergleich zur bisher erlebten Stabilität nicht nur höchst unwahrscheinlich, sondern auch sehr real: »Behandelte man sie als etwas Magisches oder Surreales, würde man sie genau der Eigenschaft berauben, die sie so dringlich macht – ihrer Realität.«[192] Umso notwendiger ist heute die ästhetische Produktion anderer Imaginationsformen. Eine solche Produktion setzt bei der Denk- und Wahrnehmbarkeit an, welche bisherige Generationen der Moderne nachhaltig geprägt haben und von Grund auf neu gerahmt werden müssen.[193] Der erforderliche Schnitt bricht mit der diskursiven Tradition transformatorischer Kontinuität sowie vermeintlicher Stabilität und fordert radikale Alternativen ein, welche sich an den drei Feldern des Planetaren, der Metabolismen und der Skaleneffekte orientieren.

Jegliches Handeln, selbst als Diskursform in Wissenschaft, Gesellschaft und Politik, richtet sich an den Planetaren Grenzen im Hier und Jetzt aus. Und dies nicht nur als Zukunftsszenario, sondern als Handeln zugunsten einer Energieproduktion und Ernährung, welche den Metabolismus der Erde möglichst wenig tangieren oder sogar restaurieren. Richtschnur ist die Belastbarkeitsgrenze der Biosphäre und der damit verknüpften Geo-, Litho- und Atmosphäre angesichts der schieren Möglichkeiten des Menschen. Daraus leitet sich von den Ebenen des Denkens, der Wahrnehmung und des Handelns ein absolutes Gefühl von Dringlichkeit ab, welches alle wesentlichen Lebensbereiche prägt. Es resultiert aus der Perspektive der erdhistorischen Tiefenzeit, welche den zeitlichen Rahmen unserer Zivilisationsgeschichten sprengt.

Der Bruch mit herkömmlichen Strukturen wird nicht nur in der Gegenwartsliteratur lesbar, sondern an unterschiedlichen historischen Einsatzstellen – so zu Beginn des 19. Jahrhunderts, als sich in Folge der Französischen Revolution der Kalender als universelle Zeitmessung etabliert, welche die Errungenschaften des Holozäns *nolens volens* zu verewigen versucht (⊛ 4.2). Gleichzeitig kommt Hölderlins mythischer Aktualisierung der neolithischen Revolution und damit des Übergangs vom Pleistozän in das Holozän als Verlustgeschichte in unseren Tagen eine neue Dimension zu (⊛ 4.3). Der Einbezug der geohistorischen Revolution in Max Frischs kleinem Erzählwerk *Der Mensch erscheint im Holozän* kann ebenso als

Paradigmenwechsel zu einem neuen »realistischen« Erzählen gelesen werden (⊕ 4.4), während die Anthropologin Nastassja Martin und der Urner Arzt und Ethnograph Eduard Renner (fast ein Jahrhundert zuvor) das Holozän rückwärts verlassen – zurück in das Pleistozän, aber jenseits einer plumpen Rückkehr zur Natur (⊕ 4.5).

4.2 Nach dem Holozän: die Sinnentleerung des Kalenders

Mondphasen sind dem Nomaden und Hirten Taktgeber des Lebens. Schließlich sind helle Nächte ideal zum Weiden und Weiterziehen. Die siderische Kalenderzählung hingegen ist entscheidend für den Ackerbau, etwa für die Aussaat zum richtigen Zeitpunkt – im wiederkehrenden Lauf der Jahreszeiten. Darum handelt es sich beim heute gültigen Kalender nur noch scheinbar um eine Kompromissformel, bei der die zwölf Monate leicht gedehnt werden, damit sie ins tropische Jahr passen. Unsere Monate orientieren sich nicht mehr am Mondgang. Eigentlich ist nur noch die Oster-Regelung des Konzils von Nicäa aus dem Jahre 325 ein letztes Zugeständnis an das Mondjahr und damit an eine nomadische Lebensweise, die auf den Exodus des Volkes Israel verweist. Die Regelung des Konzils besagt, dass Ostern auf den Sonntag nach dem ersten Frühlingsvollmond zu fallen habe. So richtet sich der höchste christliche Festtag – bei bereits abnehmendem Mond – samt seiner Folgefesttage nicht nach dem siderischen Jahreszeitenlauf. Ostern, Himmelfahrt und Pfingsten bilden für uns keine Orientierung in Bezug auf die Vegetation. Osterglocken und Pfingstrosen sind ein kalendarischer Widerspruch. Dabei handelt es sich gewissermaßen um einen religiösen Sonderfall, um eine Ausnahme von der Regel, welche einer sesshaften Lebensweise ackerbaubasierter Zivilisationen entspricht. Und so greift der heute weltweit gültige Kalender auf eine Kombination von klimatischem und agrikulturellem Wissen zurück.[194] Wie sehr sich die jährliche Wiederholung von Vegetation und damit verbundener agrikultureller Tätigkeit in der Benennung niederschlägt, zeigen die archaisierenden Monatsnamen in den slawischen Sprachen, etwa im Kroatischen oder im Ukrainischen.[195]

Wo stehen wir heute, seit sich die klimatischen und damit agrikulturellen Eckwerte verschieben, weil man mehrere Wochen früher im Vergleich zum bisherigen Durchschnitt auf die Alp ziehen, Getreide aussäen und ernten muss oder die Obstbäume blühen und die Weintrauben reif sind? Oder noch verheerender: Was stellen wir an, wenn die sinnvollen durchschnittlichen Annäherungs- und Orientierungswerte, die sich alljährlich wiederholten, auf einmal unbrauchbar sind, wenn die bisherigen Taktgeber aus dem Takt geraten? Denn die Klimaerwärmung fällt gegen den Nordpol hin, u. a. wegen der sich verringernden Albedo des Nordpolarmeers, überproportional größer aus. Dadurch verringert sich die Temperaturdifferenz zwischen tropischer, gemäßigter und arktischer Zone. Der Antrieb der Höhenwinde – wie des in unseren Breitengraden bekannten Jetstreams – lässt nach. Diese Winde treiben Hoch- und Tiefdruckzonen nicht mehr regelmäßig weiter, sondern schlängeln sich zwischen diesen Zonen durch. Damit erhöht sich der Effekt der Klimaerwärmung zusätzlich. In den zu stabilen Hochdruckzonen wird es wie im Sommer 2021 in Nordamerika, in Südosteuropa und in Sibirien noch trockener und heißer. In den stationären Tiefdruckgebieten wird es noch feuchter, und es folgen längere und heftigere Starkniederschläge wie in Mitteleuropa, China oder Indien im selben Jahr. Diese Muster wiederholen sich zwar, durchkreuzen aber jegliche klimatische Stabilität und Prognostizierbarkeit im Sinne des Kalenders – weil die Hoch- und Tiefdruckzonen sich jährlich neu nach dem Zufallsprinzip verteilen. So erfolgte der Alpaufzug 2019 und 2022 wegen trockenen und schneearmen Winters einen Monat früher als bisher, 2020 hingegen wegen eines schneereichen Winters und Frühjahrs fast einen Monat später. Solche Amplituden und damit verbundene Extremereignisse, so verheerend sie für die Vegetationszyklen sein mögen, gehören zum neuen »klimatischen Regime«[196], in welchem – wie das in der Serie *Good Omens* (seit 2019) von Terry Pratchett und Neil Gaiman exemplarisch fiktionalisiert wird – jahreszeitkonformes Wetter als absolute Ausnahmeerscheinung figuriert, ja wie Hexerei wirkt.

Die bisherige Geschichtsschreibung war auf die jährliche Wiederholung angewiesen, auf eine Stabilität des Kalenders, von dem sich die Ereignisse der Menschheit wie technische Errungenschaften oder Kriege, aber auch Naturkatastrophen umso mehr abhoben. Erdgeschichtlich gesprochen, ist der Kalender das Resultat der klimatischen Stabilität des Holozäns. Wahrscheinlich hat der Einfluss des Menschen diese klimatische Stabilität erzeugt. Gleichzeitig hat diese Stabilität die Formen zunehmender Sesshaftigkeit während der letzten 10 000 Jahren ermöglicht. Wahrscheinlich handelt es sich um eine negative Rückkopplung, d. h. um eine *gegenseitige* Stabilisierung. Zum eigentlichen Erwärmungstreiber, welcher gegen den paläontologischen Trend des Pleistozäns Richtung Abkühlung infolge der Milanković-Zyklizität anhält, sind seit 8 000 Jahren Rodungen für Schiffsbau, Ackerbau und Viehzucht mit entsprechend höherem atmosphärischem Kohlendioxidgehalt und seit 5 000 Jahren zusätzlich der Reisanbau mit seinem hohen Methanausstoß zu zählen.[197]

Der Mensch als homo erectus der letzten zwei Jahrmillionen und dann als homo sapiens seit fast 300 000 Jahren, der sich gegen seine engeren Verwandten, wie z. B. gegen den Neandertaler vor rund 40 000 Jahren, durchsetzte, ist viel eher das Resultat seiner Anpassungsleistungen an die Klimaschwankungen des Pleistozäns zwischen längeren Eiszeiten und kürzeren Warmphasen – wie übrigens Ratten, Schweine und Gräser auch, »allesamt Spezies, die in der Lage sind, gestörte und labile Ökosysteme schnell zu kolonisieren«.[198] Das Natürliche des Menschen erklärt sich aus seiner evolutionären Sonderstellung, gegen seine Bedürftigkeit ohne schützendes Fell und mit langer Kindheit Maßnahmen ergreifen zu müssen: Kleidung, Feuer und sozialen Verbund. Doch daraus können wir nicht ableiten, dass der Mensch als Spezies in Zukunft überlebensfähig ist – abgesehen davon, dass er in erster Linie die klimatisch und geologisch stabilisierende Biodiversität inzwischen exponentiell beschleunigt vernichtet (⊕ 3). Er katapultiert sich nicht mehr, wie er es aus dem Pleistozän evolutionär gewohnt ist, zurück in eine Kaltphase bzw. Eiszeit. Von diesem Bedrohungsszenario hat er sich die entsprechenden Narrative gebildet, die bis in unsere Gegenwart reichen. Denken wir nur an das Schreckgespenst einer neuen Eiszeit, die man bis vor kurzem mit Klimawandel verbunden hat – noch im Katastrophenfilm *The Day After Tomorrow* (2004). Dieser Film geht zwar vom Szenario einer globalen Erwärmung aus. Doch der erhöhte Süßwasserabfluss durch das abschmelzende Grönlandeis stoppt den Golfstrom, wodurch auf der nördlichen

Hemisphäre eine Eiszeit ausbricht – was faktisch unmöglich sein wird (⊛ 3.6). Es scheint, als ob der durch die Moderne konditionierte Mensch noch nicht wirklich Hitzeszenarien durchspielen kann, obwohl wir uns mit einer »Heißzeit« konfrontiert sehen,[199] die den Erfahrungshorizont der letzten drei Jahrmillionen sprengt.

Wahrscheinlich ist die universelle Erzählung von der großen Flut noch als Residuum von Erwärmungen nach Kälteperioden mit ansteigendem Meeresspiegel im Pleistozän oder im Übergang vom Pleistozän in das Holozän vor 11 700 Jahren einzuordnen. Aber Szenarien, die bereits heute Realität sind und in welchen Teile der Erde wegen der Nachthitze unbewohnbar werden, haben wir als Spezies nicht in petto und somit weder in unserem kulturellen Gedächtnis noch in unserer DNA.[200] Das Kalendarische ist ein Produkt des Holozäns, und damit von Zivilisationen auf agrikultureller Basis. Es behauptet eine sich alljährlich wiederholende Stabilität in einer Epoche, in welcher sie ihm zu entgleiten beginnt. So markiert die Einführung des universellen Kalenders gleichzeitig seine Sinnentleerung am Ende des Holozäns und eines sich anbahnenden Anthropozäns, das wiederum ein Bewusstsein für eine Menschheitsgeschichte vor einer Zivilisationsgeschichte schafft. Als Gradmesser für dieses Bewusstsein kommen wir nun zu Verlustgeschichten, welche unsere Zukunft jenseits des Holozäns neu modellieren.

4.3 Hölderlins »Chiron«: die Klammer von Pleistozän und Anthropozän

Die Eröffnungsode von Friedrich Hölderlins *Nachtgesängen* (1804) heißt »Chiron«. Sie handelt vom Kentauren, in dem sich die verschiedenen Fähigkeiten und Wissensfelder der Menschheit in der Tiefengeschichte des Pleistozäns konzentrieren: Jagd, Medizin und Musik. In der Mischgestalt aus Pferd und Mensch steht Chiron für die Dualität des Menschen: für seine biologische Bedingtheit einerseits und seine zivilisatorischen Errungenschaften andererseits, für seine Triebhaftigkeit und Rationalität. Die 13 Strophen der Ode »Chiron«, das weitaus längste Gedicht des Zyklus von neun Gedichten, erfasst den Moment, in dem der Kentaur sterben möchte, getroffen vom giftigen Pfeil des Herakles. Die Sterblichkeit kann Chiron aber nur von Prometheus erhalten, den wiederum Herakles dafür befreien muss.[201] Ganz im Sinne der Aufklärung fragt Chiron nach dem Licht, welches für das Heraustreten des Menschen aus den Zusammenhängen seiner bisherigen Lebensbedingungen, der Nacht, steht.[202] Er beschreibt die eigene Zerrissenheit zwischen Licht und Nacht, sein Denken wird davon erfasst und erfährt einen Bruch im Versmaß.[203]

In den beiden folgenden Strophen beschreibt Chiron seinen prähistorischen Zustand im Pleistozän. Dabei besinnt er sich auf seine Jugend als Jäger und Sammler, wie er »Kräutern des Wald's« folgte und dem »Wild am Hügel« lauschte (Strophe 2). Darauf nimmt er wieder die Frage nach dem Licht auf und verzweifelt an der Zerrissenheit zwischen seiner eigenen Körperlichkeit und Beseeltheit einerseits und der historischen Zeit des Wartens andererseits, welche für Hölderlin mit dem Verschwinden der antiken Götterwelt zusammenfällt (Strophe 3). Dies bildet den Auftakt zur längsten Satzperiode des Gedichts über die Strophen 4 bis 6, zu einer fulminanten Kritik einer Zivilisation nach der neolithischen Revolution. Chiron lässt sich auf den Zyklus der Jahreszeiten ein. Dabei steht »Krokus« für Frühling, »Thymian« für Sommer und »Korn« für Herbst. Er wird sesshaft und orientiert sich nicht mehr am Mond, sondern am Jahreszyklus der Sterne, am siderischen Kalender. Den besseren Zustand des Pleistozäns hat er durch die Nutzbarmachtung von Ackerfläche im Holozän (»Und bei mir // Das wilde Feld entzaubernd«) und die nominalistische Objektivierung (»lernt' ich, / Aber das Nennbare nur«) verloren (Strophe 4). Den Sündenfall fortschreitender Zivilisation im Holozän, symbolisiert in der Vergiftung durch den Pfeil des Herakles, kann nur noch göttliche Erlösung rückgängig machen (Strophe 6).

An dieser Stelle, mit dem Einsatz der siebten Strophe, überzieht Zeus' kathartisches Gewitter das Land: »Dann hör' ich oft den Wagen des Donnerers«. Damit hält die Wende Einzug. Das Tagesereignis erhält seine Resonanz in der Nacht. Die Umschlagsstelle tritt im letzten Vers rhythmisch markant hervor: »Reiniget sich, und die Quaal Echo wird.« So kommt es zu einer akustischen Spiegelung von Chirons Verletzung durch Herakles' Pfeil. Auf diese Weise kommt dem Ohr eine Mittlerstellung zwischen Innen- und Außenwelt des menschlichen Subjekts, aber auch zwischen zivilisationsgesättigtem Holozän samt siderischer Ordnung und vorzivilisatorischer Tiefengeschichte des Pleistozäns zu. So wird das Kommen des »Retter[s]« in seiner Zerstörung hörbar, das »Unrecht« auf der Welt als »Stachel des Gottes« bleibt weiterhin unerklärbar (Strophe 10). Doch »die Erd' ist anders«. Und schließlich ist es die Natur selbst, welche Chiron wieder Heimat bietet. Die Rückkehr in die ursprüngliche Heimat des Kentauren, an seiner »Bäche Weiden« (Strophe 11), erweist sich als Aufbruch in die Zukunft, welche das Holozän hinter sich lässt. Der Prozess scheint in der zwölften Strophe des Gedichts abgeschlossen, Chiron zur Ruhe gekommen zu sein. Umso mehr löst sich die letzte, dreizehnte Strophe, welche wie angefügt erscheint, wieder von diesem Zustand. Die Zäsuren des alkäischen Versmaßes bieten keinen Halt. Es ist, als ob die exzentrische Bahn der Sonne selbst Taktgeberin einer stets wandelbaren Form wäre.

Was bedeutet Chirons Rückkehr zum Pleistozän, aus einer historiographisch verbürgten Zivilisationsgeschichte in eine prähistorische Tiefenzeit? Was bedeutet die Ankunft des Gottes, die Befreiung Chirons von seinen Schmerzen? Wenn die »Erd'« in der zehnten Strophe »anders« ist, kündigt sich eine Ahnung vom Anthropozän an, welche aber von einem postrevolutionären Idealzustand überdeckt wird, der wiederum auf eine Zeit vor dem Holozän zurückweist. Hölderlins Synkretismus macht es uns nicht leicht, dem Gedicht eine eindeutige Interpretation unterzuschieben. Das ist auch nicht nötig. Vielmehr lässt er uns ins Offene kommen, wo die Vorgeschichte des Menschen mit der Gegenwart eines sich ankündenden Anthropozäns zusammgedacht werden kann. Der Vorteil einer solch frühen Einsatzstelle unserer Analyse bei Hölderlin besteht darin, dass noch keine moderne Erzählform des Realismus Einzug gehalten hat, welche eine solche Klammer zwischen Pleistozän und sich ankündendem Anthropozän nicht zulassen würde. Kritischer wird es fast zwei Jahrhunderte später im spätmodernen Roman, dem Amitav Gosh Unangemessenheit der Erzählmittel unterstellt. Hier würde niemand danach fragen, wie Kontinente entstanden seien; ebenso würde sich niemand »auf einen Zeitenlauf von Tausenden Jahren beziehen«.[204] Im Reich der ernsten Literatur wirke ein solcher Zeitbezug absurd und kippe schnell ins vermeintlich Satirische. Angesichts des Klimawandels müsste sich aber die Literatur wieder mit »Kräften von unvorstellbarer Gewalt« auseinandersetzen, »die unerträglich engen Verbindungen über unermessliche Zwischenräume in Zeit und Raum hinweg herstellen«.[205] Hölderlin bekundet keine Mühe mit diesen Verbindungen, die Max Frisch in seiner Erzählung *Der Mensch erscheint im Holozän* aus dem Jahre 1979 wieder zaghaft herstellt.

4.4 Die Erdgeschichte holt die Geschichte ein

»Es sei gar kein Hang gerutscht«,[206] versichern die Dorfbewohner im Valle Onsernone, einem Ausläufer des Maggiatals, dem Protagonisten in Frischs Erzählung. Trotz tagelangen Regens stößt der Pensionist Herr Geiser aus Basel auf den Unglauben, dass je etwas geschehen könne, das die Existenz des Dorfes auslöschen könnte. Jedoch bedroht die Erosion, zwar »ein langsamer Vorgang«,[207] in ihrer immensen Wirkkraft die Talschaft: So habe die Maggia zur Jahrhundertwende »im Jahr durchschnittlich 550 000 Kubikmeter Geröll ins Delta« geschwemmt – und wie der Erzähler erstaunt feststellt: »[D]as sind 55 000 Eisenbahnwagen voll!«[208] In dieser bedrohlichen Lage entwirft der Erzähler ein Szenario, das die bisher nicht denkbare Katastrophe mit dem vorherrschenden gradualistischen Weltbild abgleicht, demzufolge sich Entwicklungen der Lithosphäre (oder allgemeiner: Entwicklungen im Zusammenspiel von Erd- und Klimasystem) wie Erosion immer nur allmählich vollziehen. Diese »Naturkräfte« sollen lediglich den Hintergrund der Erzählung bilden. Ihnen soll kein Ereignischarakter zukommen – geschweige denn ein katastrophischer. Dennoch weiß der Erzähler um den konditionalen Charakter der angeblichen Idylle. Die Katastrophe, ein Terminus aus der aristotelischen Poetik, welcher den dramatischen Wendepunkt nach unten markiert,[209] wird somit gerahmt. Das Framing spielt immer eine zentrale Rolle. Der Erzähler insistiert auf der Prekarität der Idylle, die nur unter zahlreichen Bedingungen zu haben ist, welche die einleitenden konditionalen Nebensätze markieren:

> Wenn die Sonne scheint auf seine Dächer aus Granit, wenn es nicht über die Traufen plätschert, wenn das alte Gemäuer nicht

> naß ist, wenn da nicht Pfützen sind und wenn es nicht überall tropft oder gurgelt und wenn die Sonnenblumen nicht geknickt sind, wenn sein Kirchturm in den blauen Himmel steht, wenn nur der Brunnen plätschert, wenn man nicht durch Rinnsale geht, wenn die Berge ringsum nicht grau sind, ist es ein malerisches Dorf.[210]

Der Erzähler verweigert sich einem kontinuierlich-linearen Narrativ, indem er ein eigenes Schreibsystem der Collage mit Lexikonschnipseln zur paläontologischen Tiefenzeit einführt. Diese hängt er an die Wand seines Hauses, um sich immer wieder daran zu erinnern. Damit entzieht er sich bekannten Erzählmustern, welche Kausalketten suggerieren. Vielmehr akzentuiert diese Erzählform die Unvereinbarkeit von anthropozentrischer und geohistorischer Beschreibung. Den Kipppunkt markiert mitten in der Erzählung die lapidare Feststellung: »Es sind die Hänge herunter gekommen.«[211] So wird die saubere Trennung von erleb- und erzählbarer anthropozentrischer Ereignisgeschichte und einer angeblich kaum wahrnehmbaren und latenten Entwicklung innerhalb eines gradualistischen Naturverständnisses unterlaufen. So kommt es zum Zeitenkollaps, ausgelöst durch den sich ankündenden Klimakollaps in den 1970er-Jahren.

Die im 19. Jahrhundert philosophiehistorisch gefestigte Unterscheidung von Menschheits- und Naturgeschichte, die Hand in Hand mit der Trennung von Natur und Kultur geht, wird radikal unterlaufen. Zwar folgen wir in Max Frischs Erzählung den scheinbar leicht verwirrten Gedanken des alten Witwers Geier, der tagelange starke Niederschläge im Tessin erlebt, diesen auf einer Wanderung auch zu entkommen versucht, dabei sein Leben riskiert und gegen seinen Gedächtnisverlust ankämpft. So wird der Erzählfluss ständig von Erinnerungen, Reflexionen und Notizen durchkreuzt und unterbrochen. Die Tiefenzeit wird nicht im bekannten Erzählmodus thematisiert, sondern als Schnipsel aus dem »Lexikon in zwölf Bänden«,[212] dem Großen Brockhaus aus dem Jahre 1953. Die Zeit ist allgegenwärtig – »weil sie in der ganzen Erdgeschichte nie stehengeblieben ist«[213] – und erscheint fast beiläufig in unterschiedlichen Facetten, so im wiederholten Einwurf des Dorfbewohners:

»Che tempo, che tempo«.[214] In der Mehrdeutigkeit und Gleichzeitigkeit von Periode, Zeitpunkt und Wetter im Begriff »tempo« spiegelt sich die anthropozentrische historische Beschränkung auf das laufende Geschehen.

Der Erzähler hingegen sieht den »Lehm unter den Tomaten« und das »Geröll im Salat« als Vorboten einer sich ankündigenden Katastrophe, bei der der ganze Hang abrutscht. Zudem gerät der durch die Schnipsel unterbrochene Erzählfluss in Wiederholungen: Das prägnanteste Beispiel dafür ist die Notiz, welche erste Anhaltspunkte für das Holozän gibt: »Am Ende der Eiszeit lag der Meeresspiegel mindestens 100 Meter tiefer.«[215] Dieser wird abschließend präzisiert mit der Datierung von Steinzeit und Jungsteinzeit.[216] Unkommentiert wird der Anstieg des Meeresspiegels antizipiert vom Sintflut-Ausschnitt aus Genesis 7, 17–24.[217] So durchzieht und durchbricht das Aufschreibesystem der »Notula«, in welchem sich der Gedanke kristallisiert und wieder abrufbar wird,[218] um dem Protagonisten einerseits Übersicht, andererseits Abrufbarkeit zu garantieren, die Erzählung.[219] Das Provisorische der Notiz wird zur Tiefenschicht und zum Rahmen der Erzählung der Erinnerung, in welcher Island als Landschaft erscheint, um in die Tiefenzeit abzutauchen, in eine »Welt wie vor der Erschaffung des Menschen«: »Mancherorts ist nicht zu erraten, welches Erdzeitalter das ist.«[220] So bilden erzählerische Zeitlosigkeit und Imagination einer erdgeschichtlichen Zeitlosigkeit den extradiegetischen Rahmen, der dennoch in die Erzählung eingebunden ist. Zugleich extrapoliert er diesen Rahmen in die Zukunft unserer heutigen Gegenwart des Anthropozäns: »Wenn das Eis der Arktis abschmilzt, so ist New York unter Wasser.«[221] Diese Stelle wird durch den Brockhaus-Eintrag Mensch (*homo, anthropos*) auf der Folgeseite ergänzt, worin die »Sonderleistung« im »Abstandnehmen zu der Welt« formuliert wird: »Der Mensch hat sich und seine Daseinsumstände, soweit die Überlieferung zurückreicht, als ein Rätsel empfunden; er ist sich selbst unausschöpfliches Thema kraft seiner Fähigkeit, sich (als das ›Subjekt‹) der Welt, in der er lebt (den ›Objekten‹) gegenüberzustellen«.[222] Die Trennung von Mensch und »Umwelt« ist somit auch die Ursache des hier noch ungenannten Anthropozäns. Gleichzeitig wird die Extrapolation in die Zukunft später wiederholt,[223] womit sich die Tiefenzeit dem alleinigen Erzählstrang der Erinnerung entzieht. Im Ausloten der Extreme werden zugleich die absichtslose Wirkmacht (Abschmelzen des arktischen Eises durch die Klimaerwärmung) wie die beabsichtigte Handlungsgewalt (fatale Objektivierung von Natur als reine Ressource) des Anthropozäns beim Namen genannt. So verabschiedet sich der Protagonist der Erzählung – und damit der Mensch – nochmals vom Holozän, in dem er so verheißungsvoll erschienen ist.

4.5 Nach dem Holozän vor dem Holozän

So unterschiedlich die folgenden beiden Beispiele auch sein mögen, so sehr artikulieren sie eine Alternative jenseits der problematischen Bezeichnung »Anthropozän«, welche dem Menschen eine inadäquate Handlungsmacht in Bezug auf biosphärische Prozesse zuspricht: Entweder traut man ihm im Sinne des Ökomodernismus zu viel zu (➲ 3.7) oder fällt in einen lähmenden Fatalismus angesichts der geologischen Wirkmacht. Diese literarisch-ethnographischen Ansätze sehen den Menschen als integralen Bestandteil seiner biosphärischen Lebenswelt, die im ersten Fall animistisch, im zweiten magisch geprägt ist. Während das animistische Weltbild die Belebtheit im Übergang zwischen Pflanzen, Tier und Mensch sieht, geht die magische Konzeption von einer ontologisch grundierten Belebtheit und Wirkkraft der »Dinge« selbst aus. Beide greifen aber auf eine nomadische Lebenswelt vor einer zivilisatorisch bedingten Sesshaftigkeit zurück. Es kommt zu einer Begegnung, welche das Holozän hinter sich lässt.

Die Anthropologin Nastassja Martin spezialisiert sich auf arktische Völker insbesondere in Alaska und – auf der anderen Seite der Beringstraße – auf der russischen Halbinsel Kamtschatka. Dort lebt sie mit den indigenen Ewenen zusammen, welche seit dem Zerfall der Sowjetunion wieder zurück in die Wälder gehen, um ihrer animistischen Lebensweise nachzukommen. Nastassja Martin begegnet nach einer Mehrtagestour im Hochgebirge einem Bären. Es kommt zu einem Überlebenskampf, den die Autorin nicht als diskursiv-ideologisch fassbares Ereignis abbuchen kann – »zu viel, um nicht sofort in das eine oder andere Denksystem eingegliedert zu werden; zu viel, um nicht von einem bestimmten Diskurs instrumentalisiert […] zu werden«.[224] Selbst die ewenischen Jäger und Jägerinnen sehen sich gezwungen, diesen Vorfall, bei dem der Bär einen Teil von Martins Kieferknochen herausbeißt und den sie knapp überlebt, im Mythos der »miedka« zu überformen. Seit der Begegnung ist Nastassja Martin für sie halb Mensch und halb Bär.[225] Ihre Leidensgeschichte bringt sie über eine Operation in einem ehemaligen sowjetischen Militärspital in ihr Geburtsland Frankreich zurück, wo drei Nachoperationen am entstellten Gesicht und Kieferknochen folgen. Das Rückgängig-Machen der neolithischen Revolution, die Konsequenz der Begegnung von Anthropozän und Pleistozän, ereignet sich in ihrem Körper. Sie nimmt aber keine Opferrolle ein. Vielmehr entscheidet sie sich, ihren Körper als Botschafter zwischen »entferntesten Gegenden« anzunehmen.[226] So zeugt er in seiner Entstellung von der Nähe zum »animischen Wesen«: »Seine Textur zeugt zugleich von einem Übergang und einer Rückkehr.«[227] So schmerzhaft die Begegnung zwischen Frau und Bär gewesen sein mag, so sehr wird sie zur Signatur eines neuen Weltverständnisses, apostrophiert als »Kuss«.[228]

Eduard Renner wiederum stellt in seinem *Goldenen Ring über Uri* (1941), in dem er Sagen und Gebräuche der Bergbauern und Alphirten im Kanton versammelt, eine Rückkehr zum magischen Weltbild fest. Die These, die er in seiner Einleitung aufstellt, geht davon aus, dass dank der Erschließung durch Passstraße und später durch die Eisenbahn der Getreideanbau im 19. Jahrhundert abgenommen hat. Dadurch konnten sich die Bauern vor Ort auf die Viehzucht spezialisieren und ein Weltbild weiterführen, das nicht an den Polytheismus der Sesshaftigkeit anschließt, sondern den Glauben an die Naturkräfte fortsetzt. Der neue Nomadismus der Dreistufenwirtschaft im jährlichen Auf-und-Ab zwischen Talsohle, Maiensäß und Alp kann es sich leisten, die Bedingungen des Holozäns zu verlassen. Die Modernisierung erlaubt somit eine nomadische Lebensweise, welche an den Kalender des Pleistozäns anschließt. Die moderne magische Sagenwelt bietet die Möglichkeit, neue Horizonte zu eröffnen und aus einer neuen Position die Errungenschaften einer sesshaften Lebensweise zu hinterfragen.

So stoßen wir auf exemplarische Erzählungen, welche das Holozän nicht mehr als Voraussetzung für die Existenz der Menschheit sehen. Darum ist die Unterscheidung zwischen Holozän und Anthropozän sinnvoll. In der Debatte um das Anthropozän wird weitgehend zwischen ökologischer Reflexivität, die bereits – wie im Falle Hölderlins – im ausgehenden 18. Jahrhundert einsetzt,[229] und erdsystemwissenschaftlichen Ansätzen unterschieden, welche sich einer systematischen Historisierung entziehen. Hier tut sich nur vermeintlich ein Graben zwischen Geistes- und Naturwissenschaften auf. Zum einen verweisen die Naturwissenschaftler Crutzen und Stoermer im Jahre 2000 auf eine Vor-Begriffsgeschichte des Anthropozäns, die in die zweite Hälfte des 19. Jahrhunderts zurückreicht, und lassen offen, ob der Beginn der neuen Erdepoche mit der Großen Beschleunigung der 1950er-Jahre oder mit der Patentierung der Dampfmaschine durch James Watt einsetzt. Zum anderen werden historische Ansätze, welche beispielsweise aus biologischer Sicht argumentieren, in beide Wissenschaftskulturen integriert: So sieht die These des *Columbian Exchange* die Entdecker der Neuen Welt ab dem 16. Jahrhundert lediglich biologisch im Vorteil, weil sie gegen Krankheiten Abwehrkräfte entwickelt hatten, welche die Indigenen Mittel- und Südamerikas nicht hatten und wodurch innerhalb der ersten hundert Jahre 90 Prozent dahingerafft wurden.[230]

Den Graben zwischen den Wissenschaftskulturen brauchen wir nicht weiter zu vertiefen. Vielmehr zeigt sich in der literarischen Spezifik die doppelte Gebundenheit an ihre Vorbilder in Genre und Erzählmuster sowie an zivilisationsbedingte Mythen. Wenn Literatur ein Bewusstsein für den »Clash of the two Calendars« und damit für das Ende des Holozäns formuliert und dazu ihre eigenen Bilder imaginiert, hebt sie eigene Verfahren des Genres oder der Fiktionalität vom vermeintlich stabilen kalendarischen Hintergrund ab. Gerade weil diese Stabilität von der Wiederholbarkeit astronomischer, klimatischer und agrikultureller Taktgeber abhängig ist, ist bereits ihre Thematisierung Symptom ihres Zerfalls. Erst hier kommt die erdgeschichtliche Epoche des Holozäns als Gesamtheit in den Blick und wird als Verlustgeschichte erzählt. Die Möglichkeit der Narrativierbarkeit markiert gleichzeitig das Ende dieser Epoche und eine Leerstelle, die als offene Wunde klafft. Das Ende des Kalendarischen wird somit zum Anfang des Anthropozäns, das einen systemischen Blick auf das Planetare und dessen Grenzen unabdingbar macht.

Dennoch können wir uns nichts vormachen. In der Erdepoche vor dem Holozän, im Pleistozän, richtete sich die Biosphäre und damit der Mensch auf ein Schwanken zwischen glazialen und interglazialen Perioden ein. Indem wir den Bereich des bisherigen »Atmens der Erde« verlassen haben, katapultieren wir die Erd- und Klimasysteme – befeuert von fossiler Verschwendung[231] und positiven Rückkopplungen (➲ 3.6) – in einen neuen, uns unbekannten Zustand von »Stabilität«. Sie wird sich über Tausende von Jahren auf einem massiv höheren Niveau von atmosphärischer Treibhausgaskonzentration und globaler Durchschnittstemperatur einpendeln. Die witterungsbedingten Extremereignisse und Ozeanversauerung werden anhalten und in ein neues »Atmen« nicht mehr zwischen Eis- und Warmzeiten, sondern zwischen Heißphasen und unerträglichen Hitzephasen münden. Diesen Kalender können wir uns heute selbst in den kühnsten Träumen nicht ausmalen.

4.6 Jenseits des Anthropozäns

Je nach Zeitskalierung geraten andere Zeitspannen in den Blick. Vergleichbar mit einer topographischen Karte, auf der beim Zoomen aus einer kleinen in eine immer größere Auflösung die Details verschwinden, ergeben sich aus einer hochaufgelösten Skala vierteljährliche Berichtsperioden, gefolgt von Jahresabschlüssen von Wirtschaftsunternehmen, dann von Zwischenwahlen und Legislaturperioden in der Politik bis hin zu Generationen, die einander ungefähr jedes Vierteljahrhundert ablösen. So spannt sich vor unserem inneren Auge die Geschichte menschlicher Kulturen auf, welche historisch und archäologisch rekonstruiert werden. Doch der heutige Einfluss des Menschen auf seine Lebenswelt und Lebensgrundlage katapultiert uns aus diesem kontinuierlichen Verfahren des zeitlichen Herauszoomens. Menschliches Handeln auf der kleinsten zeitlichen Ereignisebene von Berichts- und Legislaturperioden in unserer Gegenwart konfrontiert uns mit Zeitdimensionen, welche unseren historisch oder archäologisch dokumentierten Erfahrungshorizont übertreffen. Wir verlassen nicht nur das Holozän, sondern gleichzeitig das Atmen der Erde im Pleistozän. Die Frage nach Zeitskalen stellt sich somit als metahistorische und ist entscheidend für eine Zukunft weit über Zivilisationsdauern hinweg. Auch wenn die Erdepoche des Anthropozäns den Menschen als treibende Kraft in den Fokus stellt und sich dabei den Vorwurf des Anthropozentrismus einhandelt, sprengt die menschliche Wirkkraft jeglichen menschlichen Erfahrungshorizont. So eröffnen sich im neuen Zeitalter Tiefenzeiten, die sich weder auf einer individuellen noch auf einer soziopolitischen Skala messen lassen.[232]

Selbst die Frage nach dem Beginn des Anthropozäns kann nur aus metahistorischer Perspektive beantwortet werden, obwohl dafür historische Ereignisse angeführt werden. Ausschlaggebend ist die planetare Skala und damit die Frage nach dem Zeitpunkt, an dem der Mensch als Spezies diese einmalige geohistorische Wirkmacht zu entfalten beginnt. Zur Disposition steht die ganze Spannweite vom Beginn der Menschheit und der Ausrottung der Megafauna im späten Pleistozän vor Jahrtausenden (*Early Anthropocene*) bis zur Großen Beschleunigung der 1950er-Jahre – dargestellt in exponentiell gesteigerten Parametern.[233]

Wie wir bei Hölderlin in der Ode »Chiron« ein Bewusstsein für das Anthropozän *avant la lettre* festgestellt haben, so sinniert bereits Buffon in seinen *Epoques de la nature* (1778/1780) darüber, wie der Mensch das Klima beeinflusse. So sei das Klima in Frankreich deutlich milder als in Kanada in denselben Breiten, weil die Wälder einen kühlenden, Städte wie Paris hingegen einen wärmenden Effekt hätten. In Zukunft würden sich dank einer zusätzlichen Urbanisierung weitere Abkühlungen verhindern lassen.[234] Crutzen und Stoermer verweisen auf das ausgehende 18. Jahrhundert. Denn zunächst steigt die Klimagaskonzentration unmerklich und hat noch keinerlei Einfluss aufs Weltklima. Hingegen führen sie ein geologisches Argument an, wenn sie präzisieren: »About that time, biotic assemblages in most lakes began to show large changes.«[235] Ab 1800 legt sich zumindest in den Gewässern jener Regionen, in denen die kohlenbasierte Industrialisierung zu sauren und aerosolbelasteten Niederschlägen führt, eine bisher unbekannte Schicht von organischem Material ab.

Bereits 1972 weist Alfred W. Crosby in seiner Monographie *The*

Columbian Exchange darauf hin, dass die erste europäische Kolonialisierung ab der Frühen Neuzeit zu einem weltweiten Austausch von Krankheitserregern führte und wesentlich zur Dezimierung der Indigenen insbesondere in der Neuen Welt beitrug. Verbunden mit der neuartigen Monokultur in der Plantagenproduktion kann man den Beginn des sogenannten »organische[n] Anthropozän[s]«[236] bereits hier ansetzen. Auch Elisabeth Kolbert ortet den Beginn des Sechsten Massensterbens im 17. Jahrhundert und vergleicht diesen Faunenschnitt mit dem Ereignis, das an der Kreide-Paläogen-Grenze vor 66 Millionen Jahren unter anderem zum Aussterben der Dinosaurier geführt hatte (⊛ 5.2).[237] Je nach Fokus kann man den Beginn des Endes des Holozäns unterschiedlich ansetzen. Chakrabarty spricht von »plural beginnings«.[238] Es ist nicht in erster Linie eine Frage des Zooms, sondern der qualitativen Skalierung, welche die Art und Weise des menschlichen Einflusses auf die Überschreitung Planetarer Grenzen in den Blick nimmt. Es geht also mehr um die Präzisierung der Frage, in welcher Weise der Mensch mit der Biosphäre und dadurch mit der Geosphäre insgesamt interagiert. Das größte Problem liegt darin, dass sich der Mensch sich selbst hilflos ausgeliefert sieht.

So stellt sich Timothy Morton im Eingangskapitel »A Quake in Being« in seinem Buch zu den Hyperobjekten die Moderne als Titanic vor, die auf den Eisberg von Hyperobjekten prallt. Im Unterschied zu Bruno Latour, der den Menschen weiterhin in verschiedenen Formen von Aberglauben und Mythen gefangen sieht, erachtet Morton die Moderne als eine besonders naive Phase der Menschheitsgeschichte, in der wir uns von der Natur lösen zu können vermeinten. Die Hyperobjekte sind die Gespenster der Moderne. Sie erlauben uns kein reduktionistisches Denken mehr und konfrontieren uns mit Skalierungsproblemen: »They present us with scalar dilemmas in which ontological statements about which thing is the most real (ecosystem, world, environment, or conversely), individual become impossible.«[239] Gleichzeitig intervenieren die Hyperobjekte wie die globale Erwärmung als Realität auf einer mittleren Objektebene. Wir können uns diesem Objekt nicht entziehen. Es ist omnipräsent. Wenn ich den Zündschlüssel meines Autos drehe, verbinde ich mich mit der globalen Erwärmung: »Yet my turning of the key in the ignition is intimately related to philosophical and ideological decisions stemming from the mathematization of knowing and the view of space and time as flat universal containers (Descartes, Newton).«[240] Im Unterschied zu Ghosh sieht Morton den Entkopplungsdiskurs historisch nicht erst in einer geologisch induzierten realistischen Erzählweise, welche mit der Großen Beschleunigung verschärft wird, sondern bereits ein Jahrhundert zuvor in einer reduktionistischen naturgesetzlichen Abstraktion des 17. Jahrhunderts. Doch hier gilt es acht zu geben, das Kind nicht mit dem Bad auszuschütten.

Hannes Bergthaller kritisiert Mortons Beispiel, weil »zwischen individuellem Akt und globaler ökologischer Krise keine Beziehung direkter Intentionalität und Kausalität besteht – Wirkmacht, aber keine Handlungsmacht«.[241] Das Deutsche bietet uns zwar die Möglichkeit der Differenzierung der Agency, die Unterscheidung zwischen intentionaler Handlungsmacht, für die Verantwortung übernommen werden kann, und nicht-intentionaler Wirkmacht, sozusagen als Kollateralschaden der menschlichen Handlungsmacht und ihrer Aufsummierung.[242] Vielleicht müssten wir Morton trotz seiner übertriebenen Dramatik mit dem Hinweis darauf Recht geben, dass selbst die Unterscheidung zwischen Handlungs- und Wirkmacht auf die Cartesianische Trennung von Subjekt und Objekt zurückzuführen ist. Die Distanz zwischen mir als Wahrnehmungssubjekt und dem »Anderen« als Naturobjekt wird im Übergang vom 18. ins 19. Jahrhundert zementiert. Daraus ergibt sich der Zusammenhang einer frühen Moderne, die Morton im 17. Jahrhundert in den Blick nimmt, mit einem naturwissenschaftlichen Realismus des 19. Jahrhunderts, den Philosophie und Literatur zusätzlich befeuern.

Rücken wir die Agency ins Zentrum unseres Interesses an der Erzählung, müssen wir nach dem Verhältnis des Sublimen zur menschlichen Wirkmacht im Anthropozän fragen. In der Tradition von Burke und Kant ist die Erfahrung des Erhabenen mit Überwältigung und Schrecken verknüpft. Dadurch reduzieren wir uns als Betrachter und Betrachterinnen zur Bedeutungslosigkeit angesichts einer weit weg liegenden, unermesslichen und allmächtigen Natur. Gleichzeitig entziehen wir uns ihrer Wirkmacht, indem wir aus sicherer Distanz das Schauspiel betrachten. Im Anthropozän wird das Sublime reaktiviert – aber unter geänderten Vorzeichen: »[L]a terreur sacrée de la nature est transformée à une humanité colosse géologique.«[243] Das mathematisch Erhabene bei Kant findet sich in der Ästhetik der Gigatonne wieder, der Grundeinheit unserer globalen Kohlendioxidemission. Die Menschheit stößt plötzlich über ihre nicht-intendierte Wirkmacht in Dimensionen vor, welche bisher biologischen Prozessen von Jahrmillionen unterlagen. Fossile Energieträger wurden in der Karbonzeit vor mehr als 300 Millionen Jahren abgelagert, angelegt – und nun vom monströsen Energiehunger innerhalb einiger Jahrzehnte verschlungen. Aus unermesslich langsamen Prozessen wird ein gewaltiges Ereignis, welches Planetare Grenzen zur Makulatur des Holozäns werden lässt und der ganzen Biosphäre – damit auch den Menschen – die Lebensgrundlage entzieht.

Wir wissen, dass wir als Gesellschaft, welche auf ein bestimmtes Wirtschaftssystem angewiesen ist, diese Wirkmächte losgetreten haben. Mit Timothy Clark ist nicht die erste individuelle Skala, sondern die zweite Skala meiner soziohistorischen Einbindung entscheidend. Die Wirkmächte sind nicht einfach auf mich als Angehöriger der Spezies Mensch zu reduzieren. Vielmehr sind sie das Resultat meiner Lebensweise in einem spezifischen sozioökonomischen Kontext. Der kulturell antrainierte Reflex des Erhabenen zielt zwar darauf ab, diesen »delightful horror« zu genießen. Doch gleichzeitig zieht er eine Grenze zwischen mir als Individuum und mir als Bestandteil eines Größeren, eines energieintensiven, geschlossenen und für unsere Lebensgrundlagen zerstörerischen Systems (⊛ 3), das auf der dritten Skala größerer Zeithorizonte und planetarer Zusammenhänge seine fatale Wirkung entfaltet. Diese Trias aus individueller, sozioökonomischer und planetarer Skala wollen alternative Konzepte zum Anthropozän einfangen.

Der zentrale Gegenbegriff zum Anthropozän ist das Kapitalozän, 2015 vom Historiker Jason W. Moore eingeführt. Für seine Argumentation setzt er bei der kapitalistischen Ausbeutung in der Frühen Neuzeit an und schlägt den Bogen bis in die Gegenwart.[244] So legen heute Verfechterinnen und Verfechter der Klimagerechtigkeit den Finger zu Recht in die Wunde, dass nicht einfach der

»Mensch« für die Überschreitung Planetarer Grenzen verantwortlich gemacht werden kann. Im Gegenteil: Machtbeziehungen und ökonomische Ungleichheit in der Gesellschaft sind entscheidend. Seit 1990 hat das reichste Prozent doppelt so viel Kohlendioxid ausgestoßen wie die gesamte ärmere Hälfte der Menschheit.[245] Diese Diskrepanz lässt sich ausweiten: Zehn Prozent sind für mehr als die Hälfte der Emissionen verantwortlich, zwanzig Prozent für über 80 Prozent.[246] Dies verdeutlicht lediglich – trotz gegenteiliger Beteuerung aus der ökomodernistischen Ecke –, dass Kapital der Haupttreiber von Umweltzerstörung ist. Ob dafür lediglich die »kapitalistische Weltgesellschaft« verantwortlich gemacht werden kann, ist dennoch zu hinterfragen. So haben auch sozialistische Systeme im ehemaligen Ostblock wesentlich zu den historischen Kohlendioxidemissionen beigetragen. Es ist nicht der Mensch per se, der in der Verantwortung steht, sondern die Gesellschaft. Der Klimawandel ist nicht einfach menschengemacht (»anthropogen«), sondern von der Gesellschaft gemacht (»soziogen«).[247] Damit lässt sich das Individuum in seinem »Mensch-Sein« entlasten. Gleichzeitig können wir auf den in der Klimapolitik zentralen gesellschaftspolitischen Hebel verweisen. Umso größer ist die Verantwortung, welche die begüterte Weltgesellschaft trägt. Dazu gehören nahezu alle, die in der sogenannten entwickelten Welt leben.

Einen weiteren Alternativbegriff schlägt der emeritierte Professor für ökologische Ökonomie an der Universität Berkeley, Richard B. Norgaard, vor. Er spricht vom Ökonozän (Econocene) als Reaktion der Geosphäre auf eine hochgradig ideologisierte Ökonomie, die sich von den Lebensgrundlagen entkoppeln zu können meinte. So gelte es, die Koevolution von Ideologem und physikalischer Reaktion des Erdsystems zu verstehen, bevor nachhaltige Strategien nicht auf der Basis rein ökonomischer Faktoren, sondern der Interaktion zwischen sozialen und ökologischen Bedingungen entwickelt und implementiert werden.[248] Vergleichbar mit der bei Crutzen und Stoermer erwähnten Noosphäre soll das Ökonozän die Menschheit zu einem neuen Bewusstsein führen – einerseits für die zentralen Fragen des biologischen Überlebens, andererseits für eine erweiterte Wissensbasis, die nicht mehr nur ökonomisch getrieben ist. Dennoch scheint Norgaard die Idee nicht aufgegeben zu haben, dass eine sanfte Transition der Wirtschaft und der Lebensweise noch vor einem Kollaps möglich ist.

Einen ganzen Fächer an Alternativvorschlägen bieten Bonneuil und Fressoz in ihrer einschlägigen Monographie *The Shock of the Anthropocene* (2016) an. Eine besondere Stellung nimmt bei ihnen das Thermozän ein. Sie verbinden den zu hohen atmosphärischen Kohlendioxidgehalt mit der zu hohen globalen Durchschnittstemperatur und mit dem modernen Narrativ der Industrialisierung, welche Hand in Hand mit der metabolistischen Geschichte geht, die politisch, militärisch und ideologisch getrieben ist.[249] In diesem Zusammenhang stellen die Autoren die Verbindung zu den Weltmächten des 19. und 20. Jahrhunderts, zu Großbritannien und den Vereinigten Staaten, her und sprechen vom Anglozän.[250] Obwohl der Kohlendioxidausstoß in diesen beiden Machtbereichen im Vergleich zu anderen Weltregionen am höchsten war, sollte diese Bezeichnung nicht darüber hinwegtäuschen, dass die USA zwar immer noch Spitzenreiter in der historischen Emissionsbilanz von 1850 bis in die Gegenwart sind, jedoch nicht gefolgt vom Vereinigten Königreich und seinen ehemaligen Kolonien, sondern von der EU, China und der ehemaligen Sowjetunion – notabene Russland und Ukraine.[251] Der Begriff des Anglozäns ist somit zu unpräzise, um die ökonomische und gesellschaftspolitische Komplexität auf den Punkt zu bringen.

Hingegen wird der Faktenlage eine Bezeichnung gerechter, welche beim historischen Schnitt des Zweiten Weltkriegs ansetzt. Bonneuil und Fressoz sprechen von Thanatozän, vom Todeszeitalter, welches der eigentlichen Treiber der Klimakatastrophe im 20. Jahrhundert ist. Sowohl der Umstieg von der Kohle zum »mobilen« Erdöl im Zuge einer effizienten Kriegsführung und einer Neuausrichtung der europäischen Energieinfrastruktur beim Wiederaufbau als auch das bipolare Kräfteringen zwischen globalem Osten und Westen im Kalten Krieg schufen eine fatale Pfadabhängigkeit.[252] In Kombination mit dem Phagozän, einer hauptsächlich über den Konsum definierten Gesellschaftsform, kommt es zu einem Ressourcenverschleiß,[253] welcher die Planetaren Grenzen strapaziert und überschreitet sowie das Vernichtungspotenzial im Thanatozän nochmals verstärkt. Zwar basiert das Phagozän auf dem amerikanischen Modell einer historisch unvergleichlichen Wegwerfkultur. Doch spätestens im Zuge der Globalisierung seit den 1990er-Jahren scheint dieses Vorbild alternativlos zu sein und ist weniger als Machtinstrument des Anglozäns zu verstehen als vielmehr mit der Blindheit für biosphärische Abhängigkeiten zu vergleichen.

Deshalb sprechen Bonneuil und Fressoz auch vom Agnotozän, vom Zeitalter der Unkenntnis und Ignoranz,[254] unterfüttert vom Phronozän, das davon ausgeht, dass unsere Vorfahren ihre Umwelt immer schon im vollen Bewusstsein dessen, was sie tun, zerstörten.[255] Solange die Auswirkungen meines ungebremsten Konsums nur die anderen zu tragen haben und ich dafür keine Verantwortung zu übernehmen habe, kann ich mich getrost meiner ökologischen Reflexivität im postmodernen Modus widmen und damit meine Intellektualität unter Beweis stellen. »Awareness« ist noch lange keine Garantie dafür, mein persönliches Verhalten zu ändern. Sie könnte zumindest Anlass sein, das politische System im Hinblick auf die ökologischen Herausforderungen umzubauen. Die Frage ist nur, ob dieses politische System auf die fossilen Pfadabhängigkeiten zu reagieren weiß – wie sie durch gegenwärtige Kriegszonen in Europa besonders prägnant zu Tage treten – oder ob es auf bekannte Muster des Thanatozäns zurückgreift. Damit runden die Autoren das Begriffsangebot in einer nachvollziehbaren Argumentation ab.

Zwei weitere Begriffe verdeutlichen die Tendenz der ökonomischen und kulturellen, aber auch der biosphärischen Globalisierung zum Überschreiten Planetarer Grenzen: das Homogenozän und das Plantationozän. Während das Homogenozän in der Definition von Charles Mann alle Dinge an allen Orten gleich hervorbringt – unabhängig davon, ob es sich um Infrastrukturen, Lebens- oder Kulturformen handelt –,[256] steht im Plantationozän die ökologische Vereinheitlichung im Vordergrund, wie sie Anna Tsing in einem Vortrag beschreibt.[257] Hier werden Pflanzen zu Maschinen der Vervielfachung, die Biosphäre wird zur Ressource der Produktion des Immergleichen: zur Plantage, auf der Sklaven arbeiten. Der Blick wird aus Tsings anthropologischer Sicht vom Fabrikarbeiter der Industrie im Kapitalozän auf die natürlichen Ressourcen gelenkt, welche der Homogenität – und damit nicht nur dem ökonomisch-ökologischen Fortschritt, sondern ebenso dem Zerfall – unterliegen.

Mit den zitierten Alternativbezeichnungen für das Anthropozän, insbesondere mit Kapitalozän, Ökonozän, Thermozän, Anglozän, Thanatozän, Phagozän, Agnotozän, Phronozän, Homogenozän und Plantationozän rücken spezifische Erklärungsversuche für das Überschreiten Planetarer Grenzen in den Fokus. Gleichzeitig entstehen Parallelbegriffe, welche lösungsorientiert sind und auf die Interaktion und Integration von Mensch und Biosphäre abzielen. Als Gegenkonzept zu seiner Solastalgia, welche den durch Umweltzerstörung bewirkten Heimatverlust bezeichnet, entwickelt der Professor für Nachhaltigkeit an der Murdoch Universität in Westaustralien Glenn Albrecht das Symbiozän. Im Anschluss an das zerstörerische Anthropozän werden in dieser neuen Epoche Ideen und Praktiken zur gegenseitigen Unterstützung von Lebensprozessen entwickelt.[258] In eine ähnliche Richtung zielt Donna Haraways Epochenbegriff des Chtuluzäns, in dem Beziehungsnetze jenseits des Menschlichen im Hinblick auf unterschiedliche weltumspannende tentakuläre Mächte und Kräfte ausgespannt werden.[259] Es geht nicht um Absetzungsbewegungen und Differenzen, sondern um Verwandtschaften zwischen Bio- und Technosphäre. So ruft die Autorin in ihrer polemisch-rhetorischen Verve dazu auf, nicht weiter auf Reproduktion, sondern auf lebensfördernde Netze zu setzen: »Make Kin not Babies!«[260] Während Symbiozän und Chtuluzän auf Kopplungen bauen, greift Geoffrey West (⊛ 2.3 / ⊛ 3.5) auf das ökomodernistisch grundierte Modell der Entkopplung zurück und sieht die Zukunft des Menschen in der Stadt, welche in ihrer punktuellen Konzentration menschlichen Einflusses die Biosphäre weniger tangiert. Nach ihm müsste eine neue Epoche Urbanozän heißen.[261]

Die Debatten, welche Bonneuil und Fressoz ausgelöst haben, scheinen inzwischen in ruhigere Bahnen gelenkt worden zu sein. Alle zum Anthropozän alternativen Konzepte haben sich nicht nur als »Konfliktfeld von unterschiedlichen Narrativen«, sondern auch als inter- und transdisziplinäre Kristallisationspunkte wichtiger Debatten etabliert,[262] um den Zeitkollaps aus unterschiedlichen

Perspektiven in den Blick zu nehmen. Der Abschied vom Holozän, wie wir ihn in symptomatischen Lektüren erkundet haben, bietet sich dafür an, unser zerstörerisches Naturverhältnis als biosphärisch-menschliches Mischverhältnis positiv zu wenden. Denn der Mensch hat die kognitiven, technischen und vor allem imaginativen Möglichkeiten, seine Lebensgrundlage nicht nur zu erhalten, sondern zu verbessern. Dafür greifen wir nicht auf einen epochalen Begriff wie Symbiozän oder Chtuluzän, sondern auf ein räumliches Konzept der Hemorobien zurück.

5. Hemorobien

Hemorobie ist das Maß für den menschlichen Einfluss auf Ökosysteme. Sie wird in einer normativen Umweltethik verwendet, um den zivilisatorischen Störungsgrad der »natürlichen« Vegetation zu bestimmen.[263] Er reicht von »ahemeroben« unbeeinflussten Zonen über »mesohemerobe« dünn besiedelte Kulturlandschaften bis hin zu »metahemeroben« »Anthropotopen« urbaner Zentren, wo jegliches »natürliche« Leben fehlt. Hemorobie ist ein hilfreiches Konzept, um die Dichotomie von Wildnis und Kulturlandschaft zu überwinden, graduell zu differenzieren und in unterschiedlicher Auflösung zu kartographieren. Im Zuge überschrittener Planetarer Grenzen wird es immer fraglicher, wie der globale anthropogene Einfluss von Überdüngung, Klimaerwärmung oder Gewässerversauerung quantifiziert und sichtbar gemacht werden kann. Vergleichbar mit dem vorhergehenden Teil, in dem anhand ausgewählter Erzählungen der geohistorische Epochenwechsel thematisiert worden ist, gehen wir teilweise mit demselben Textmaterial der Frage nach, inwiefern die Trennung des Menschen von der Natur eine eigene Geschichte vorzuweisen hat und wo diese wieder aufgehoben wird, weil sich der Mensch seiner Lebensgrundlage nicht entziehen kann.

Mit großer Wahrscheinlichkeit war der menschliche Einfluss auf seine Umwelt seit dem Auftauchen des *homo sapiens* immer groß. Erinnern wir uns an die prähistorische Ausrottung der Megafauna (➲ 1.2) oder die Stabilisierung der globalen Durchschnittstemperatur im Holozän durch Reisanbau und Brandrodungen (➲ 4.2). Im Folgenden gehen wir den Spuren nach, warum Natur kein primäres Konzept ist, sondern als Kulturbegriff behandelt werden muss (➲ 5.1) und wie sich der Mensch zumindest diskursiv von dieser Natur abkoppeln konnte (➲ 5.2). Anhand von »Gletschergeschichten« können wir zeigen, inwiefern die Ästhetik um 1800 noch vom vermeintlich »ewigen Eis« profitiert, aber in unserer

Gegenwart definitiv an ihr Ende kommt (➲ 5.3). Schließlich gelangen wir zu einem gegenseitigen Erkennen und zu Mischungen im Zeitraum (➲ 5.4 / 5.5). Die kulturhistorischen Ausschnitte legen ein beredtes Zeugnis davon ab, dass Hemorobie nicht nur räumlich kartographiert werden kann, sondern ebenso zeitlich überformt und vom geohistorischen Kollaps erfasst wird. Um die Dichotomie und Eindimensionalität des umweltethischen Paradigmas zu überwinden, bietet es sich an, in Zukunft immer im Plural von Hemerobien zu sprechen.

5.1 Natur als sekundäres Konzept von Kultur

Der Gegensatz von Natur und Kultur hat eine lange Geschichte. Selbst aus der Perspektive einer *deep history* kann nicht eindeutig eruiert werden, wo sich der Mensch als Bestandteil der Biosphäre und wo als deren Gegenspieler versteht. Die Dichotomisierung zwischen dem/der Indigenen und dem zerstörerischen weißen Mann stößt von zwei Seiten an ihre Grenzen: Gerade in Mythen und Sagen wird – wie wir noch sehen werden – die Hybris des Menschen, sich über seine Lebensbedingungen hinwegsetzen zu wollen, und dessen Abstrafung thematisiert, indem die Geister und Wesen der Biosphäre zurückschlagen. Offenbar gibt es eine anthropologische Konstante, sich von den eigenen Lebensgrundlagen abkoppeln zu wollen. Umso entscheidender ist es, die Rückbindung an die Biosphäre, die biosphärische Abhängigkeit, als Kulturgut zu tradieren. Auf der anderen Seite weist auch eine »westliche« Tradition mythische Versatzstücke und Diskurse des Umweltschutzes spätestens seit der Romantik und somit seit Beginn der Industrialisierung auf. An der Vorstellungskraft einzelner Zivilisationen mag es also nicht liegen, vielmehr an der ökonomischen und sozialen Handlungsmacht, welche bestimmte Pfadabhängigkeiten schufen, die wir nicht mehr so rasch loszuwerden scheinen. So gilt es in der Analyse zu differenzieren, um nicht jeden Sachverhalt über einen Kamm zu scheren. Ansonsten bringen wir uns in *diskursive* Abhängigkeiten, welche die ökonomischen und sozialen Pfadabhängigkeiten zementieren.

Nichtsdestotrotz ist davon auszugehen, dass mit der neolithischen Revolution der Gegensatz von Kultur und Natur akzentuiert wurde. In dem Moment, in dem der Mensch einen höheren Energieumsatz für sein Leben benötigt (⊛ 2.3) und seine Acker-Kultur gegen die umliegende »Natur« zu verteidigen hat, greift eine agrarische Lebensweise auf eine Diskursform der Dichotomie zurück.[264] Aus dieser Sichtweise müsste man gleichwohl unterstreichen, dass der Rückgriff auf fossile Energieträger diesen Gegensatz zumindest partiell wieder hätte auflösen können. Die Bereitstellung von Energie durch die Biosphäre ist nur noch eine Option unter vielen. Umso erstaunlicher ist es, mit welcher Intensität noch heute Landwirtschaft betrieben wird. Natürlich steht diese Intensität im Zusammenhang mit der Ernährungssicherheit von Milliarden von Menschen. Doch letztlich ist sie das Resultat von Ineffizienz in der Produktion und Verwertung von Nahrungsmitteln. Dazu gehört in erster Linie die Fleischherstellung, aber ebenso der Irrsinn, mit Biomasse kinetische Energie für Mobilität, Elektrizität und Wärme zu erzeugen – mit dem Argument, Biomasse sei erneuerbar. Dieses Argument trifft nur zu, wenn alle Stoffkreisläufe innerhalb einer Frist von ein paar Jahren wieder geschlossen sind – was de facto selten der Fall ist, außer vielleicht in einer extensiven Weidewirtschaft, in einem nachhaltig bewirtschafteten Wald, der in Zukunft auch über lange Trockenperioden resilient bleibt, oder in einer kohlenbasierten Permakultur. Diese Beispiele zeigen, dass es äußerst schwierig ist, mit dem Eingriff in den Metabolismus der Biosphäre unseren enormen Energiebedarf auch nur ansatzweise zu decken.

Was bedeutet das metabolische Beispiel für Narrative, die wir spätestens seit der Industrialisierung pflegen? Bekanntermaßen hält Chakrabarty in den zitierten *vier Thesen* (2009) fest, dass die Trennung von Natur und Kultur insbesondere im (philosophie)historischen Denken zu Beginn des 19. Jahrhunderts verschärft wurde. Ebenso entwickelt die Kunst seit der frühen Neuzeit mit der Landschaft als stillgestellter Natur, die man sich vom Leibe hält und aus der Position des außenstehenden Beobachters betrachtet, ein Erzählmuster, das sich weiterhin hält. Es ist davon auszugehen, dass im Zuge dieses frühen Visual Turns auch die Literatur eine Entkopplung von Natur und Mensch vornimmt. Doch was bedeutet diese Entkopplung für das Verhältnis von literarischem Schaffen und Beschäftigung mit Natur? Noch im 18. und 19. Jahrhundert gingen Literatur und Naturwissenschaft Hand in Hand oder waren die Naturwissenschaften Teil eines viel weiter gedachten Literaturbegriffs – denken wir nur an Diderot, Goethe oder Darwin. Erst die Spätmoderne nimmt die »Reinigungsarbeit« (Latour 1991) vor,[265] Fiktion und Wissenschaft scharf voneinander zu trennen, während sich Science-Fiction zu einem von der ernsten Literatur abgespaltenen Genre entwickelte.

Hiermit hätten wir wieder den Kreis zu Amitav Ghoshs Kritik am realistischen Roman geschlossen, wobei die »radikalen Formexperimente des modernen Romans« – wie Eva Horn zurecht anmahnt – unterschätzt würden: Hier komme es zu einem Bruch mit »klassischen Gattungskonventionen« durch Verfremdung von Perspektiven und Textgattungen, unzuverlässige Erzähler, nicht-lineare Handlungsbögen und nicht-menschliche Protagonisten.[266] Ghoshs Hauptargument lautet nicht, dass sich der Roman per se nicht eigne, Natur als handelndes Subjekt beispielsweise in Form des Klimawandels in den Plot zu integrieren. Es gibt hingegen Faktoren, welche die literarische Erzählung im Anthropozän erschweren: so die Konzentration auf einen begrenzten Schauplatz, der sich dem globalen Kontext und den Planetaren Grenzen zu entziehen scheint. Ghosh verweist in erster Linie auf die Erzählliteratur der zweiten Hälfte des 20. Jahrhunderts, als »sich die literarische Imagination in genau der Periode radikal auf den Menschen zu fokussieren begann, in der das menschliche Handeln die Atmosphäre veränderte«,[267] insbesondere in der Großen Beschleunigung (*great acceleration*). Ghoshs Kritik richtet sich nicht nur auf den Realismus, sondern auf die Introspektion des Subjekts, auf seine innere Befindlichkeit, die nicht in den Blick bekommt, was mit seinen Lebensgrundlagen passiert und auf wessen Kosten es sein Leben führt. Somit geht es um das Framing des inszenierten Subjekts in Raum und Zeit.

5.2 Zu enge Framings von Raum und Zeit: Die Katastrophe wird eliminiert

»Der Schauplatz einer literarischen Erzählung« entspricht dem »vom Geometer vermessene[n] Standort«; und die »Verbindungen zur Außenwelt« treten »unweigerlich in den Hintergrund«.[268] Das rigide Raumframing lässt sich weniger auf die erzählende als vielmehr auf die dramatische Literatur zurückführen, deren klassisches Ideal in der Einheit von Handlung, Raum und Zeit liegt. Die örtliche Reduktion auf die Bühne oder den Schauplatz blendet den räumlich-planetaren Gesamtkontext aus. Dasselbe gilt für das Framing von Zeit: Die Skala wird soweit individualisiert und reduziert, dass die entsprechende Referenzierbarkeit auf planetare Diskontinuitäten entfällt.[269] Indem ich einen Prozess, der für seine Wahrnehmung in erster Linie von der Dauer und v. a. der Gleichzeitigkeit sowie vom Ineinander-Greifen unterschiedlicher Zyklen wie den unterschiedlichen Kohlenstoff-, Stickstoff- oder Phosphorzyklen abhängt,[270] auf einen Zeitpunkt reduziere, entziehe ich ihn meiner Aufmerksamkeit.

Greifen wir nochmals zurück auf Max Frischs *Der Mensch erscheint im Holozän*, so kritisiert der Erzähler genau die Schnittstelle von individualisierter Roman-Skala und scheinbarer biosphärischer Stabilität:

> Romane eignen sich in diesen Tagen überhaupt nicht, da geht es um Menschen in ihrem Verhältnis zu sich und zu den andern, um Väter und Mütter und Töchter beziehungsweise Söhne und Geliebte usw., um Seelen, hauptsächlich unglückliche, und um Gesellschaft usw., als sei das Gelände dafür gesichert, die Erde ein für allemal Erde, die Höhe des Meeresspiegels geregelt ein für allemal.[271]

Mit bemerkenswerter Präzision nimmt diese Bemerkung die scheinbar stabilisierte Erdgeschichte in den Blick. Auch Geologie oder Klima zeichnen sich durch Ereignishaftigkeit aus. Nur ist diese in anderen zeitlichen Skalen zu fassen. Amitav Ghosh zeigt in seiner Metareflexion die Beispiellosigkeit der Katastrophe anhand eines Tornados, den er im März 1978 in Nord-Delhi erlebte, und fragt sich, warum er ein solches Ereignis nicht in seine Erzählliteratur integrieren konnte. Er argumentiert, dass eine extreme Unwahrscheinlichkeit trotz allem Gradient von Wahrscheinlichkeit ist. Zwar nährte sich die Erzählliteratur *vor* dem modernen Roman aus

Unwahrscheinlichem. Dabei verweist er auf Erzähltraditionen, welche auf die Märchensammlung von *1001 Nacht* oder den *Decameron* zurückgehen. Doch das Charakteristische des modernen Romans bestehe gerade in der »Verschleierung der Ausnahmemomente«.[272] Der moderne Roman – unabhängig davon, ob es sich um die realistische Variante oder eine soziale oder individuelle Introspektion handelt – impliziert, wie schon in die Geschichtsphilosophie, einen stabilen Hintergrund, der das Naturkonzept der sich zu Beginn des 19. Jahrhunderts etablierenden Geologie übernimmt. Es korreliert mit der Annahme der Gradualisten, dass die »Natur« keine Sprünge mache, und stellt sich gegen jeglichen Katastrophismus, wie wir ihn aus der weltweiten Mythologie kennen. Die Geologie als Disziplin stößt an die Grenzen ihres Selbstverständnisses, als man in den 80er-Jahren die Katastrophe des Kometeneinschlags entdeckt, welcher u. a. zum Aussterben der Dinosaurier und so zum fünften Faunenschnitt geführt hat.

Sohn und Vater, Walter und Luis Alvarez, der Geologe, der sich mit Plattentektonik beschäftigt, und der Physiker, der einen Nobelpreis erhalten hat, publizieren einen Aufsatz zur extraterrestrischen Ursache für das Aussterben im Übergang von der Kreide zum Tertiär.[273] Darin zeigen sie auf, dass das letzte große Massenaussterben auf den Einschlag eines Asteroiden mit einem Durchmesser von zehn Kilometern zurückzuführen ist. Dieser Faunenschnitt vor 65 Millionen Jahren muss eine gewaltige Zäsur dargestellt haben. Geologisches Indiz zwischen Kreide und Tertiär ist dafür eine Lehmschicht, die viel Iridium enthält. Dieses Iridium kann nur extraterrestrischen Ursprungs sein. Luis Alvarez, der Geologe, welcher diese Lehmschicht an verschiedenen Orten auf der Welt entdeckt, kommt aus der Tradition einer Paläontologie, welche die gradualistische These vertritt. Umso mehr liegt es ihm daran, den *Science*-Artikel mit seiner Datenlage möglichst breit abzusichern.

Was in der außerdisziplinären Fachwelt und in Publikumszeitschriften wie eine Bombe einschlägt, stößt in der Paläontologie selbst auf Ablehnung. Sie kann sich ein solches geologisches Ereignis nicht vorstellen. Das Artensterben zum Ende der Kreidezeit muss in ihren Augen langsam vonstatten gegangen sein, obwohl bereits der Vater der Geologie, Charles Lyell, in seinen *Principles of Geology* (1830) von einer »Lücke« in der Artenentwicklungen spricht.[274] Auch Darwin schloss aus dieser Lücke kein plötzliches Ereignis, wie es eigentlich auf der Hand lag, sondern auf sehr lange zeitliche Zwischenräume, die nicht belegt werden können.[275] In der Paläontologie der 1980er-Jahre hält sich das Argument der langsamen Entwicklung hartnäckig. Die Impakttheorie eines Asteroideneinschlags spaltet die wissenschaftliche Community und erscheint manchen als »codswallop«, sprich: »Nonsense«.[276]

Die Unvorstellbarkeit eines plötzlichen Ereignisses in der Geologie, im Speziellen in der Paläontologie, konnte inzwischen revidiert werden, da sich weltweit die Indizien mehrten, welche das Impaktereignis belegen. Umso hartnäckiger erweist sich noch heute die Vorstellung des Gradualismus in der Tradition von Naturbetrachtung. Selbst wenn die Moderne ihm einen Strich durch die Rechnung gemacht hat, verfügt der Mensch eigentlich über das Wissen, um auf Katastrophen richtig zu reagieren, wie das Erdbeben von L'Aquila 2009 oder Hurrikan Catarina 2004 in Brasilen gezeigt haben. Während die Bewohner von L'Aquila instinktiv aus ihren Häusern geflüchtet sind, nur um auf Anraten der Behörden widerwillig zurückzugehen, was bei den folgenden Erdstößen zu hohen Opferzahlen geführt hat, glaubten die Brasilianer gar nicht, dass ein Hurrikan bei ihnen möglich sei.[277] Diese Beispiele zeigen zweierlei: Zum einen kann der Mensch durchwegs instinktiv die richtige Entscheidung treffen, wenn das Ereignis in seinen kulturellen Erfahrungshorizont passt. Zum anderen scheint er machtlos zu sein, wenn er auf Ereignisse zu reagieren hat, die nicht in seinen Erfahrungshorizont passen und deren Auslöser er selber ist. Offenbar preist sich der Mensch noch nicht korrekt als Wirkkraft in der Biosphäre ein, obwohl sich die Hinweise darauf – wie schon der Asteroideneinschlag vor 65 Jahrmillionen – unübersehbar verdichten.

5.3 Jenseits des Erhabenen: Gletscher und menschliche Wirkmacht

Zum einen dienen Eisbohrkerne von Eisschilden auf Grönland und der Antarktis dazu, Klimaentwicklungen der letzten Eiszeiten im Pleistozän als »Atmen der Erde« naturwissenschaftlich zu rekonstruieren (⊛ 2.2).[278] Zum anderen legen Texte über Gletscher aus den letzten dreihundert Jahren beredtes Zeugnis davon ab, wie wir uns als Menschen zu unserer Lebensgrundlage verhalten. Die folgenden kulturwissenschaftlichen Tiefenbohrungen veranschaulichen, wie Umwelt exemplarisch zwar kategorisiert, aber zunächst vom eigenen Leibe ferngehalten und in ein ästhetisches Framing der Erhabenheit eingepasst wird, bevor ihr in Form des Gletschers eine eigene Wirkmacht zukommt und der menschliche Einfluss in ihr erfahrbar wird. Wer ist nun Subjekt, wer Objekt? Oder jenseits dieser Kategorien: Welche Formen von Hemerobien werden in Gletschererzählungen erzeugt?

Wenn die Aufklärer Gletscher als »Eisgeburten« bezeichnen, so meinen sie nicht einfach Eisbrocken und das Ergebnis kalbender Gletscher, sondern vor allem auch *Kopf*geburten, angeregt von konkreter Erfahrung vor Ort, aber vor allem von bekannten Erzählungen und Denkmustern. Folgen wir der Beschreibung des Naturforschers Gottlieb Sigmund Gruner, der im Urner Schächental »fast aller Orten« – wie er 1760 schreibt – »auf ungeheure Eisthäler, Eisfelder und Gletscher« stößt, die er als »scheusßlich« bezeichnet: »Diese Eisgeburten von verschiedener Art sind den Anwohnern des Landes so gemein, dass sie sehr wenig darauf achten, und zwischen denselben kein Unterschied finden.«[279] Damit hebt sich der Naturforscher – wie er wohl meint – von den Einheimischen ab. Offenbar verfügt er über das Privileg, sich mit bis dahin unerforschten Gegenden zu beschäftigen. Die »Urnerischen Eisgebirge« würden uns »eben so unbekannt bleiben, als wenn sie in mitten Grönlands gelegen« wären,[280] hält Gruner lakonisch fest. Gleich zu Beginn seiner Gletscherschrift thematisiert er einen Gemeinplatz, den wir in der Wahrnehmung der folgenden Jahrhunderte nicht mehr wegdenken können: die Unbeschreibbarkeit der Gletscher. Es gäbe keine angemessenen Begriffe, so dass »dergleichen Schönheiten der Natur sich besser *fühlen*, als beschreiben lassen«.[281] Auf diese Unbeschreibbarkeit treffen wir fast hundert Jahre später in Adalbert Stifters Erzählung *Bergkristall.* Die sinnliche Erfahrung des Gletschers kulminiert dort in der Konturlosigkeit der Landschaft, im Oxymoron einer »einzige[n] *weißen* Finsternis«.[282]

Ein etwas jüngerer Naturforscher als Gruner ist Horace Bénédict Saussure, der Begründer der Glaziologie. In seiner vierbändigen Alpenbeschreibung *Voyage dans les Alpes* (1779–1799) nehmen die Gletscher ebenfalls einen hohen Stellenwert ein. Als Leiter der ersten wissenschaftlichen Mont-Blanc-Besteigung und -Ausmessung weiß er sehr wohl, wovon er spricht: »Wenn man diesen Hang hinaufsteigt, kommt man dem Gletscher sehr nahe und hat das Vergnügen, die schönsten Eispyramiden zu sehen.«[283] Zum einen rückt wie bei Gruner das Gefühl des privilegierten Betrachters ins Zentrum. Zum anderen erhalten die Gletscher eine zivilisationshistorische Entsprechung, welche eine Referenz für die Erhabenheit ausbilden werden: »die Eispyramiden«. In der *Kritik der Urteilskraft* (1790) vermittelt Kant zwischen Natur und Freiheit. Hier tauchen die Wahrzeichen der ägyptischen Zivilisation wieder auf: »Wer wollte auch ungestalte Gebirgsmassen, in wilder Unordnung übereinander getürmt, mit ihren Eispyramiden, oder die düstere tobende See, usw. erhaben nennen?«[284] Die Unbeschreibbarkeit, die Gruner konstatiert, ist das wichtigste Merkmal des betrachteten Gegenstands. Denn die »wahre Erhabenheit« müsse – so Kant weiter – »nicht in dem Naturobjekte« alias Gletscher, sondern »im Gemüte des Urteilenden« »gesucht werden« (ibd.). Das Interesse gilt somit nicht dem Gletscher, sondern dem *Betrachter* dieser »rohen Natur«.[285]

Es ist das »mathematisch Erhabene« und somit die »schlechthinnige Größe« in der Natur,[286] welche an Edmund Burkes Gefühl des Sublimen anschließt. Es entstammt dem Vermögen, etwas denken zu können, »das jeden Maßstab der Sinne übertrifft«.[287] Die Unbeschreibbarkeit des Gegenstands zeigt letztlich die Größe der Seelenstärke des Subjekts, das die Natur betrachtet:

> [I]hr Anblick wird nur um desto anziehender, je furchtbarer er ist, wenn wir uns nur in Sicherheit befinden; und wir nennen diese Gegenstände gern erhaben, weil sie die Seelenstärke über ihr gewöhnliches Mittelmaß erhöhen, und ein Vermögen zu widerstehen von ganz anderer Art in uns entdecken lassen, welches uns Mut macht, uns mit der scheinbaren Allgewalt der Natur messen zu können.[288]

Es ist eine sonderbare, aber bemerkenswerte Auffassung: Unsere gedankliche Macht und unsere Seelenstärke gewinnen wir im schaurig-entzückenden Anblick des für uns sinnlich Unermesslichen, unter der doppelten, aber widersprüchlichen Bedingung, uns als Betrachtende einerseits in Sicherheit zu wiegen, andererseits uns mit der »*scheinbaren* Allgewalt der Natur« zu messen.

Kant lässt mit dem »Scheinbaren« durchblicken, dass die Natur vielleicht allgewaltig scheint, sie es aber deshalb nicht sein muss. Die Gletscher lassen sich somit – auch aus Kants Sicht – trotz der Prämisse der Unbeschreibbarkeit beschreiben und messen. Zum einen greift Kant hier einem durchwegs auch martialisch grundierten Alpinismus des 19. und 20. Jahrhunderts vor, der Wände erklimmt und Gipfel erstürmt und sich so den Naturraum par excellence zu eigen macht.[289] Zum anderen spiegelt er implizit das Gefühl des oder der Betrachtenden zurück auf den Gegenstand. Denn der Gletscher selber könnte auch Träger und Ausgangspunkt dieses unheimlichen »delightful horror« sein – und dies gerade in doppelter Weise einer Gefahrenerzählung: Der Gletscher bedroht uns Menschen. Aber auch: Wir Menschen bedrohen den Gletscher. Der Kipppunkt zwischen dem Gletscher als Natursubjekt bzw. dem Menschen als Naturobjekt und vice versa findet im Diskurs der Sublimität seine erste Referenz.

Die Probebohrungen in der Literatur des 20. Jahrhunderts verstärken diesen Trend zur Subjektivierung in die eine oder andere Richtung. Geradezu exemplarisch treffen wir auf den Gletscher als handelndes und den Menschen bedrohendes Wesen in Ramuz' Roman *La grande peur dans la montagne* (1925). Diesen Roman versteht man am besten vor dem Hintergrund der Volkslied- und Sagensammlungen, welche in der ersten Hälfte des 20. Jahrhunderts einen neuen Höhepunkt erreichten. Ziel dieser Sammlungen war nicht nur das Nation Building, sondern ebenso die Bewahrung des Volksguts vor seinem Niedergang angesichts der Modernisierung sämtlicher Lebensbereiche. Ramuz selbst war noch Zeuge dieser Sagen, welche man sich in den Walliser und Waadtländer Alphütten ums Feuer sitzend erzählte. Ihm geht es aber weder um Nation Building noch um Konservierung, sondern um eine Weiterentwicklung und Übersetzung dieser Sagenwelt in das Lebensgefühl der Moderne. Der Schriftsteller müsse erfinden und entdecken.[290]

Ramuz' Roman spielt in einem Bergdorf, dessen Bevölkerung durch eine Wasser- und Schlammlawine ausgelöscht wird. Ausgelöst wurde diese Lawine durch den Bruch einer Wasserblase im Gletscher. Diese Katastrophe beschließt eine Reihe von Ereignissen, bei denen sich die jungen Dorfbewohner gegen den Willen der Alten um eine vor Jahren verlassene Alp bemühen und eine Seuche unter den Rindern ausbricht – mit Quarantäne und allem Zwist. Bei der Lektüre des Romans kann man sich des Gefühls des Unheimlichen nicht erwehren. Nicht nur, weil man nicht weiß, welches Unglück als nächstes hereinbricht. Ramuz inszeniert – angelehnt an die starr-dynamische Topographie des Gletschers – ein erzählerisch unsicheres Gelände: So kippt man unvermittelt aus der sicheren Distanz eines realistischen Erzählers mitten ins Geschehen, wie es ein Hirte erlebt, und weiß nicht, wo einem der Kopf steht, was man glauben kann oder nicht. In diesem unsicheren Erzählsetting, das die Literaten in Paris gleich erzürnte wie faszinierte, erhält der Gletscher Handlungsmacht – wie wir ihn durch den Blick des jungen Älplers Joseph sehen:

> Als Joseph den Kopf hob, verlöschte das Rosa auf dem Gletscher, der in seiner ganzen Länge blass wurde, während er sich vorwärts zu bewegen schien und einem entgegenkam. Er schien euch mit einer bösen Farbe entgegenzukommen, einer scheußlichen blassen und grünen Farbe; und Joseph wagte nicht mehr hinzusehen, er begann noch schneller zu gehen und senkte den Kopf.[291]

Joseph sieht den Gletscher als böses Wesen. Und als Joseph zum Schluss seinen Blick senkt, sieht man ihn von außen. Ein allwissender Erzähler fährt mit der Geschichte fort und verleiht so dem Gletscher eine allgemeine Handlungsmacht. Die Angst vor dem Gletscher sitzt mir als Leser geradezu im Nacken. Ramuz' Erzähler lässt uns nicht nur über Joseph den Gletscher *betrachten*. Vielmehr *hört* Joseph Steine rollen und den Gletscher husten, als habe er Asthma. Ihm kommt die Qualität eines Lebewesens, eines Menschen zu. Das Krachen und Bersten des Eises bildet den eigentlichen Referenzpunkt des Erzählens bis in unsere Gegenwart. Just an dem Punkt kippt der Gletscher von der aktiv-rächenden Rolle, wie wir sie aus Legenden kennen, in die passive Rolle des Leidenden. Das Akustische eliminiert die Distanz des Erhabenen zwischen mir als betrachtendem Menschen und dem Gegenstand der Natur, dem Gletscher. Ich werde selber zum Mitleidenden.

Lediglich im Abklatsch des alpinen Tourismus scheint noch ein Gefühl von Erhabenheit im Sinne der Unbeschreibbarkeit durch, das man sich vom Leibe hält. In Ludwig Hohls Erzählung *Bergfahrt* aus dem Jahr 1975 wird dieses Gefühl zwar noch herbeizitiert, doch gleichzeitig hinterfragt – angesichts der menschlichen Möglichkeiten, beispielsweise des Fliegens. Es macht daher keinen Sinn mehr, von »schauerlichen, von grauenerregenden Abgründen zu reden«.[292] Der Mensch hat sich seit der Spätaufklärung auf ein zigfaches Energie- und Handlungsniveau gehoben. Selbst die Alpen mit ihren Gletschern erscheinen – so Ludwig Hohl weiter – vom Verkehrsflugzeug aus nur noch als »Abstraktion«, wie eine Landkarte. Die Landschaft ist weder visuell, geschweige denn akustisch erfahrbar: »Oder wie oft ist es vorgekommen, dass einer beim Anblick einer Landkarte von Schwindel erfasst das Haupt auf den Tisch fallen ließ?«[293] Das Verschwinden der Hochgebirgsgletscher bis zum Ende des 21. Jahrhunderts ist mit großer Wahrscheinlichkeit nicht mehr aufzuhalten.[294] Im Moment sind sie noch Archive des Klimas vergangener Zeiten und bringen Dinge zum Vorschein, die verschwunden waren. So beschreibt Ulrich Becher in seiner Erzählung *Murmeljagd* aus dem Jahre 1969 den »Ötzieffekt« *avant la lettre.* Er trifft dort auf einen vor einem Jahrhundert verschollenen Kurgast – »[f]abelhaft konserviert« in der Mode seiner Zeit.[295]

Noch halten uns Gletscher Latenzen offen und verweisen auf eine Zeitauffassung jenseits eines banalen Zeitstrahls, der von der Vergangenheit in die Zukunft reicht. Gletscher vergegenwärtigen Vergangenheit in der Zukunft, unterwandern temporale Linearität, wenn sie – wie es im *Erste Erde Epos* (2016) von Raoul Schrott heißt – »in an- und hochlaufenden geschieben / moränen · schleifspuren […] · findlingen · […] herangeflösstem geröll« Zeugnis abgelegt haben werden. Wir sind »das[,] was das eis hinterlassen hat«.[296] So sind die Gletscher Mahnmal der Zeit und hinterlassen

Spuren der Sehnsucht nach dem verlorenen Paradies, wie es im Corona-Album *Pass. Ministry of Good Vibes* (2021) von Dodo Jud, einem der bekannteren Schweizer Reggae-Sänger, im Lied »Gletscher!« in der ersten Strophe heißt: Er sei das erste Mal auf einem Gletscher gewesen. Dabei habe es ihm den Boden unter den Füßen weggezogen. So schnell schmelzen sie, die Gletscher. Wo vor hundert Jahren noch ewiges Eis gewesen sei, sei heute ein kleiner See und morgen ein Erholungsressort. Dieses Lied ist eine Hymne an Mutter Erde. Immerhin hat es im Jahr 2021 eine Zeitlang Platz Eins der Schweizer Hitparade belegt. Die Ewigkeit des ewigen Eises kommt hier an ihr Ende und entwickelt eine eigene Dimension: Besungen wird die schmerzliche Schönheit zwischen tropischer Paradies-Erfahrung und Tod.[297] So werden die Gletscher – hier der Rhone-Gletscher – zum Signum menschlicher Wirkmacht, welche ihnen den Todesstoß versetzt.

Warum hat Kant das Bild der Eispyramiden derart wirkmächtig beschworen? Offenbar ist selbst der Erhabenheit nicht einfach die »rohe Natur« (wie Kant festhält), sondern die menschliche Zivilisation zumindest im Bild der ägyptischen Pyramide eingeschrieben. Die gewaltigen Kräfte, welche unsere Zivilisation mit der Industrialisierung entfesselt hat, wollen wir uns noch immer vom Leibe halten, in der Annahme, sie wären aus sicherer Distanz betrachtete Natur und könnten uns nichts anhaben. So mag Kant mit seinem Bild zumindest geahnt haben, dass wir in nicht ferner Zukunft die geologischen Haupttreiber sein werden – hat doch James Watt seine Dampfmaschine, welche die Industrialisierung und die Nutzung fossiler Energieträger antreiben wird, zwanzig Jahre vor Kants *Kritik der Urteilskraft* patentiert. Damit erhält der Erhabenheitsdiskurs eine neue Wendung – weg von der Natur, hin zu komplizierten Hemerobien. Adorno hält in seiner *Ästhetischen Theorie* fest, dass über das Erhabene der »Natur« der menschliche Geist weniger »seiner eigenen Superiorität gewahr [wird] als seiner Naturhaftigkeit«.[298] Das Sublime wird zum Symptom für das Nicht-Repräsentierbare.[299] Zwar wechseln wir nun von den Gletschern in die Berge, die ebenso Sinnbild einer überhöhten Natur sein können – jedoch mit einem kürzeren historischen Vorlauf im 20. Jahrhundert, verbunden mit der Frage, was wir aus der Einsamkeit des Menschen in Bezug auf sein Verhältnis zur Biosphäre lernen können.

5.4 »Die Berge brechen zusammen«: die große Einsamkeit des Menschen

Wir schreiben das Jahr 1932.[300] In einer Nummer des nationalsozialistischen Wochenblatts *Illustrierter Beobachter* stoßen wir auf eine Apologie großer Einsiedler. Sie liest sich als *Who is Who* der Religionsgründer und Reformatoren wie Zarathustra, Christus, Mohammed oder Luther und kulminiert in der Deutschen Kunst und Philosophie – in Beethovens Aufbegehren gegen seine eigene Taubheit und in Nietzsches »freundloser Einsamkeit«. Die Einsamkeit sei heute eine andere, hält der Verfasser des Artikels fest. In der expliziten Absetzung von der historischen Kontinuität ist die Zeitdiagnose kurz vor Hitlers Machtübernahme symptomatisch auch für unsere Zeit – wahrscheinlich weniger für die politische Lage als für ein allgemeineres Gefühl des Verlustes und der Entfremdung. Dabei spielen die Berge als Marker der erhabenen Abgeschiedenheit eine zentrale Rolle. Im Wortlaut der nationalsozialistischen Illustrierten sind es die »überhasteten, entnervten Grossstädter«, welchen »die majestätische Einsamkeit der Berge« »wenig verlockend« erscheine.

Die Verschränkung von spätnaturalistischem Vitalismus und positiver Vertikalspannung findet sich zur Jahrhundertwende exemplarisch in der Straßburger Moderne eines Ernst Stadler:

> O Berge, Berge der Einsamkeit
> Da ich im Tal wandelte, wie war ich schwach,
> Unfrei und unfroh. Nun jauchzt meine junge Seele
> Im goldenen Morgenduft, da purpurn alle Spitzen.

Das Gedicht heißt »Ex aetheribus« (1903). Zum einen spielt es auf das Pfingstwunder an, aus den Lüften gesprochen, und beschreibt sich selber in Abhängigkeit von den Bergelementen in ihrer olfaktorischen und akustischen Flüchtigkeit. Es beginnt mit den Worten »Den Duft der Gletscher möcht' ich in meine Verse schmieden« und schließt mit: »Goldenem Flammenton gleich brause euer Atem (ihr Berge) durch meine Gesänge«. Zum anderen weist der Titel weit über die Autopoetik des Gedichts hinaus. Er verweist auf die Atmosphäre und damit auf das eigentliche Lebenselixier der Biosphäre, in welche die Berge, Pflanzen oder Tieren gleich, hineinragen. Systematisiert man die religiösen Funktionen, so werden die Berge nicht nur Lebewesen gleichgesetzt und sind nicht nur Sitz der Götter. Vielmehr beinhalten sie die überlebenswichtige Ressource Wasser, sind Wettermacher und zeugen par excellence von der Beseeltheit der Natur.

Nach dem Ersten Weltkrieg fragt die erstmals zerstörte Moderne intensiv nach den Naturgewalten. Dafür steht exemplarisch Alfred Döblins Monumentalwerk *Berge, Meere und Giganten* aus dem Jahre 1924. Es beschreibt die Menschheitsgeschichte zur Mitte unseres Jahrtausends. Hier werden die Naturkräfte entfesselt. In prophetischer Weitsicht des Romanciers sehen wir das Festland Grönlands abschmelzen und die Kolonisation neu ergrünter Gebiete. Der Roman handelt nicht mehr von der Einsamkeit des vereinzelten Menschen, sondern von der Einsamkeit der Menschheit insgesamt. Sie tritt – wie in der Apokalypse nach der Ausgießung der siebten Zornschale – mit dem Untergang der Inseln und Berge ein. Hier kommt jene große Einsamkeit der Menschheit zum Vorschein, die sich ihrer Atmosphäre, ihrer eigenen Lebensgrundlage entfremden, ja entledigen will. Vielleicht war die Menschheit 1932 an dem Punkt, an dem sie *diese* Einsamkeit hätte wahrnehmen können – ohne die Flucht in eine genozidale Ideologie antreten zu müssen.

Einen weiteren Fluchtpunkt bilden die Berge im erwähnten Überlebensbericht der Ethnologin Nastassja Martin (➲ 4.5). Traum und Erinnerung durchmischen sich – wie sie nach dem Biss des Bären einer französischen Psychologin rapportiert. Es sind »die Wochen und die Stunden, die dem Kipppunkt [ihres] Lebens vorausgegangen sind«.[301] Ihre Geschichte lässt sich räumlich als geologische Geschichte erzählen. Den tagelangen Strapazen im Hochgebirge zwischen den Vulkanen Kamen und Kljutschewskoj, zwischen Eis- und Felschaos der anorganischen Natur, der letzten Gletscherzunge entkommen, möchte sie allein sein, nicht mehr im Gefolge ihrer Kollegen und derer Diskurse über die erhabene Natur im Hochgebirge. Auf der Hochebene, »Gletscher- und Vulkanhölle« hinter sich, eilt sie dem Wald zu und vergisst die Gefahr. Die Sehnsucht nach den Jurten der Ewenen wird – wie wir wissen – jäh unterbrochen.

Sie meint einen nahtlosen Übergang von der unbelebten in die belebte Natur, vom Hochgebirge hochalpiner Flora in den Wald zu erleben und unterschätzt dabei die Belebtheit per se. Die Übergänge weisen einen Skaleneffekt auf. Es ist die Begegnung mit dem Leben selbst, mit dem Gegenüber, dem Bären. Wenn die Ethnologin ihre Aufgabe im Kontext sieht, der Entfremdung zu entkommen, die »unsere Zivilisation erzeugt«, so steht auch ihre Begegnung mit dem Bären im planetaren Kontext. Der Bär markiert die Schwelle zu einem anderen Leben. So sehr ihr persönliches Leben geregelt erscheint, so sehr spürt sie als Erzählerin der Begegnung einen körperlichen Widerstand. Es bohrt etwas, nagt im Bauch, »dass vielleicht ein Zyklus zum Ende kommt«.[302] Was der Individualpsychologie entgleitet, ist der Weltzustand selbst, der sich im sogenannten Individuum zeitigt. Es ist »die Beschleunigung der Katastrophe«, welche sie zwingt, »sich an die Berge [zu] klammern«: »Ja, und das Schlimmste ist: Sogar die Berge brechen zusammen. Mangels Kohäsion, wegen der Eisschmelze, wegen der Erderwärmung.«[303] Mit den schwindenden Gletschern und dem Zusammenbruch der Berge, der die Gebirge nicht zum Verschwinden bringen wird, kommt nicht nur ein apokalyptisches Bild auf, sondern auch eine Möglichkeit neuer Mischverhältnisse des Menschen mit seiner biosphärischen Lebensgrundlage, eine Möglichkeit der Begegnung und des gegenseitigen Erkennens.

5.5 Gegenseitiges Erkennen in der körperlichen Erfahrung

Nastassja Martin versteht sich als Ethnologin, welche sich grundsätzlich mit dem Anderen beschäftigt. Inwiefern das Andere mit dem Eigenen zu tun hat, liegt in der Definitionshoheit der Wissenschaft und ihrer Legitimation. Die vom Bären zerbissene Frau perspektiviert die Fremde durch ihre Mutter, welche sich sorgt, wenn ihre Tochter in Alaska, in Kamtschatka, in den Bergen unterwegs ist.[304] Die Mutter weiß, wie ihre Tochter »von dieser anderen Welt« »aufgesogen« zu werden droht.[305] Doch die Begegnung mit dem Bären ist nicht die Bestätigung der Andersheit der Natur, sondern der biographische Wendepunkt der Autorin. Die Begegnung ist aus der Perspektive des Wenen Wassja und für die Ethnologin selbst Sinnbild für die Reversibilität zivilisatorischer Prozesse. Das Zusammentreffen zweier Erdzeitalter, des Anthropozäns, vertreten durch die Autorin, und des Pleistozäns, der Epoche vor der Sesshaftigkeit des Menschen, welche der Bär verkörpert, steht für die »größtmögliche Nähe« der an sich »radikalen Alterität«.[306] Es ist bezeichnend, dass die Galionsfigur Kopernikus für diese Reversibilität steht, hat doch er als einer der Ersten darauf hingewiesen, dass sich die Erde anders dreht, als wir wahrnehmen: »Die Menschen sind aus den Höhlen und Wäldern herausgekommen, um Städte zu bauen, aber manche kehren wieder in den Wald zurück.«[307]

Reversibilität verweist auf den Zeitfaktor. Macht- und Alteritätsverhältnisse sind nicht für immer stabilisiert bzw. weisen nicht immer in eine Richtung der Entwicklung. Indem Nastassja Martin die Tiefenzeit der Menschheitsgeschichte in ihre Rechnung aufnimmt, unterläuft sie ihren vermeintlichen Identitätsverlust, den sie durch die Entstellung ihres Gesichts erlitten hat, wie ihr die Psychologin in Frankreich unterstellt. Letztlich ist es die Entität des Körpers, welche von vielfältigen Wesenheiten bevölkert wird und so das Konzept der Identität obsolet werden lässt.[308] Es sind andere Welten, Traumwelten, welche ebenso Eingang finden und Begegnungen mit der »radikalen Alterität« antizipieren – wie im Film von Nastjenka, welche ihrem Liebsten, der einem Fluch zum Opfer gefallen ist, in der Gestalt eines Bären begegnet: »Es gibt nichts Absurdes, nichts Seltsames, nichts Zufälliges mehr. Es gibt nur Resonanzen.«[309] Die Membran der Abgrenzung wird für Schwingungen des Traums und der Fiktion durchlässig. Später präzisiert die Ethnologin ihre Erfahrung, indem sie ihr Resonanzmodell auf die körperliche Erfahrung in der Begegnung mit dem Bären zurückspiegelt, auf »dieses unbegreifliche Wir«, das in die Tiefengeschichte des Menschen zurückreicht.[310]

Auch Amitav Ghosh beschreibt den Moment des gegenseitigen Erkennens im Volksepos der Sundarbans, in *Bon Bibir Johuranama* (Die Wunder Bon Bibirs): »Im Moment des Blickkontakts realisiert man, dass sich diese Präsenz, wiewohl keine menschliche, deiner Gegenwart ebenfalls gewahr wird.«[311] In der Begegnung ereignet sich Kopräsenz gemeinsamen Lebens. Diese Feststellung führt Timothy Morton zum Vorschlag, Natur als Konzept bzw. als Diskurs über das Andere abzuschaffen und konsequent nur noch von Biosphäre zu sprechen.[312] Dadurch tappt man nicht mehr in die Falle der Objektivierung (z. B. der Landschaft) und der Entkörperlichung des Subjekts (wie im Cartesianischen Cogito). Mortons Vorschlag hält Eva Horn entgegen, dass die Klimaerwärmung und die Überschreitung der planetaren Kipppunkte uns als Kulturwesen nicht der »Natur'« entfremdet haben, sondern zu einer »fundamentalen Verfremdung« geführt haben.[313] Das *global warming* wird – um den ernst gemeinten Kalauer von Thomas Friedman aufzunehmen[314] – ein »global weirding«, womit eine »unauflösbare Verwobenheit des Menschen mit der Welt (d. h. anderen Lebewesen, anderen Lebensformen, Dingen, Technologien)«[315] gemeint ist.

Die Begegnung mit dem Anderen zementiert nicht die Alterität im Sinne eines Außerhalb- und Anders-Seins. Vielmehr tritt der Zustand des Unheimlichen im doppelten Freud'schen Sinne ein: sich nicht mehr heimisch, aber dennoch im Innersten getroffen fühlen. Die Omnipräsenz globaler Erwärmung und die biosphärische Bedingtheit aller Lebensbereiche verunmöglichen uns die Distanzierung im Sinne des Erhabenen. Ich kann mich nicht mehr meiner Eigenständigkeit und meiner vom Objekt getrennten Subjektivität versichern. Die Unheimlichkeit des »global weirding« dringt in unser Bewusstsein und erfasst zugleich unsere Körper. Sie konfrontiert uns mit dem, »von dem wir uns einst abgewandt haben: [mit der] Nähe nichtmenschlicher Präsenzen, die mit uns kommunizieren«.[316] Das »global weirding« steigert sich mit der Klimaerwärmung als Ergebnis kumulativen menschlichen Handelns. So wird ein einzelnes Wetterextremereignis einen »wesentlich intimeren Bezug zum Menschen als die Klimaphänomene der Vergangenheit« haben.[317] Vielleicht liegt die Realität des »global weirding«, die in der Begegnung mit dem Anderen realisiert wird, gar nicht so weit von heute omnipräsenten Erzählmustern entfernt. So sind Bestseller und erfolgreiche Filme voller Vampire, Werwölfe, Mutanten, Zombies. Die Frage stellt sich, warum »unser Gewahrsein dessen überhaupt unterdrückt werden konnte, jedenfalls gemessen an den Denk- und Ausdrucksweisen, die im Lauf der vergangenen zwei Jahrhunderte die Oberhand gewannen«.[318] Dabei hat die Literatur vielleicht die wichtigste Rolle gespielt.[319]

Das Unheimlichste findet sich also weniger in der Wiedererkennung des Anderen als Teil des eigenen Lebens, weniger in der biosphärischen Kopräsenz als vielmehr in der Tatsache, dass wir unsere Verwobenheit in die Mitkreatürlichkeit im Laufe unserer Geschichte der Moderne verdrängen – zeitgleich mit der energetischen Abkopplung und massiven Involvierung in den Metabolismus der Erde durch den Rückgriff auf fossile Energieträger. Es reicht nicht, den Klimawandel und dessen Dimensionen zu thematisieren. Vielmehr ist es an der Kunst, eine neue ästhetische Qualität der Intimität zu erzeugen, welche die bisherigen Verdrängungsmechanismen überwindet. Damit werden wir als Lebewesen ganz erfasst, und es wird etwas erfahr- und reflektierbar, »das sich phänomenaler Erfahrbarkeit gerade durch seine Nähe entzieht«. Das »global weirding« ist nicht objektivierbar, weil es sich uns entzöge, sondern weil es zu nah ist, »um [es] objektivieren zu können, zu groß, um [es] abbilden zu können, zu komplex, um [es] erzählen zu können«.[320]

Ein neues Erzählen im Zeitalter der Kopräsenzen, des Zusammenfallens von historischer und geologischer Zeit, aber auch des Zusammenfallens von *deep history* und *deep future,* des Kollapses von Vergangenheit, Gegenwart und Zukunft kann nicht mehr einfach das inzwischen Verdrängte zum Gegenstand haben, sondern hat es in seine Form aufzunehmen. Dasselbe gilt für die Analyse. Selbst wenn wir uns auf einer persönlichen Skala der Erzählbarkeit bewegen, ist die dritte planetare Skala omnipräsent und hat entsprechend genannt zu werden. Gerade weil alle Lebensbereiche von der globalen Erwärmung, der Erschöpfung der Ressourcen und den sich gegenseitig verstärkenden positiven Rückkopplungen zeugt; und gerade weil der kleinste Alltagsgegenstand wie eine Kaffeekapsel oder die kleinste Handlung wie das Drehen des Zündschlüssels dieses Zusammenfallen und diesen Zeitkollaps aufrufen, hat sich unsere Intimität mit der Biosphäre zu artikulieren. Das Sublime ist nicht mehr das, worin sich die Distanz zwischen Mensch und Natur und damit eine vermeintliche Überlegenheit ausdrückt, sondern letztlich ein Staunen über die Nähe, Größe und Komplexität dessen, wohinein wir uns manövriert haben.

5.6 Mischungen im Zeitraum

Im Unterschied zur narrativen Abkapselung von Raum und Zeit in der Erzählung des modernen Realismus werden Mischungen im Zeitraum und damit die Gleichzeitigkeit von erster, zweiter und dritter Skala formbildend sein. Wie Ursula Heise in ihrer Monographie *Imagining Extinction* (2016) festhält, sind die Erzählmuster über aussterbende Arten noch auffällig einfach und homogen gestrickt. So folge nach einem Portrait der jeweiligen Art ein apokalyptisches Zukunftsszenario mit einem optimistischen Ausblick, wie die Art erfolgreich geschützt und erhalten werden könne – verbunden mit einem Aufruf an die Leserschaft, sich aktiv am Rettungsprojekt zu beteiligen. Heise nennt diesen Umschlag vom Narrativen ins Handeln »a surreal kind of performance art« und meint zum Beispiel ein Salamander-Retten: »Everyone [...] participates willingly in elaborate maneuvers to give endangered animals one last stab at survival.«[321] So hilflos und letztlich wirkungslos eine solche Aktion auch ausfallen mag, so ist immerhin ein qualitativer Umschlag vom rein Diskursiven ins Pragmatische festzustellen.

Diesen letzten Versuch des Menschen, sich gegen seine eigene Wirkmacht aufzulehnen, konterkarieren Crutzen und Stoermer bei der Erfindung des Anthropozäns. Es gebe sechs mögliche Katastrophen, welche das »business as usual« unterbrechen könnten: eine riesige Vulkaneruption, eine unerwartete Epidemie, ein großer Nuklearkrieg, ein Asteroiden-Einschlag, eine neue Eiszeit oder ein Plündern endlicher natürlicher Ressourcen bis zur Erschöpfung.[322] Gleichzeitig setzen Crutzen und Stoermer in der Beschreibung menschlicher Handlungsmacht auf die Noosphäre, auf die vernunftmäßige Verwaltung und Anwendung von Wissen. Innerhalb dieser Noosphäre sind die meisten Katastrophen zu verhindern. Im *Nature*-Artikel von Crutzen fallen zwei Jahre später die Klammerbemerkung und die vier letzten Szenarien weg. Einzig ein riesiger Vulkanausbruch oder eine Epidemie könne dem Menschen als Wesen den Garaus machen. Inzwischen seien wir imstande, nicht nur Asteroiden abzulenken, sondern auch eine neue Eiszeit zu verhindern – wenn wir das nicht bereits mit dem Klimagasausstoß seit der Großen Beschleunigung bewerkstelligt haben.

Diese planetare Handlungsmacht im Räumlichen steht in eklatantem Gegensatz zum zeitlichen Handlungsspielraum, der uns noch bleibt. So hält Geoffrey West fest, dass wir bereits in der Zukunft angekommen seien, die wir vor kurzem noch weit vor uns wähnten.[323] Wegen des exponentiellen Wachstums menschlicher Agency, welche weder bisherigen Erfahrungswerten noch bisherigen Narrativen entspricht, verringert sich gegenwärtig der Abstand zwischen Gegenwart und Zukunft in einer infinitesimalen Annäherung an die Ununterscheidbarkeit der beiden Zeitkategorien. Gegenwart und Zukunft fallen durch den Rückgriff auf Ressourcen einer *deep history* zusammen, die wiederum eine *deep future* schafft: »The impacts of current human activities will continue over long periods. […] Because of the anthropogenic emissions of CO_2, climate may depart significantly from natural behaviour over the next 50 000 years.«[324] So konzentrieren sich heute als Ergebnis unseres Handelns tiefe Vergangenheit und Zukunft in einem Punkt. Angesichts dieses Hyperobjekts, das uns überwältigt, können wir die Waffen strecken und resignieren. Doch wir können uns auch mit den neuen Zeiträumen auseinandersetzen. Wir können nichts mehr aufschieben, nichts mehr zukünftigen Generationen überlassen. Vielmehr scheint sich eine neue Dimension von Zeitraum anzubieten, welche der Biosphäre schon immer eignete: das Ausgreifen in eine vierte räumliche Dimension.

Folgen wir den Überlegungen von Geoffrey West, so haben Organismen im Laufe ihrer Evolution das Optimum an Raumerfüllung erreicht, indem sie so tun, als ob der Raum nicht aus drei, sondern aus vier Dimensionen bestünde.[325] Dies hat in erster Linie mit der Invarianz endständiger Einheiten wie der Kapillare zu tun, bei denen der Austausch von Sauerstoff und Nährstoff zwischen Versorgungssystemen wie der Blutbahnen und der Zellen stattfindet.[326] Unabhängig von der Organismusgröße muss dieser Austausch optimiert sein. Kommen wir zum Vergleich von Maus und Blauwal zurück (⊛ 3.2): Damit die Durchblutung nicht am Skaleneffekt scheitert, weil beispielsweise der Blutdruck zu hoch wird und die Gefäße diesem nicht mehr standhalten, verteilt sich das Blut beim Blauwal nicht wie bei der Maus in einem gleichen Verteilsystem, einfach um den Faktor des Gewichts von eins zu hundert Millionen vergrößert. Die Blutgefäße wären in diesem Fall viel zu groß, und der Austausch wäre viel zu gering, so dass ein Skaleneffekt eintreten würde. Vielmehr ist der optimale Austausch am Schluss der Verästelung des Verteilsystems entscheidend, welches das Netz als Ganzes bestimmt. Beim Klima gibt es einen entscheidenden Schlüsselfaktor, wie der Metabolismus stabil gehalten werden kann. Es geht um das richtige Verhältnis von den Klimagasen in der Atmosphäre, welche die Wetterzyklen des Holozäns bestimmen.

Das Verteilsystem wird weder um den Faktor von hundert Millionen vergrößert, noch wird dasselbe System von der größten Einheit bis zur kleinsten, demjenigen der Maus, entsprechend so weit vervielfacht, bis wir wieder bei der richtigen Größe der Kapillare angelangt sind. Das System wird nur um eine Zwölftel-Potenz hochgerechnet. Dieses Zwölftel hat mit der angenommenen vierten Dimension zu tun. De facto sind die Blutgefäße pro Einheit beim Wal nur um den Faktor 4,6 größer, das ist die zwölfte Wurzel von hundert Millionen ($[10^8]^{1/12}$). Beginnen wir mit der Länge der Kapillare beim Wal, so ist diese nur um den Faktor 4,6 größer als bei der Maus, wie jede folgende Einheit bis zum Herz. Da deutlich mehr Einheiten dazwischenkommen, ist das Herz um einiges größer, aber eben nicht um den Faktor von hundert Millionen. Wie eine besonders belebte Küstenlinie fast in die zweite Dimension vorstößt, so greift der belebte Raum in die vierte Dimension aus. Man spricht bei diesen Phänomenen von einer hohen fraktalen Dimension, welche wiederum eine hohe Stabilität hinterlässt.[327]

Auf ein ähnliches Phänomen trifft man bei der Resistenz der Steppe gegen Wüstenbildung: An Stellen, wo aufgrund physikalischer Bedingungen infolge der Klimaerwärmung die Steppe bereits der Wüste hätte weichen müssen, halten sich bestimmte Muster belebter Strukturen. Man spricht vom Turing-Effekt, welcher den Kipppunkt der Wüstenbildung hinauszögert.[328] Man geht immer noch davon aus, dass Turing-Effekte Störungen im Ökosystem anzeigen. Dagegen ist diese Musterbildung, welche an eine die dritte Dimension mitdenkende Flächenbeherrschung erinnert, mit größter Wahrscheinlichkeit Symptom eines stabilisierenden Eingriffs des Ökosystems. Diese Erkenntnis hinterlässt die leise Hoffnung, dass bestimmte Kipppunkte nicht so schnell wie berechnet erreicht werden. Im Sinne eines nachhaltigen »guten« Anthropozäns, das den naiven Ökomodernismus überwindet, müsste uns interessieren, wie wir solchen Effekten nachhelfen können. Dabei geht es nicht in erster Linie um massive Eingriffe des Geoengineerings mit entsprechenden Kollateralschäden, wie z. B. der Versauerung der Biosphäre durch das Ausbringen von Schwefelpartikeln zur Erhöhung der Albedo. Vielmehr müssen wir uns fragen, wie die Biosphäre durch einen erhöhten Grad menschlichen Eingriffs dank erhöhter Hemerobien stabilisiert werden kann.

Die Klima-Hemerobie, d. h. den Einfluss menschlicher Wirkmacht auf bestimmte Wetterereignisse herauszurechnen, gelingt der Klimawissenschaft immer genauer – wie das die Attributionswissenschaft im Rahmen des *World Weather Attribution* (WWA)-Projekts bereits durchführt. Oder wie es die Klimatologin Friederike Otto formuliert: Unwetter, welche ohne den Menschen nicht aufgetreten wären, werden dem »wütenden Wetter« zugerechnet. Es wird dem Wetter somit – zumindest metaphorisch – eine intentionale Handlungsmacht zugesprochen. Im Wissen um den Effekt, welcher durch den Ausstoß von Klimagasen entsteht, kann sich der Verursacher oder die Verursacherin nicht mehr mit dem Argument des Unwissens aus der Verantwortung stehlen. Wirkmacht wird in Handlungsmacht übersetzt. Aufgrund der Erkenntnis der Klimawissenschaft kann der Grad der Vernetztheit des Menschen mit der Biosphäre in Wahrscheinlichkeiten übersetzt werden. Die Literatur hingegen übernimmt den Als-Ob-Modus der vierten Dimension. Sie geht immer davon aus, dass sie erst mit der zusätzlichen Dimension der Fiktion die Realität gestaltet. Mit Rückgriff auf zwei literarische Beispiele, auf den Thriller *The Rapture (Endzeit)* aus dem Jahre 2009 von Liz Jensen und den Roman *Flight Behaviour* (*Das Flugverhalten der Schmetterlinge*) von Barbara Kingsolver aus dem Jahre 2014, zeigt Amitav Gosh auf, wie sehr die gegenwärtigen Probleme miteinander vernetzt sind. Er kommentiert die beiden Erzählwerke: »Beide sind in einer Zeit angesiedelt, die erkennbar die unsere ist, und beide vermitteln mit bemerkenswerter Lebendigkeit die Unheimlichkeit und Unwahrscheinlichkeit, das Ausmaß und die Vernetzung all der augenblicklichen Veränderungen.«[329] Doch nicht nur die Literatur der Gegenwart macht diese Hemerobien deutlich. Exemplarisch wird eine solche Vernetzung in derjenigen Literatur bewusst gemacht, in der sich die persönliche und historische Erzählzeit mit der geologischen Zeit vermischt, wie z. B. im verschrobenen Monumentalwerk *Wir durchbohren den Gotthard* von Felix Moeschlin aus den Jahren 1947 und 1949. Die Geologie befördert Latenzen, die in der Erzählung aktualisiert werden.

Die geologischen Schichten führen uns anhand ihrer Auffaltung im Gebirge oder der Erosion durch Wasser und Wind vor, wie präsent Jahrmillionen jenseits der Menschheitsgeschichte sein können. Dies gilt ebenso für die Zeit der Latenz, welche sich plötzlich manifestieren kann. Die Ethnologin Nastassja Martin beschreibt sie im Bild ihres Freundes Clarence, des Weisen bei den Gwich'in in Fort Yukon in Alaska: »Clarence zufolge gibt es ein Unbegrenztes, das an der Oberfläche der Gegenwart aufscheint, eine Traumzeit, die sich von jedem Geschichtsbruchteil nährt, den man ihr hinzufügt. Es gibt in der Welt eine Latenz und ein Brodeln, der Lava ähnlich, die unter dem Vulkan wartet, bis etwas sie zwingt, aus dem Krater hervorzubrechen.«[330] Geologie ist nicht einfach erstarrte Tiefenzeit, sondern sie entwickelt Kräfte, welche – im Falle des Vulkans – zugleich todbringend wie fruchtbar sein können. Wenn der Zeitkollaps aus der geologischen Dimension ein Ereignis macht, welches die historische Immanenz aufbricht, so findet er in diesem Bild sein Pendant.

6. Revisionen im planetaren Zeitalter

Ausgangspunkt dieses Buchs war die Feststellung von Dipesh Chakrabarty, dass die Erdgeschichte die Menschheitsgeschichte überrolle. Während wir noch in den 1990er-Jahren fasziniert soziale und ökonomische Globalisierungsdynamiken beobachteten und uns im Zuge einer ersten Digitalisierungswelle der Verschränkung privater und öffentlicher Sphären widmeten, verstärkten wir mit einem unvergleichlichen Konsum fossiler Energieträger und Lebensmittel aus einer hoch industrialisierten Landwirtschaft zusätzlich das neue Klimaregime. Niemand kann behaupten, dass es etwas der menschlichen Spezies Inhärentes gäbe, das uns ins Anthropozän gezwungen habe. Wir seien schlichtweg in dieses neue, vom Menschen verursachte Erdzeitalter gestolpert, wie Chakrabarty feststellt: »We have stumbled into it.«[331] Wir haben zahlreiche Erzählversuche über dieses Zeitalter angetroffen und sie in verschiedenen Kontexten beleuchtet. Doch die Frage bleibt: Wie können wir diese Erde, diese geologische Macht der Menschheit auf eine Weise beschreiben, so dass wir angesichts des Planetaren in ein adäquates Handeln kommen?

Darum gilt es zum Abschluss, Revisionen vorzunehmen; und dies in doppelter Hinsicht: Zum einen sollen zum Teil bereits behandelte Beschreibungsversuche – wie derjenige der Planetaren Grenzen – nochmals in ihrer Wissensordnung und Rhetorik gesichtet werden. Zum anderen betreffen die Revisionen unser eigenes Denken und Handeln. Wir werden uns nun Texten widmen, die sich von unterschiedlichen Seiten her der Erde annähern. Wenn wir auf den *Nature*-Artikel zu den Planetaren Grenzen und deren Illustrationen seit 2009 eingehen, so gilt unser Interesse wie zu Beginn dem erdsystemwissenschaftlichen Ansatz, der den stabilen Klimazustand des Holozäns als Richtschnur nimmt, obwohl sich zwischen der Bildsprache und dem beschreibenden Text ein Graben zwischen Kontrolle und Unberechenbarkeit auftut. Das mit Verve verfasste Übereinkommen von Paris bringt in seinem höchst schwammigen Juristen-Jargon entgegengesetzte Ideologien und Positionen auf verschiedenen Skalen zusammen, um vielleicht gerade dadurch den Grundstein für ein verbindliches Handeln zu legen. Der dritte Text ist ein Versuch, geologisches Wissen narrativ zu verpacken und zu popularisieren. Doch letztlich bringt erst die Geologin Marcia Bjornerud in ihrer tabellarischen Übersicht die Dramatik des Anthropozäns auf den Punkt. Der literarische Ansatz von Raoul Schrott, in seinem *Erste Erde Epos* die Universumsgeschichte und gleichzeitig unser heutiges Wissen zu dokumentieren, zielt trotz seiner mehrschichtigen Anlage auf eine klare Botschaft. Auch hier ist es letztlich die Reduktion, welche Stringenz menschlichen Handelns einfordert.

6.1 Erdsystemisch und geologisch: die Planetaren Grenzen jenseits des Erzählbaren

In *Nature* erscheint 2009 eine gekürzte Fassung zu den Planetaren Grenzen, zu denen das Autorenteam um Johan Rockström bereits publiziert hat.[332] Die Illustration mit den drei überschrittenen, rot markierten Grenzen von Biodiversitätsverlust, Klimawandel und Stickstoffzyklus wird als »The Road to Copenhagen« ausgewiesen. Damit markiert der erdsystemwissenschaftliche Artikel seine politische Mission, Orientierung für den Klimagipfel zu bieten, der in der Folge des Vierten Sachstandsberichts des IPCC 2008/2009 (AR 4) stattfindet. Die Bildsprache ist deutlich: Innerhalb der ersten beiden Kreise bewegt sich das Erdsystem im grünen Bereich. Absehbare Bedrohungen wie Ozeanversauerung, Landnutzungsänderungen oder globaler Frischwasserverbrauch erhalten innerhalb dieser beiden Kreise die Warnfarbe, während die überschrittenen Grenzen ausstrahlen. Oben in der Mitte steht der Klimawandel, der nur um einen Kreis weiter ausgreift. Er ist als erstes erkenntlich – und damit die Dringlichkeit politischen Handelns. Darüber hinaus erinnert die fast symmetrische Anordnung der überschrittenen Planetaren Grenzen im Kreisdiagramm an ein Warnzeichen für atomare Verstrahlung, aber auch an ein Schiffsteuer, hinter das man in Karikaturen auch schon Johan Rockström stellte.

Wie der Artikel einleitend festhält, bestimmte die klimatisch stabile Periode des Holozäns die Planetaren Grenzen. Idealerweise sollten die Stoffflüsse und -konzentrationen auf deren Maß zurückgeführt werden. Das heißt für den Klimawandel eine Reduktion der atmosphärischen Kohlendioxidkonzentration auf 350 ppm und einen zusätzlichen Wärmeeintrag in die Atmosphäre von maximal einem Watt pro Quadratmeter. In einer überarbeiteten Illustration der Planetaren Grenzen für die Klimakonferenz 2015 in Paris wird die Grenze nicht mehr scharf gezogen, sondern in eine gelb eingefärbte Schwellenzone der Unsicherheit überführt.[333] Der Klimawandel ist nicht mehr, wie noch 2009, in der roten Warnfarbe markiert. Er greift von einer grünen Kernzone des sicheren Bereichs nur noch in die dritte Zone zunehmenden Risikos aus. Damit sendet die Grafik die Botschaft aus: Wir befinden uns zwar in einer kritischen Zone, verfügen aber noch über Handlungsspielraum, um das Klima wieder ins Lot zu bringen. Diese Botschaft flankieren weitere reduzierte rote Kreissegmente: Der Biodiversitätsverlust in der Darstellung von 2009 wird unter der positiveren Konnotation der Biosphärenintegrität in genetische und funktionale Biodiversität aufgeteilt. Dabei erscheint nur noch erstere gefährdet. Alle weiteren Planetaren Grenzen, bei denen für die exakte Quantifizierung und für die Bestimmung des Schwellenwerts naturwissenschaftlich noch zu große Unsicherheiten bestehen, werden in einem unauffälligen Grau belassen. Gleichzeitig zeigt der zweite rot markierte Kreisausschnitt der biochemischen Stoffflüsse nach links unten und prägt sich so am wenigsten ein.

So erweist sich »The Road to Paris« 2015 als hoffnungsvoller Aufbruch, als Zeitfenster des Handelns, in dem der Untertitel des Artikels von 2009 nochmals genannt werden kann: »Exploring the Safe Operating Space for Humanity«. Der Kontrast zwischen den Illustrationen der Planetaren Grenzen von 2015 und 2022 könnte kaum größer sein. Die Publikation, in welcher die Grafik erscheint, spricht nicht mehr vom Erkunden (»Exploring«) des sicheren Handlungsspielraums, sondern hält im Zuge des Sachstandsberichts des IPCC 2021/2022 (AR 6) lapidar fest: »Outside the Safe Operating Space«.[334] Der Nachtrag zu Glasgow 2021 (COP 26) ist eindeutig: Es gibt keine Zeit des Aufschubs mehr. Der Zeitkollaps ist eingetreten.

Erstmals wird in der Darstellung sichtbar, was bereits der *Nature*-Artikel 2009 in Anschlag bringt: Die Planetaren Grenzen hängen voneinander ab und können nicht voneinander getrennt werden – wobei eine Darstellung davon noch aussteht. Inzwischen sind fünf von neun Planetaren Grenzen in den roten Bereich vorgedrungen. So plakativ die Illustrationen Klimakonferenzen vorzeichnen oder kommentieren, so differenziert, aber auch ambivalent – wie das Klimaübereinkommen selbst – ist bereits der *Nature*-Artikel 2009 formuliert. Was im Fall des Klimaübereinkommens dem juristischen Jargon und dem enthusiastischen Anspruch, alle mit an Bord zu nehmen, geschuldet ist, hat im Falle der ersten Beschreibung der Planetaren Grenzen mit einem hohen Anspruch an die wissenschaftliche Sorgfalt zu tun, die im systemischen Ansatz deutlicher zum Ausdruck kommt.

So rücken wir zum Abschluss symptomatische Formulierungen in den Fokus, welche das sprachliche Abwägen veranschaulichen. So sehr das Konzept der Planetaren Grenzen an und für sich Kontrolle suggeriert, so deutlich kommt in den Ausführungen des Artikels zum Ausdruck, dass es sich lediglich um einen Vorschlag der Forschungsgruppe handelt: »To meet the challenge of maintaining the Holocene state, we propose a framework based on ›planetary boundaries‹.« Die Unsicherheit ist weniger dem Erdsystem als vielmehr den verfügbaren Daten und der gegenseitigen Abhängigkeit der Systeme geschuldet. Nicht der Wahrheitsgehalt bzw. der Faktizitätsgrad der Bedrohung durch das Überschreiten Planetarer Grenzen steht zur Disposition – wie lange aus »klimaskeptischer« Warte unterstellt wurde –, sondern vielmehr die Darstellungs- und Relationierungsmöglichkeit der Wissenschaft selbst. Bezeichnend dafür ist das »tentative modelling«, wie es im Artikel formuliert wird. Letztlich ist die Unsicherheit der zeitlichen Dimension geschuldet, welche in einer rein grafisch-räumlichen Darstellung kaum zum Ausdruck kommt. Obwohl die komplexen Erdsysteme manchmal sanft auf sich verändernde Parameter reagierten, scheine dies eher die Ausnahme von der Regel zu bestätigen. So würden viele Subsysteme der Erde abrupt reagieren, weil sie in den Schwellenzonen gewisser Variablen besonders anfällig seien.[335]

Kann die Vagheit der Formulierungen im Übereinkommen von

Paris bei der Implementierung internationaler Unverbindlichkeit in eine nationale Gesetzgebung in Zukunft zu einer immer größeren Konsequenz im Handeln führen, verweist die Vorsicht in den Formulierungen im Gründungsartikel der Planetaren Grenzen letztlich auf die bisherigen fossilen und landwirtschaftlichen Pfadabhängigkeiten und darauf, wie sehr uns dadurch die Kontrolle entglitten ist. Aktive Änderungen – wie sie noch im verstaubten Begriff der »Klimaänderung« in der offiziellen deutschen Übersetzung des Pariser Übereinkommens auftauchen – bedürfen eines neuen Bewusstseins unserer Zeit im Verhältnis zur Erdgeschichte.

Die Geologin Marcia Bjornerud geht in der Popularisierung ihres Fachs in *Timefulness* (*Zeitbewusstheit*) vom gegenwärtigen Zeitanalphabetismus aus, der sich aus der Kurzlebigkeit von Neuigkeitswerten ergibt. Geht man von den viereinhalb Jahrmilliarden Erdgeschichte aus und stellt ihnen die viereinhalbtausend Jahre dokumentierter Menschheitsgeschichte entgegen, so kommen wir auf ein Verhältnis von eins zu einer Million. Daraus könnte man die Nichtigkeit des Menschen und seines Handelns folgern. Bjornerud hält entschieden dagegen: »Das ist ein verqueres, ja sogar unverantwortliches Verständnis unserer Stellung in der Zeit. Denn es legt einen Grad an Bedeutungslosigkeit und Machtlosigkeit nahe, der nicht nur psychologisch befremdend ist, sondern uns auch das Ausmaß verdrängen lässt, mit dem die Menschheit in dieser letzten Viertelsekunde auf den Planeten einwirkt.«[336] So einfach kann sich der Mensch nicht aus der Verantwortung stehlen. Die Geologin stellt die Verbindung zwischen uns und geologischen Prozessen her – etwa wenn sie von der Ozeankruste spricht, die im Zyklus von rund dreihundert Jahrmillionen auf dem Ozeanrücken gebildet wird und schließlich unter den Kontinentalplatten einsinkt und einschmilzt. So beträgt die durchschnittliche Rate, mit der sich der Ozean im Atlantik spreizt, »ungefähr einen Zentimeter pro Jahr, eine Rate, in der auch unsere Fingernägel wachsen.«[337] Die pazifische Kontinentalspreizung schreitet rund zehnmal schneller vor. Mit solchen Vergleichen gelingt es der Autorin, individuelle und planetare Skala zu verbinden und Zeit vorstellbar zu machen.

Das zentrale Kapitel widmet sich der Gebirgsbildung und der Gebirgserosion, die Hand in Hand gehen. Wer nun meint, es handle sich um die Erklärung, wie Kontinentalplatten kollidieren und dann vom Wasser langsam abgetragen werden, sieht sich getäuscht. Es geht um die gegenseitige Abhängigkeit von Geologie und Klima, um den langfristigen Kohlenstoffkreislauf, bei dem die Gebirgsverwitterung den CO_2-Gehalt der Atmosphäre reguliert, um die Rückbindung von CO_2 durch Organismen, die sich auf dem Meeresboden zu Kalkstein wandeln, während die Biomasse zu Erdöl und Erdgas wird. Die Erosion von Gebirgen transportiert Kalzium- und Bikarbonat-Ionen ins Meer, was wiederum die Kalkbildung ermöglicht. Die Kollision des indischen Subkontinents mit der eurasischen Kontinentalplatte hat vor fünfzig Jahrmillionen zur Bildung des Himalayas geführt. Die Geologie geht heute davon aus, dass sich Monsun und Gebirgsbildung positiv rückkoppelten, was zu den heutigen Klimazonen führte. Dadurch hat sich seit dem Paläozän-Eozän-Temperaturmaximum die globale Durchschnittstemperatur verringert. Die Erhöhung des Gebirges führte zu mehr Niederschlägen und zu einer Intensivierung der Erosion, welche im Laufe der Jahrmillionen ein Vielfaches des heutigen Gebirgsvolumens in die umliegenden Meere abtransportiert hat. Durch die Entlastung erhöhten sich die Kontinentalkruste und die darüber liegenden Gebirgszüge zusätzlich, welche wiederum den Monsun verstärkten.

Die Abkühlung führt zu Eisschilden zuerst in der südlichen und schließlich in der nördlichen Hemisphäre. Diese Interaktion zwischen Geologie und Klima beförderte die Evolution einer Biosphäre, welche sich systemisch stabilisierend ausbildete, beispielsweise in Form des Amazonas als eigenem Klimasystem. So katapultiert sich der Mensch durch die Überschreitung Planetarer Grenzen, welche das Holozän der letzten 11 700 Jahre und das Pleistozän der letzten 2,6 Jahrmillionen bestimmten, nicht nur in die vorangegangene Erdepoche des Pliozäns, sondern noch weiter zurück. Verlassen wir nicht die fossile Pfadabhängigkeit, erreichen wir Klimabedingungen, welche dem letzten Massenaussterben ähneln – abgesehen von der Überschreitung der übrigen Planetaren Grenzen. Indem Bjornerud uns für geologische Zyklen und deren klimatische und biosphärische Interdependenzen sensibilisiert, gelingt es ihr, unser Handeln in einen zeitlich-planetaren Rahmen zu stellen. Indem sie die Geschichte ihres eigenen Fachs immer wieder kritisch hinterfragt, räumt sie mit dem Vorurteil auf, dass nur unheimlich langsame Prozesse die Geologie bestimmen. Indem sie aufzeigt, wie plötzliche Ereignisse wie Erdbeben und Vulkanausbrüche ebenso Bestandteile der Geologie sind, stellt sie die Verbindung zwischen bisher meist getrennten Feldern – einerseits struktureller Geologie, andererseits Seismologie – her und erklärt, auf welche Weise die Erdgeschichte die Menschheitsgeschichte überrollt.

Wie andere große Erzähler und Erzählerinnen, etwa der Biologe und Bestsellerautor Tim Flannery oder die Journalistin und Pulitzer-Preisträgerin Elizabeth Kolbert, setzt auch Marcia Bjornerud auf den gesamten Erzählbogen, zusammengehalten und gerahmt von der Einheit des Orts, der wegen des Fehlens der Zeitzonen buchstäblichen Zeitlosigkeit auf Spitzbergen. Am Schluss stoßen wir auf einen wahrscheinlich als Orientierungshilfe für den geologischen Laien gedachten Anhang. Auf einen Blick wird hier ersichtlich, wie hoch die sogenannte »Anthropozänrate« ist – bei Meeresspiegelanstieg, CO_2-Emission oder Zuwachs an atmosphärischer CO_2-Konzentration.[338]

Die letzte Tabelle – im paratextuellen Anhang – hat es in sich. In ihr geht es um die Ursachen und Folgen von Umweltkrisen der gesamten Erdgeschichte, welche mit dem Anthropozän verglichen werden. Führten jeweils einzelne Überschreitungen Planetarer Grenzen, insbesondere ein gestörter Kohlenstoff- oder Stickstoffzyklus, zu einem Massensterben, werden diese Überschreitungen kumulativ aufsummiert. Argumentieren wir der Tabelle entlang, kommen wir zu einem eindeutigen paratextuellen Verdikt: In unserem heutigen »Aussterbeereignis« »Anthropozän« liegt die Aussterberate beim »100–1 000-fache[n] der [normalen] Hintergrundrate«; die »Verbrennung Fossiler Energie« führt zu einer selbst im erdhistorischen Vergleich beispiellos »raschen Erwärmung«. Diese wiederum hat einen ebenso »raschen Anstieg des Meeresspiegels« wie eine ebenso schnelle Ozeanversauerung sowie Ozean-Anoxie und eine erneute Ozon-Zerstörung zur Folge.[339] Der Zeitkollaps in seinem metabolistischen Skaleneffekt überschrittener Planetarer Grenzen wird so als erdhistorisch einmaliges Ereignis in seiner unvergleichlichen Vehemenz fassbar. Warum stoßen wir erst im Paratext, außerhalb der abgeschlossenen Erzählung, auf die Dramatik unserer Gegenwart?

Das Narrativ als zeitlich sukzessive Wissensordnung versagt. Leser:innen anderer Wissensordnungen, des Tableaus, der Tabelle, des Diagramms, des Raums in der Zeit, der Zahlen, sind nun gefragt, um überhaupt unserem Denken ein angemessenes Handeln folgen zu lassen. Auch Raoul Schrotts Schlussfolgerung liegt nicht im dichterischen Hauptteil, sondern im Anhang mit dem nicht ganz unprätentiösen Untertitel: »Unser Wissen von der Entstehung des Universums, der Erde, des Lebens, seiner unterschiedlichen Formen und des Lebens.« Dieser Anhang ist eine exzellent informierte Nacherzählung naturwissenschaftlicher Wissensbestände vom Urknall über die Entstehung unseres Planeten vor 4,5 Jahrmilliarden bis zur Evolutionsgeschichte und endet:

> Mit der Ausbreitung des [Menschen] kam es zu[] [einem] Massensterben der Erdgeschichte, das bereits heute gravierender ist als das letzte Massensterben vor 65,5 Jahrmillionen. […] Würde der Mensch aussterben, würde die Artenvielfalt sich schnell wieder erhöhen – verschwänden hingegen die Insekten, würden wir mitsamt dem meisten tierischen und pflanzlichen Leben binnen Jahren enden.[340]

Es scheint kein Zufall zu sein, dass auch dieses Ende nicht im dichterischen Hauptteil liegt, in welchem in kunstvoll assonierender und rhythmisierter Erzählprosa Individualgeschichten virtuos mit der Universumsgeschichte verknüpft werden. Vielmehr imaginiert der Autor das posthumane Zeitalter, das glückliche Überleben von Pflanzen und Tieren auf unserer Erde im Anhang. Naturwissenschaftliche Faktizität einer posthumanen Zukunft kann offenbar nicht narrativ gefasst werden. Sie sprengt den Rahmen des Erzählbaren. Es liegt nicht nur an der Tradition der Moderne, sondern wahrscheinlich am zum Erzählenden selbst, das immer die Welt zu zivilisieren hatte, nun aber angesichts des Zeitkollapses vor einem unlösbaren Problem steht.

6.2 Das Pariser Übereinkommen zwischen Offenheit und Verbindlichkeit

Bleibt zu fragen, wie wir zum Handeln kommen. Ein auf den ersten Blick unverbindliches Vertragswerk liegt uns in Form des Pariser Klimaabkommens vor. Es wurde nicht nur von den Gastgeber:innen als Durchbruch gefeiert, sondern von allen begrüßt, welche schon lange auf einen Meilenstein gehofft hatten – vor allem nach dem nur mit großer Verzögerung umgesetzten und ungenügenden Kyoto-Protokoll, welches zwar bereits 1997 beschlossen wurde, aber erst mit Russlands Unterzeichnung 2005 die kritische Masse von 55 Prozent der globalen Emissionen erfasste. Nach dem Beschluss des Pariser Übereinkommens machte sich Erleichterung breit, bildete es doch einen Kontrast zum weitgehend gescheiterten Klimagipfel 2009 in Kopenhagen. Dennoch äußert Amitav Ghosh scharfe Kritik am neoliberalen Machwerk, das weiterhin ökonomisches Wachstum verspreche, obwohl ein Schnitt gefragt sei. Dieser Argumentation kann man bei der Lektüre des Dokuments durchwegs etwas abgewinnen, wenn beispielsweise von »wirtschaftliche[r] Diversifizierung« (Artikel 7, 9e), »Risikobewertung«, »Risikomanagement«, »Bündelung von Klimarisiken und andere[n] Versicherungslösungen« (Artikel 8, 4) oder im Hinblick auf den sogenannten »Technologiemechanismus« von »Ermöglichung von Innovationen« sowie »Förderung des Wirtschaftswachstums« (Artikel 10, 5) die Rede ist. In vielen Passagen kann man sich kaum des Eindrucks erwehren, dass größtmögliche Offenheit und Unverbindlichkeit den Grundtenor des Dokuments bilden. So auch, wenn es im Zusammenhang mit dem zu schaffenden Klimafonds, welcher vor allem aus öffentlichen Mitteln gespeist werden soll, heißt, die Institutionen sollen sich »um die Gewährleistung eines effizienten Zugangs zu finanziellen Mitteln durch vereinfachte Genehmigungsverfahren und verstärkte Unterstützung im Bereich der Leistungsbereitschaft für die Vertragsparteien« bemühen (Artikel 9, 9).

Dennoch könnte es sich bei Amitav Ghoshs Kritik entweder um ein Missverständnis oder um eine argumentative Absetzung von Papst Franziskus' Enzyklika *Laudato si'* (2015) handeln, die er als Kontrapunkt bespricht. So kann er dem Übereinkommen von Paris die »Virtuosität des Textes« nicht absprechen[341] und verleiht seiner Bewunderung für die Rahmung der Vertragspräambel Ausdruck. Denn hier werden alle Vorbedingungen und Grundsätze in einem einzigen, sich über eine Seite erstreckenden Satz ausformuliert, um in den Beschluss der darauffolgenden 29 Artikel zu münden. Die Präambel ist nicht nur Ausdruck von Selbstermächtigung, sondern auch vom Bemühen, alle Vertragsparteien an Bord zu haben. Dementsprechend bewegt sie sich zwischen Markt- und Technologiegläubigkeit einerseits sowie Klimagerechtigkeit und Schutz der »Mutter Erde« andererseits. Sie antizipiert Schlüsselsätze, welche in den Artikeln wiederholt werden, so den »Grundsatz der Gerechtigkeit und der gemeinsamen, aber unterschiedlichen Verantwortlichkeiten und jeweiligen Fähigkeiten angesichts der unterschiedlichen nationalen Gegebenheiten« – wie es etwas umständlich, aber unmissverständlich heißt. Die Wiederholung dieses »Grundsatzes« steht in Artikel 2, welcher das Temperaturlimit »deutlich unter 2 ° Celsius über dem vorindustriellen Niveau«, wenn möglich »auf 1,5 ° Celsius«, festsetzt (Artikel 2, 1a). Er unterstreicht, dass die entwickelten Länder nicht nur die Führung beim Technologietransfer und bei der Beteiligung am Klimafonds zu übernehmen haben, sondern auch ihren Umbau hin zu Klimaneutralität und in weiterer Folge Klimapositivität deutlich schneller voranzutreiben haben als Entwicklungsländer.

Verschärft wird dieser Grundsatz im ebenso umständlich formulierten Netto-Null-Ziel in Artikel 4, in dem die »gemeinsamen, aber unterschiedlichen Verantwortlichkeiten« (Artikel 4, 3) wiederholt werden. Gleich von mehreren Seiten werden die entwickelten Länder in die Pflicht genommen, wenn es heißt, dass »[z]um Erreichen des […] Temperaturziels die Vertragsparteien bestrebt« sind,

> so bald wie möglich den weltweiten Scheitelpunkt der Emissionen von Treibhausgasen zu erreichen, wobei anerkannt wird, dass der zeitliche Rahmen für das Erreichen des Scheitelpunkts bei den Vertragsparteien, die Entwicklungsländer sind, größer sein wird, und danach die rasche Reduktionen im Einklang mit den besten verfügbaren wissenschaftlichen Erkenntnissen herbeizuführen, um in der zweiten Hälfte dieses Jahrhunderts ein Gleichgewicht

> zwischen den anthropogenen Emissionen von Treibhausgasen aus Quellen und dem Abbau solcher Gase durch Senken auf der Grundlage der Gerechtigkeit und im Rahmen der nachhaltigen Entwicklung und der Bemühungen zur Beseitigung der Armut herzustellen. (Artikel 4, 1)

Ist die 1,5-Grad-Celsius-Grenze einzuhalten und der weltweite Absenkpfad möglichst schnell zu beschreiten, um 2050 global Netto-Null zu erreichen, während den Entwicklungsländern mehr Zeit eingeräumt wird, so sollen die entwickelten Länder den Schnitt zu einer emissionsneutralen und dann emissionsnegativen bzw. klimapositiven Gesellschaft umso rascher und radikaler vollziehen. Netto-Null in entwickelten Ländern ist weder vertragskonform noch klimaschonend. Im Gegenteil. Die Wiederholung des bereits in der Präambel formulierten Grundsatzes, dass die Reduktionen »im Einklang mit den besten verfügbaren wissenschaftlichen Erkenntnissen herbeizuführen« seien, nimmt uns in eine noch größere Pflicht. Wir können uns nicht damit begnügen, einen beschlossenen Absenkpfad einzuhalten, wenn das Temperaturlimit von 1,5 Grad Celsius Erwärmung nicht mehr eingehalten wird. Vielmehr haben sich die Politik und damit die drei Gewalten von Legislative, Exekutive und Judikative an der Wissenschaft zu orientieren und im Sinne von Artikel 3 die eigenen Anstrengungen zu steigern. Sollte das IPCC zum Schluss kommen, dass global kein Kohlenstoffbudget mehr zu Verfügung steht, sind wir verpflichtet, emissionsnegativ zu werden – um einen mittelfristigen Overshoot wieder abzubauen. Das Argument, die »Anderen« emittierten immer mehr und wir könnten nichts dagegen ausrichten, ist falsch. Denn je länger und je mehr Entwicklungsländer noch emittieren werden, desto früher sind wir dazu angehalten, auf Netto-Null zurückzufahren, umso mehr Kohlendioxid zurückzubinden und wenn möglich zu refossilisieren. Gleichzeitig sind wir verpflichtet, den Entwicklungsländern bei der Dekarbonisierung finanziell zu helfen – und dies ohne weitere Verschuldung der Empfänger. Es handelt sich somit um keinen Zufall, dass im oben zitierten Abschnitt aus Artikel 4, 1 die »nachhaltige Entwicklung« und »die Bemühungen zur Beseitigung der Armut« festgehalten sind.

Obschon die Nicht-Einhaltung auf internationaler Ebene noch nicht direkt sanktioniert werden kann (Artikel 15), wird das Klimaabkommen auf nationaler Ebene verbindlich. Dabei wird der Judikative in Zukunft wahrscheinlich eine noch stärkere Rolle als in der Vergangenheit zufallen, Legislative und Exekutive zu kontrollieren, wie in den Niederlanden 2019, in Irland 2020 und in Deutschland 2021 geschehen. Die Umständlichkeit der Formulierungen im Übereinkommen von Paris ist in erster Linie den verschiedenen Rechtsrahmen geschuldet, in die es sich einschreibt. Dazu gehören nicht nur die Unverbindlichkeit und die Kontrollmechanismen auf internationaler Ebene, sondern vor allem auch die Vorläuferabkommen wie die Klimarahmenkonvention, welche 1992 auf der Konferenz der Vereinten Nationen über Umwelt und Entwicklung in Rio unterschrieben wurde, und das Kyoto-Protokoll. Ebenso kann man sich nicht des Eindrucks erwehren, dass die Begrifflichkeit selbst altbacken und sogar euphemistisch ist. Das gilt insbesondere für den in der amtlichen Übersetzung verwendeten Begriff der »Klimaänderung«. Der bereits um die Jahrtausendwende gebräuchlichere Begriff des »Klimawandels« wird nicht verwendet, weil sonst die vertragliche Kongruenz zur amtlichen Übersetzung von »climate change« nicht gewährleistet ist. In der »Klimaänderung« hält sich weiterhin das Phantasma der Möglichkeit einer aktiven Einflussnahme auf das Klima, während man dem »Klimawandel« ausgeliefert ist.

Vergleichbar mit »agency«, welche zwischen aktiver »Handlungsmacht« und passiver »Wirkmacht« oszilliert, siedelt sich auch »climate change« auf der Ebene zwischen Selbstermächtigung und Ausgeliefert-Sein an. Was die deutsche Übersetzung offenlegt, verdeckt die englische Version. Das gilt ebenso für den Begriff der »transition«, des »Strukturwandels«, dem die Wirtschaft zu unterziehen ist und der im Deutschen wie ein unabänderliches Naturgesetz imaginiert wird. So kommt es zu einer Verwechslung von gesellschaftspolitischer und planetarer Ebene, von »Strukturwandel« und »Klimaänderung«. Anstatt an dieser Stelle einem ideologischen Bashing zu verfallen, ist es sinnvoller, das Potential solcher Symmetrien, Mischverhältnisse und Ambiguitäten genauer auszumessen, das im Pariser Übereinkommen zum Arsenal rhetorischer Überzeugung zu zählen ist. Das gilt insbesondere für das Konzept des »Gleichgewichts«, das sehr oft Harmonisierung unterschiedlicher Interessenslagen suggeriert und die Formulierung des Netto-Null-Ziels prägt: als »Gleichgewicht zwischen den anthropogenen Emissionen [...] und dem Abbau [...] durch Senken«. Davon, dass aber dieses »Gleichgewicht« nicht genügt, um das 1,5-Grad-Celsius-Ziel einzuhalten, gehen inzwischen alle Klimaszenarien aus. Zudem kann man nicht mehr in der Tradition des Kyoto-Protokolls von Wäldern als Senken sprechen (Artikel 5), sondern müsste explizit technologische Lösungen der Kohlendioxid-Rückbindung erwähnen.

Dennoch ist die Rhetorik nicht zu unterschätzen – wie sie schließlich im impliziten Gleichgewicht zwischen »Emissionsminderung« (»mitigation«) und »Klimaanpassung« (»adaptation«) in vielen Artikeln des Übereinkommens zum Ausdruck kommt. Von Klimaanpassung zu sprechen, war in den 90er-Jahren in wissenschaftlichen Kreisen nicht opportun, weil man befürchtete, das Grundproblem der Emissionen damit zu verdecken. Doch die Tatsache, dass man bereits in dieser Zeit Anpassungsmaßnahmen beispielsweise im Hochwasserschutz in den entwickelten Ländern vorantrieb und selbst ein Temperaturanstieg um 1,5 Grad Celsius zu erheblichen Wetterextremereignissen führt, hat Anpassung selbst in diesen Kreisen unabdingbar werden lassen. Dennoch ist es absurd, von einem »Gleichgewicht« zwischen Anpassungs- und Minderungsmaßnahmen auszugehen. Sobald Kipppunkte erreicht sind, nützen die besten Anpassungsmaßnahmen nichts mehr. Hier befinden wir uns mitten in einem Skaleneffekt. Prioritär müssten weiterhin die Emissionsminderung und die atmosphärische Klimagasreduktion behandelt werden. Dennoch bleiben Anpassungsmaßnahmen ungleich populärer und sind politisch einfacher umzusetzen, weil sie lokal sichtbar und bis zu einem bestimmten Grad auch effektiv sind. Ungleich abstrakter verhält es sich mit den Minderungsmaßnahmen, hat doch mein direkter Ausstoß keine direkten Auswirkungen auf meine Lebenswelt, aber ungleich größere in anderen, noch gefährdeteren Gebieten in Küstennähe, in Gebieten, die versteppen und verwüsten oder überschwemmt werden. Nennt man im Pariser Übereinkommen Minderung und Anpassung in einem Atemzug, blendet man zwar den Skaleneffekt zwischen Lokalem und Globalem aus, stellt aber den Konnex zum Gemeinsamen her: zur gemeinsamen Atmosphäre als planetarer Allmende globalen Ausmaßes.

6.3 Gemeinsam wirken

Die globale Erwärmung ist omnipräsent, ihre weitere Entwicklung Gegenstand klimatologischer Modellierungen, die mit größter Wahrscheinlichkeit immer wieder zu unangenehmen Überraschungen führen werden; vor allem wenn bisher unbekannte positive Rückkopplungen entdeckt werden. Die Faktenlage ist so erdrückend, dass der Menschheit nichts anderes übrig bleibt, als schleunigst aus den geschlossenen Energiesystemen auszusteigen, den Einfluss auf die Biosphäre zu reduzieren und eine Industrie aufzubauen, welche die bisher angerichteten Schäden behebt und insbesondere die atmosphärische Klimagaskonzentration senkt.

Aus kulturwissenschaftlicher Sicht steht man weiterhin vor dem Rätsel, warum wir nicht adäquat zu reagieren wissen. Offenbar stehen wir vor einem vertrackten Problem, »a wicked problem«, wie es Mike Hulme in seiner Analyse der gesellschaftlichen Paralyse formuliert.[342] Wie oft komme ich mir in dieser Welt verloren vor, wenn ich zu Fuß oder mit dem Fahrrad unterwegs bin und von der fossil betriebenen Mobilität zugedröhnt werde, von Autos, Flugzeugen, Lastwagen und Baumaschinen (⊛ 2.6). Gleichzeitig bin ich mir bewusst, dass es selbst um meinen ökologischen Fußabdruck trotz aller Bemühungen nicht immer zum Besten steht – weil ich mich dem System einer saturierten Gesellschaft nicht entziehen kann.

So tappe ich unweigerlich in die Individualisierungsfalle. Das bewusst formulierte »Wir« entgleitet uns. Oder entgleitet es mir? Die Prämisse, dass die Veränderung weder in meiner Gesellschaft noch in meinem Umfeld, sondern ganz allein bei mir selber anzusetzen habe, legt sich wie ein lähmender Schleier über mich. Wir haben, wie es Amitav Ghosh auf den Punkt bringt, »einen Ausweg aus dem individualisierenden Imaginären zu finden«.[343] Dazu reicht keine Psychotherapie. Vielmehr liegt die Aufgabe der Geistes- und Sozialwissenschaften, aber auch der Künste und der Vermittlung von Narrativen darin, Anhaltspunkte für die Individuumsfalle zu geben. Aus historischer Sicht lohnt es sich daher, nochmals auf die beiden Alternativbegriffe zum Anthropozän, auf Plantationo- und Anglozän, zurückzukommen (➔ 4.6).

Der Mensch hat sich in sehr unterschiedlichen Gesellschaftsformen einrichten können: in ausgeprägten und flachen Hierarchien, in Anlehnung oder in bewusster Absetzung von den umliegenden Gesellschaften – und dies nicht erst seit dem Anbruch des Holozäns, sondern mit größter Wahrscheinlichkeit seit es den Homo sapiens als Spezies gibt.[344] Diese Gesellschaftsformen garantierten immer auch das individuelle Überleben, indem sie Jagdgründe, Weiden, Wälder und Äcker gemeinschaftlich zu nutzen wussten. Residuen solcher Nutzungen finden wir noch heute in der sogenannten Allmendbewirtschaftung. Relevant für Erhalt und Schutz vor Übernutzung sind verschiedene Faktoren: die örtliche Nähe zur Allmende für Entscheidungen über ihre Nutzung; klare Zugangsbestimmungen – sie wird zwar gemeinschaftlich genutzt, steht aber nicht allen offen; die Kooperation der Einzelnen muss allen Beteiligten einsehbar sein; und schließlich sind klar geregelte Sanktionen gegen diejenigen vorgesehen, welche die Regeln der gemeinsamen Nutzung verletzen.[345]

Seit der Frühen Neuzeit werden Ressourcen der Allmende in Privateigentum überführt.[346] Im besonderen Maße gilt das für das Land Indigener, das als Plantagen genutzt wird.[347] So kommt es im Zuge des Plantationozäns insbesondere im 18. und 19. Jahrhundert und auch heute wieder verstärkt zur Übernutzung von Wäldern und Steppen in tropischen und subtropischen Weltgegenden. Die Planetaren Grenze von Landnutzungsänderung wird nicht überschritten, weil der Bevölkerungsdruck in diesen Gebieten zunimmt, sondern weil das Kapital neue Ressourcen erschließen kann, ohne für externalisierte Kosten wie Auslaugung und Vergiftung der Böden, Vertreibung der einheimischen Bevölkerung, Ausnutzung günstiger Arbeitskräfte oder Erhöhung des atmosphärischen Klimagasgehalts aufkommen zu müssen. Die größten Eingriffe erfolgen unter dem Vorwand der sogenannten »Ernährungssicherheit« und der Sicherung von fossilen Energieträgern, aber auch von Produkten aus dem Bergbau – und fördern in den meisten Fällen den

Überkonsum saturierter Menschen in einer atomisierten Gesellschaft.

Es geht nun nicht darum, bestimmte Gesellschaftstypen zu kritisieren, sondern sie in den historischen Kontext ihres Beitrags zur Überschreitung Planetarer Grenzen zu stellen. Das gilt insbesondere für den Individualismus, der mit einem energieintensiven Hedonismus nach dem Zweiten Weltkrieg in Europa Einzug hielt. Wir sprechen vom durchschlagenden Erfolg des Phagozäns im Anglozän. Ermöglicht hat dies die neue Energiequelle Erdöl, welche die Kohle ablöste – abgebaut von einer meist gewerkschaftlich organisierten Arbeiterschaft. So beförderte der neue Energieträger sowohl eine Abstraktion der Wahrnehmbarkeit als auch die Große Beschleunigung, die bis heute – vergleichbar mit dem Plantationozän – anhält. Den Zusammenhang stellt die Petrofiktion *Cities of Salt* (1984) des jordanischen Erdölspezialisten und Schriftstellers Abdalrachman Munif her. Dieser Roman beschreibt den immensen Einfluss, welcher die Entdeckung beinahe unermesslicher Erdölreserven auf der arabischen Halbinsel hat, und macht die Begegnung mit dem bisher abstrakten Energiefluss erzählbar. Der Mensch gerät »im Ganzen« – gerade auch im Sinne des Anthropozäns – in den Blick, was John Updike kritisch anmerkt, Amitav Ghosh aber als den springenden Punkt hervorhebt, ist doch das Erdöl seit der Großen Beschleunigung der Garant für den individuellen Rückzug.[348]

Mounifs »Salzstädte« sind nicht nachhaltig. Sobald Wasser eindringt – um im Bild zu bleiben –, lösen sich die durch das Erdöl ermöglichten Infrastrukturen und Lebensstile wieder auf. So wird der Roman nicht nur zur Allegorie der Umwandlung der arabischen Gesellschaft von einer arkadischen Oase zu unmenschlichen urbanen Wüsten, sondern für die Tragödie der globalen Allmende natürlicher Ressourcen insgesamt. Folgen wir dem 1968 formulierten Argument der »Tragedy of Commons« von Garrett Hardin, so zerstört das unhaltbare und auf Gewinnmaximierung abzielende Handeln des Individuums die Lebensgrundlage der Gemeinschaft.[349] Da die Entitäten der Allmende planetar weder ein- noch eingrenzbar sind, ist der Skaleneffekt bei der Aufsummierung dieser individuellen Handlungen umso verhängnisvoller.

Dennoch gibt es nicht nur Planetare Grenzen der Belastbarkeit, sondern auch planetare Grenzen des Raums. Das bietet uns die Möglichkeit, Elinor Ostroms Auslegeordnung auf globaler Ebene in Anschlag zu bringen: Alle müssen sich zur Einhaltung der Planetaren Grenzen bekennen. Da die Erde gemeinschaftlich als Allmende genutzt wird, steht sie zwar allen zur Verfügung. Dabei haben sich aber alle so zu verhalten, dass kein Anderer durch das eigene Tun Schaden nimmt – unabhängig von Machtposition und verfügbaren Mitteln. Und das im Sinne von Kants Kategorischem Imperativ: »Handle so, daß die Maxime deines Willens jederzeit zugleich als Prinzip einer allgemeinen Gesetzgebung gelten könne.«[350] Die Kontrollmöglichkeiten müssen auf eine Weise wirksam sein, dass die Kooperation nachvollziehbar wird – weniger im Sinne einer digitalen Ökodiktatur als vielmehr einer partnerschaftlichen Anteilnahme. Schließlich muss jegliche Form von Ökozid strafbar sein. Je größer der Strafbestand, desto schwerwiegendere Sanktionsmöglichkeiten müssen in Anschlag gebracht werden können. Hier gilt eine juridische Verhältnismäßigkeit, welche die Mengen und das Ausmaß genau in die Rechnung aufzunehmen weiß, so dass sich beispielsweise die Förderung fossiler Energieträger schlichtweg nicht mehr lohnt.

Zwar ist eine Ökonomisierung der Umwelt, bei der einem Korallenriff, einem Wal, einem Fluss oder einem Naturschutzgebiet ein bestimmter Wert zugeschrieben wird, kontraproduktiv. Sie suggeriert eine Ersetzbarkeit von Lebensgrundlagen, welche es nicht gibt.[351] Dennoch können und müssen externalisierte Kosten beziffert werden, um eine Vergleichbarkeit zwischen Vergehen und Sanktionen zu ermöglichen. So verursacht jede Tonne CO_2 denselben Schaden unabhängig davon, wo sie ausgestoßen wird. Werden alle am Ausstoß Beteiligten in dasselbe Preisregime eingebunden – was Voraussetzung für eine weltweite Allmende ist –,[352] entspricht die CO_2-Abgabe der einfachen Entsorgungsgebühr, womit nicht nur das emittierte Kohlendioxid zurückgebunden, sondern der atmosphärische Anteil gesenkt wird und verursachte Schäden behoben werden. Man kann sich gut vorstellen, dass man bei einem solchen Preisregime in Zukunft die fossilen Energieträger wie der Teufel das Weihwasser scheuen wird und die Staaten gemäß ihrer

Möglichkeiten und ihrer historischen Bringschuld die Atmosphäre und die Biosphäre sanieren werden. Dafür braucht das Kohlendioxid einen ehrlichen und effizienten Preis. Automatisch würde die zu ressourcenintensive Nahrungsmittelproduktion, vor allem die industrielle Fleischproduktion obsolet, in welcher auf jede Nahrungsmittelkalorie ein Mehrfaches an fossilen Brennstoffkalorien entfällt.[353]

Die Entscheidung für eine lebbare Zukunft steht und fällt somit mit der Übertragung lokaler Allmenden auf eine einzige globale Allmende.[354] Elinor Ostroms Ratschlag zur Umsetzung lautet im Sinne von Anna Tsings Überlegungen zum Symbiozän: Polyzentrismus. Denn so, wie das Überschreiten Planetarer Grenzen das kumulative Ergebnis zahlloser Einzelhandlungen ist, sind alle Ebenen vom Individuum über die Kommunen, Unternehmen, Nationen und supranationalen Gebilde bis hin zu einer verbindlich organisierten Weltgesellschaft einzubinden – denn »multiple benefits are created by diverse actions at multiple scales«.[355] Dennoch fällt in der heutigen Weltordnung, die sich selbst angesichts des Klimakollapses nicht zu ändern lassen scheint, die Hauptverantwortung in den staatlichen Kompetenzbereich.[356]

Transformieren wir das Anthropozän in ein Symbiozän, stärken wir Narrative der Kooperation, der gegenseitigen Verantwortung und der Verschränkung von Biosphäre, menschlicher Kultur und Zivilisation. So sehr Untergangsszenarien auf der Hand liegen und uns täglich mit den Nachrichten erreichen, so sehr müssen selbst Vertreter eines rigorosen Naturschutzes anerkennen, dass die Natur weitgehend gezähmt ist und aktiv den menschlichen Gebrauch bestimmt.[357] Angesichts Planetarer Grenzen und metabolistischer Skaleneffekte ist das bewusste Beschreiten eines Wegs zwischen kurzfristigem Geoengineering und rückwärtsgewandter Restaurationsökologie zentral. Dient das Geoengineering in erster Linie der Abmilderung von Effekten überschrittener Planetarer Grenzen, insbesondere des Klimawandels, konzentriert sich die Restaurationsökologie meist nur auf lokale Schutzgebiete, abgegrenzt von übernutzten Kulturlandschaften und Infrastrukturen, ohne ein planetares Gesamtsystem im Blick zu haben. Eine intervenierende Ökologie geht von einem gesamtsystemischen Ansatz aus.[358] Sie schafft neue nachhaltige Ökosysteme, die nicht lokal begrenzt sein müssen. Dazu gehören auch Ausgleichsmaßnahmen, welche in der Gesamtsumme die planetare Belastungsbilanz gezielt reduzieren. Dazu könnte beispielsweise eine lokal intensivierte Landwirtschaft gehören, welche die Stickstoff- und Phosphorkreisläufe nachhaltig ausbalanciert und schließt; dazu gehört ebenso eine flächenintensive, aber dank offener Energiegewinnung ermöglichte Kohlenstoffrückbindung aus der Atmosphäre.

Der Landschaft wird dabei vielleicht sogar ein noch »industrialisierteres« Gesicht verpasst als heute, wenn Weideflächen und Ackerbaugebiete von Solaranlagen, Windparks und Anlagen für CO_2-Entnahme durchsetzt werden. Sie entspricht vielleicht noch weniger dem, was wir unter Naturlandschaft verstehen. Doch in der Summe ermöglicht die Restaurationsökologie das Überleben der Biosphäre und des Menschen erst. In diesem Zusammenhang ist es sinnvoller, nicht einfach von einem positiven, sondern von einem *bewussten* Anthropozän zu sprechen. Wenn wir vom Denken in voneinander abgegrenzten Zonen teilweise Abstand nehmen, bedeutet das noch lange nicht eine Schwächung des Umweltschutzes, sondern letztlich ein deutlich erweitertes Schutzanliegen.

Die Verschränkung von Natur und Kultur fordert keinen erneuerten Modernisierungsdiskurs im Sinne des Ökomodernismus, der noch mehr Technik einfordert. Vielmehr ist im Sinne einer möglichst hohen Diversität eine Balance zwischen verschiedenen, heute oftmals noch verdrängten historischen Erfahrungen und kulturellen Konzepten gefragt. So sollte es möglich sein, das rein konservierende Moment des Umweltschutzes zu ergänzen, die Realitäten des Massenaussterbens ernst zu nehmen und dennoch Narrative jenseits von Trauer, Melancholie und Nostalgie zugunsten affirmativer Visionen unserer biologischen Gegenwart und Zukunft innerhalb der Biosphäre auszubilden.[359] Bereits die Erfindung des Anthropozäns durch Crutzen und Stoermer fordert eine weltweit akzeptierte Strategie, welche Ökosysteme in Bezug auf menschlichen Einfluss stabilisiert. Darin liegen die großen Aufgaben der Menschheit, welche eine weise Wissensanwendung erfordern.[360] Darum ein alpines Beispiel und konkrete Handlungsanleitungen zum Abschluss.

6.4 Alpine Photovoltaik. Das lokale Planetare

In diesem Juli nimmt wieder einmal eine Hitzewelle ganz Europa in Beschlag. Immerhin war es in der Höhe im Oberwalliser Bergdorf Binn über Nacht wenigstens so kühl, dass ich mich erholen konnte und nun bereit bin für den Aufstieg aufs Breithorn.[361] Mein Tagesziel ist der Südhang des Saflischtals auf dem Gebiet der Gemeinde Grengiols. Hier ist die riesige Photovoltaikanlage geplant, die sich über fünf Quadratkilometer erstrecken und die Leistung der Grand Dixence mit über zwei Terawattstunden pro Jahr aufweisen soll. Damit würde dieses Projekt einen wesentlichen Beitrag zur Dekarbonisierung der Schweizer Energieversorgung leisten. Ende Winter sind die Stauseen leer, und es droht ein Stromengpass, weil es der Schweiz nicht gelungen ist, ein Stromabkommen mit der EU zu ratifizieren. In diesem kritischen Moment erreicht die Jahresproduktion aus alpiner Photovoltaik dank reflektierenden Schnees, bifazialer und senkrecht aufgestellter Paneele, klarer und kalter Luft und vieler Sonnenstunden ihren Peak, während im Mittelland auf vergleichbarer Fläche nur ein Bruchteil davon produziert werden kann.[362] Zehn alpine Photovoltaikanlagen wie in Grengiols – kombiniert mit einem konsequenten Ausbau von Solaranlagen in den übrigen Regionen – würden die Stromversorgungslage in der Schweiz entspannen, und es wären keine mit Erdgas oder Erdöl betriebenen Notaggregate notwendig, welche die fossile Pfadabhängigkeit nochmals verstärken. So stünde für die Planetare Grenze der Klimaerwärmung eine lokale Lösung bereit. Nur: Schütten wir nicht das Kind mit dem Bade aus? Denn weitere wichtige Planetare Grenzen im Alpenraum betreffen nicht nur die Klimaerwärmung mit immer intensiver werdenden Wetterereignissen wie Hitze, Überschwemmungen und Dürren, sondern auch die Überdüngung durch zu viel verfügbaren Stickstoff, der aus der intensiven Landwirtschaft der Po-Ebene und des Mittellands binnen Stunden hierher gelangt, sowie die Landnutzungsänderungen in den alpinen Ressorts. Alle drei Herausforderungen setzen die Biodiversität unter Druck.

Mit diesem Gedanken erreiche ich die Waldgrenze und treffe auf eine Heidelbeer-Pflückerin. Ja, noch nie seien die Beeren so früh reif gewesen wie in diesem Jahr. Gott sei Dank noch vor der großen Trockenheit, welche die Ernte gefährden würde. 2021 habe man es verpasst, mit einem revidierten CO_2-Gesetz die Weichen zu stellen. Ich weiß nicht, ob dieses Gesetz gereicht hätte, die Schweiz auf den richtigen Klimakurs zu bringen. Aber ein wichtiger Meilenstein wäre es gewesen, wendet sie ein – zu Recht. Ich ziehe weiter an der Saflischmatta vorbei – hoch ins Gelände – und bin beeindruckt von den Blumenwiesen. Unten im Tal hat mir ein Alpenspezialist, der Oberwalliser Sagenerzähler und einstige CIPRA-Präsident, angekündigt, es gebe hier oben Dutzende Pflanzen von der Roten Liste. Beigepflichtet hat ihm eine junge Biologin und zukünftige Landwirtin aus Grengiols. Selbst auf Edelweiß würde ich treffen. Nun gut, es gibt ja noch seltenere Pflanzen. Von ihnen gibt es zuhauf, wie ich vor Ort feststelle.

Gleichzeitig habe ich die Worte des Projektinitiators aus dem Oberwalliser Hauptort Brig noch in den Ohren, es handle sich hier um kein gut nutzbares Weideland. Zu viel rutsche auf diesem Untergrund mit Bündner Schiefer immer wieder ab. Es sei zu karg und zu trocken im Sommer. Dagegen meint der Alpenspezialist, das Gelände sei insgesamt zu instabil, teilweise zu steil, so dass es mit bifazialen Paneelen schwierig sei, einen höheren Ertrag zu erreichen. Ein geologisches Gutachten ließe das Projekt wahrscheinlich scheitern. Ich bleibe im Gelände überwältigt von der Vielfalt und Weite dieses Südhangs. Es stimmt: In der oberen Hälfte dominieren karge Schieferpartien mit Pionierpflanzen, während sich an den übrigen Orten sanfte Grashänge mit abgerutschten Hangpartien abwechseln. Dennoch steht das Saflischtal nicht im Schweizerischen Bundesinventar der Landschaften und Naturdenkmäler, und ich bin kein Experte für Biodiversität, sondern nur erstaunt über die vielen Insekten, von Heuschrecken über Schmetterlinge und Fliegen bis zu Hummeln und Bienen. Gleichzeitig werde ich das Gefühl nicht los, dass das heiße Wetter, verbunden mit langanhaltender Trockenheit, bald eine braune Wüste hinterlassen wird.

Hier gäbe es genug Stoff für eine breite Palette an Versuchsanordnungen: Würde eine partielle Verschattung durch die Paneele das Austrocknen im Sommer zumindest ein wenig abbremsen und so die Vegetation in den Herbst hinüberretten? Die alpinen

Pflanzen sind Künstler darin, geeignete Plätze zu finden.[363] Vielleicht könnte man die Paneele – wie das bereits in der Agrivoltaik gemacht wird – ohne Fundamente verankern und auf Lärchenpfählen hoch genug aufstellen, damit die Anlage nicht im Schnee versinkt und die Kühe darunter weiden können. Wäre es möglich, die Anordnung der Paneele dynamisch ans Gelände anzupassen? Dank Digitalisierung braucht es ja nicht mehr überall die einstige industrielle Gleichförmigkeit. Ich träume von einer vom Menschen kleinräumig mitgestalteten Biodiversität innerhalb einer nachhaltigen Energieproduktion. Ich träume einen differenzierten ökomodernistischen Traum, in dem der Mensch wie früher bei der Schaffung einer offenen alpinen Kulturlandschaft ein bewusstes Anthropozän zu schaffen weiß. In dieser einsamen Landschaft – abgesehen von einem Biker, den ich unter dem Breithorn kreuze – spinne ich die Gedanken fort.

Oder wäre ein solcher Eingriff in diese isolierte Geländekammer massiv? Photovoltaik ist zwar flächenintensiv, benötigt aber nur einen Bruchteil von Landwirtschaftsflächen für Biotreibstoffe. So braucht es die Entscheidung, wie und wo wir die alpinen Flächen für Photovoltaik nutzen, damit wir die notwendige Fläche erreichen. Infrastrukturbauten allein genügen nicht. Sollen es ein paar wenige großräumige Projekte sein oder sollen Skigebiete mit Paneelen durchsetzt werden? Oder gar eine Kombination davon?[364] Es ist an der Zeit, nicht für die Ewigkeit zu bauen. Ein Provisorium, das man in dreißig Jahren zurückbauen kann, genügt vielleicht. Vielleicht hat man bis dahin auch die Kernfusion so weit entwickelt, dass sie als sinnvolle Energiequelle nutzbar wird. Sie würde als Allheilmittel der Energieerzeugung nicht nur unseren Bedarf decken, sondern auch die Atmosphäre sanieren, indem der Treibhausgasanteil massiv reduziert würde. Es zögen wieder kühlere Sommer ins Land, falls bis dahin nicht irreversible Kippunkte erreicht sind. Bei meinem Abstieg nach Heiligenkreuz am Ende des Saflischtals quält mich die Frage, in welcher Form die Alpen einen Beitrag zur Eindämmung der Klimaerwärmung leisten könnten, damit sie mit ihrer Biodiversität, aber auch als Wasserschloss für die umliegenden Regionen erhalten bleiben. Im Moment stehen die Zeichen auf Sturm. Als ich aus der Twingischlucht heraustrete und an die Rhone gelange, vernehme ich ohrenbetäubendes Rauschen: Milchiges Wasser vom Rhone- und Fieschergletscher tost durchs Tal – unwiederbringlich.

6.5 Ins Handeln kommen

Damit kommen wir zu einem vorläufigen Ende, nicht zu einem poetischen wie im letzten Buch mit seiner Aufforderung, auf die kleinen Dinge zu hören.[365] Es geht auch nicht darum, einen Schlusspunkt zu setzen, sondern vielmehr den Dialog ernsthaft zu führen und aufrecht zu erhalten, wobei meine letzten Ausführungen gleichzeitig den Kontrapunkt wie die logische Fortführung der vorangegangenen bilden. Heute will ich nichts im Vagen belassen, weil sich das Zeitfenster schließt. Wir können uns nicht mehr auf einen sicheren Ort der Metareflexion zurückziehen, sondern müssen uns dem Planetaren stellen. Der Zeitkollaps ist nicht nur ein konzeptuelles Problem, er betrifft uns Bewohnerinnen und Bewohner dieses Planeten im Kern. Natürlich haben wir noch das Privileg, uns in selbstgerechten Zynismus und Sarkasmus zurückzuziehen und uns unserer mehrfachen Verantwortung als möglicherweise Vordenkende und Privilegierte zu entziehen. Die Verschränkung von kulturell-historischen konzeptuellen und naturwissenschaftlichen geophysikalischen Voraussetzungen erlaubt uns keine Entscheidung für die eine oder andere Seite. Wir sind gefordert, uns immer tiefer mit beiden Seiten auseinander zu setzen, nicht nachzulassen, Informationen auf eine Weise zu verbinden, wie es keine künstliche Intelligenz bewerkstelligt. Es braucht uns als Erfahrungswesen in unserer Körperlichkeit und Wahrnehmungsfähigkeit, in unserem intuitiven und wissensbasierten Denken.

Das führt mich zu einem konsequenten Handeln, das nichts auszublenden versucht, aber verschiedene Faktoren unterschiedlich zu gewichten weiß. Momentan sehe ich *eine* Möglichkeit, unsere Lebensgrundlage langfristig zu sichern. Es ist zugegebenermaßen ein ökomodernistischer Ansatz, der aber nicht naiv ist und die Planetaren Grenzen ernst nimmt. Im Vordergrund steht keine ökonomische Nachhaltigkeit; diese ist immer an ökologische Voraussetzungen gebunden und dient einer sozialen und individuellen Perspektive. Vielmehr ist eine planetare Gesamtschau vonnöten, welche die systemischen Zusammenhänge und Abhängigkeiten in Beziehung zueinander setzt. Nach allen Überlegungen zu Energiekreisläufen angesichts von Metabolismen unserer Erde, zu Skaleneffekten, zum Verlassen der Erdepoche des Holozäns, zu Mischformen aus Biosphäre und menschlichem Einfluss bleibt uns ein erstes unabdingbares Desiderat, dem wir nicht mehr ausweichen dürfen: *ein absolutes Verbot fossiler Energieträger*. Das bedeutet, die Förderung von Erdöl, Kohle und Erdgas zu unterbinden. Dabei kann es sich auch um ein Verbot auf Ankündigung handeln.

Ich bin mir nicht sicher, ob 2030 als Zeitpunkt eines solchen Verbotes genügt. Umgekehrt: Schaffen wir es, dieser Abhängigkeit innerhalb einer solchen Frist zu entsagen? Sind wir nicht zu spät, haben nicht längst unumkehrbare Prozesse eingesetzt?

Wie wir gesehen haben, ist die Pfadabhängigkeit von fossilen Energieträgern weder ökonomischen noch technologischen, sondern in erster Linie politischen Faktoren geschuldet. Dazu gehören direkte und indirekte Subventionen, aber auch fehlende längerfristige Notfallpläne, welche die Lebensgrundlage unserer Zukunft ins Zentrum stellen. Im Hinblick auf die Kipppunkte Planetarer Grenzen ist jedes Hundertstel Grad Celsius entscheidend. Vielleicht ist das eine oder andere System bereits gekippt, etwa das reflektierende Packeis des Nordpolarmeers oder Grönlands Eisschild. Vielleicht lässt sich hier durch lokales Geoengineering noch etwas tun, indem beispielsweise durch die Verdunstung von Meerwasser künstliche Nebeldecken gebildet werden, welche die Albedo und die Abkühlung über dem Nordpolarmeer erhöhen. So könnte wenigstens in dieser Region die Durchschnittstemperatur gesenkt und ein Beitrag dazu geleistet werden, dass das Eis über Grönland nicht weiter ab-, sondern vielleicht sogar zunimmt. Wird die globale Temperatur durch massive CO_2-Rückbindung stabilisiert, bleiben weitere Kipppunkte gebannt. Im Fall eines Abschmelzens des Grönlandeises muss mit einem über die nächsten Jahrhunderte wahrscheinlich exponentiell steigenden Meeresspiegel gerechnet werden, um die entsprechenden Küstenregionen geplant dem Wasser übergeben zu können.

Mit einem Verbot fossiler Energieträger erhalten wir einen

klaren Planungshorizont und Investitionssicherheit. Hier argumentiere ich rein ökonomisch. Zum einen sind die Neuen Erneuerbaren von Sonnen- und Windenergie inzwischen kostengünstiger als alle übrigen Energieträger; zum anderen hat die Weltgemeinschaft in der Vergangenheit gezeigt, dass mit einem Verbot eine planetare Bedrohung abgewendet kann, ohne dass ein wirtschaftlicher Nachteil daraus entstand. So kann das Verbot von Fluorchlorkohlenwasserstoffen zum Schutz der Ozonschicht als Vorbild dienen. Eine klare Regelung zum Zugriff auf Biomasse muss dieses Verbot flankieren – wobei der Aufbau oder zumindest der Erhalt des bisher gebundenen biogenen Kohlenstoffs innerhalb der natürlichen Prozesse höchste Priorität hat. Das Verbrennen von Biotreibstoff ist zu verbieten, während die Verwertung von Holz nur noch als Werk- und Baustoff erfolgt und auch nur so lange eine – im eigentlichen Sinn – nachhaltige Waldwirtschaft betrieben werden kann. Falls dennoch Energiegewinnung vorgesehen ist, darf dafür nur Restholz genutzt werden. Primär ist Holz als Baustoff zu verwenden und erst nach dem Rückbau, unter Umständen nach Jahrhunderten, einer Kaskadennutzung zuzuführen. Sämtliches Holz darf nur noch vergast werden, die zurückbleibende Pflanzenkohle ist zu lagern und in verschiedenen Bereichen weiter zu verwenden. Zudem ist eine Großindustrie aufzubauen, welche an sämtlichen CO_2-Quellen, aber auch an Standorten, an denen neue erneuerbare Wärmeenergie in Form von Erdwärme oder Solarenergie zur Verfügung steht, das Treibhausgas direkt aus der Luft abfiltert und vor Ort, sei es in ehemaligen Fossilllagerstätten oder in Basaltgestein, refossilisiert. Ziel ist die Rückführung in den »safe operating space« der atmosphärischen Klimagaskonzentration: unter 350 ppm CO_2.[366]

Mit dem Verbot fossiler Energieträger, versehen mit den skizzierten flankierenden Maßnahmen, erhalten wir gleichzeitig die Garantie, dass die eingesetzten Rohstoffe – ob es sich um Kunststoff für Windräder oder Mineralien und Erze für Photovoltaik handelt – als Primärstoffe oder als rezykliertes Material keinen Kohlendioxidausstoß verursachen, der nicht in einen natürlichen kurzfristigen Kohlenstoffzyklus eingebunden ist, beispielsweise in durch neue erneuerbare Energieträger synthetisch hergestellte Brennstoffe oder nachwachsende Biomasse. Solange das Verbot noch nicht greift, sind wir individuell, aber vor allem in unseren sozialen und politischen Netzwerken aufgefordert, sämtliche Bereiche, welche auf fossile Energieträger angewiesen sind, zu dekarbonisieren. Das gilt in erster Linie für Wohnen und Mobilität: Wir duschen nicht mehr so oft warm, sondern öfter kalt, was in jeglicher Hinsicht belebt. Wir heizen unsere Wohnung mit einer Wärmepumpe, reduzieren die Temperatur in noch fossil gewärmten Räumen auf ein Minimum und drängen die Besitzer und Besitzerinnen zum Umstieg. In unserer Mobilität setzen wir zuerst auf unsere eigene Bewegung, dann auf den öffentlichen Verkehr und erst dann auf Elektroautomobilität, bei welcher wir der SUV-Schwerfälligkeit die Eleganz leichter Fahrzeuge vorziehen. Solange das Flugzeug Kerosin oder Biotreibstoffe verbraucht, genießen wir die Begegnung mit dem Neuen im Lokalen und im Nahen sowie das internationale Netzwerk im Digitalen.

Effizienz, nicht Verzicht ist das Schlagwort bei der Ernährung: Es ist äußerst ineffizient, Wälder in Brasilien für den Anbau von Soja zu roden, das wir unseren Masttieren, vorab Hühnern, Schweinen und Rindern, verfüttern. Effizienter ist es, Tiere bei uns weiden zu lassen. Noch effizienter ist, das Eiweiß direkt aus pflanzlichen Rohstoffen aufzunehmen. Am Effizientesten ist es, Eiweiß zu essen, das von Bakterien stammt, welche nur mit Wasser und Solarenergie genährt werden. Das ist keine Zukunftsmusik, sondern in Hochskalierung begriffen: ein hochwertig mineralisiertes Eiweißpulver, das selbst dem Muffin wieder seinen ursprünglichen Geschmack verleiht und mit dem wir nicht auf veganen Ersatz ausweichen müssen.[367] Wie wir unsere Waldflächen immer mehr schonen, können wir auch in der Lebensmittelproduktion immer mehr Flächen der Reetablierung von Biodiversität übergeben. »Wildnis« ist nicht mehr hochalpin abgelegen, sondern immer mehr vor der urbanen Haustür. Die Landwirtschaft wird deindustrialisiert, indem sie auf bisherige Flächen verzichtet und sich auf biodiverse Landschaften der Weidewirtschaft für das Exklusive und kaum Bezahlbare sowie auf den Gemüseanbau für eine ausgewogene Ernährung und auf den Getreideanbau zur Deckung der Kohlenhydrate konzentrieren kann.

Dem Totschlagargument, die »Anderen« würden unsere fossile Entwicklung nachholen und nachholen wollen, lässt sich entgegnen: Stimmt, solange wir unsere bisherige Lebensweise als überlegen und nachahmenswert darstellen. In dem Moment, in dem wir anerkennen, dass wir als Gesellschaft auch in unserer Vergangenheit in einem Ausmaß auf Ressourcen zurückgegriffen haben, welche uns an die Planetaren Grenzen und darüber hinaus gebracht haben, übernehmen wir ebenfalls Verantwortung dafür, uns gemeinsam in eine lebenswerte Zukunft zu begeben. Dafür entschädigen und unterstützen wir vor allem diejenigen, welche am meisten unter dem Entzug der Lebensgrundlagen leiden und bisher kaum etwas zum Zeitkollaps beigetragen haben. Das Übereinkommen von Paris sieht dafür den Klimafonds vor und spricht von Technologietransfer. Das wäre der erste Schritt in eine gemeinsame Zukunft. Es reicht aber nicht, diesen Fonds jährlich so zu bedienen, wie sich die entwickelten Staaten dazu verpflichtet haben. Vielmehr können wir uns allen den fossilen Umweg ersparen, indem wir unsere fossilfreie Zukunft immer mit den »Anderen« zusammendenken. Dazu gehören Entschuldung, die Förderung von lokalem und indigenem Wissen sowie Bildung. Müssten wir lediglich die Klimaschulden begleichen, hätten wir bereits eine große, aber bewältigbare Aufgabe vor uns. Kolonialismus und Postkolonialismus nicht nur als historische Epochen, sondern auch als Umgang mit globaler Ungleichheit im Zusammenhang mit der Einhaltung der Planetaren Grenzen zu denken, heißt den Kreis zu schließen: die Kopplung von Befreiungsgeschichte und fossilem Energieverbrauch, die Dipesh Chakrabarty im Kollaps von Menschheitsgeschichte und Erdgeschichte diagnostiziert, ernst zu nehmen und die Entkopplung konsequent voranzutreiben – nicht nur bei uns, sondern planetar.

Anmerkungen

1 Gilles Groleau et al.: Changing the world with words? Euphemisms in climate change issues. In: Ecological Economics 193 (March 2022). https://www.sciencedirect.com/science/article/abs/pii/S0921800921003669 (Dezember 2022).

2 Boris Previšić: *CO_2. Fünf nach zwölf. Wie wir den Klimakollaps verhindern können.* Wien 2020.

3 Bewusst spreche ich von »Aufklärungen«, da sie nicht nur in verschiedenen nationalen europäischen Kontexten im 17. und 18. Jahrhundert anzutreffen sind, sondern auch in außereuropäischen Kulturen.

4 Dipesh Chakrabarty: »Four Theses« (2009). In: ders.: The Climate of History in a Planetary Age. Chicago UP 2021, 23–48, 32.

5 Marie Sanderson: *The Classification of Climates from Pythagoras to Koeppen.* In: *Bulletin of the American Meteorological Society.* April 1999, https://journals.ametsoc.org/view/journals/bams/80/4/1520-0477_1999_080_0669_tcocfp_2_0_co_2.xml (Februar 2023).

6 Neela Banerjee, John H. Cushman (Jr.), David Hasemyer, Lisa Song: Exxon: *The Road Not Taken.* InsideClimate News 2015.

7 Johann Rockström et al.: Planetary Boundaries: Exploring the Safe Operating Space for Humanity. In: Ecology and Society 14:2 (2009), https://www.ecologyandsociety.org/vol14/iss2/art32 (Februar 2023).

8 Die Studie von Johan Rockström et al. zu den »Planetary Boundaries« hält fest, dass sie sich von zwei Seiten her nähert, um die Planetare Grenze der Klimaerwärmung zu definieren: einerseits von der atmosphärischen CO_2-Konzentration, andererseits der Strahlungsenergie. Die Autorschaft schlägt dabei die 350 ppm CO_2 und durchschnittlich 1 Watt pro Quadratmeter mehr Energieleistung als auf vorindustriellem Niveau. Diese Grenze basiert auf drei Werten: »(i) an analysis of the equilibrium sensitivity of the climate system to greenhouse gas forcing, (ii) the behavior of the large polar ice sheets under climates warmer than those of the Holocene (Hansen et al. 2008), and (iii) the observed behavior of the climate system at a current CO_2 concentration forcing as global-scale control variables. We suggest boundary values of 350 ppm CO_2 and 1 W/m^2 above the pre-industrial level, respectively. The boundary is based on (i) an analysis of the equilibrium sensitivity of the climate system to greenhouse gas forcing, (ii) the behavior of the large polar ice sheets under climates warmer than those of the Holocene (Hansen et al.

2008), and (iii) the observed behavior of the climate system at a current CO_2 concentration […].« Damit rekurrieren die Autoren auf die physikalischen Grundlagen des AR4 Climate Change 2007: Synthesis Report des IPCC, worin sich die Temperatur bei einem Grad über dem vorindustriellen Niveau bei 350 ppm CO_2 einpendeln würde (66).

9 New Frontiers/Te Tūhura Nuku, April 2018 in Upper Hutt, New Zealand: https://www.youtube.com/watch?v=qLV4wjdac8A&t=138s (Februar 2023).

10 Es handelt sich um den Artikel von Jean-François Bastin et al.: The global tree restoration potential. In: Science 365:6448 (2019). Die Bonner Studie ist die folgende: Eike Luedeling et al.: Forest restoration: Overlooked constraits. In: Science 366:6463 (2019).

11 Zum Begriff der »Georevolution« siehe: Bruno Latour: Facing Gaia. Eight Lectures on the New Climatic Regime. Cambridge UK/Malden Ma, USA 2017.

12 Norman McLeod: The Great Extinctions. What causes them and how they shape life. London 2012.

13 David P. G. Bond/Stephen E. Grasby: On the causes of mass extinctions. In: Paleography, Paleoclimatology, Paleoecology 478:15 (2017), 3–29.

14 Shu-Zhong Shen et al.: A sudden end-Permian mass extinction in South China. In: The Geological Society of America 131:1/2 (2018).

15 Cosmos Holodeck: https://www.pressreader.com/australia/cosmos/20150528/281612419002767

16 Zum Konzept des Hyperobjekts siehe Timothy Morton: Hyperobjects. Philosophy and Ecology after the End of the World. Minnesota 2013.

17 Peter Franks: New constraints on atmospheric CO_2 concentration for the Phanerozoic. In: Geophysical Research Letters 31:13. (2014).

18 Roland Barthes: Mythologies. Paris 1957, 7 und 125, 133.

19 Bruno Latour: We have never been modern. Cambridge, MA 1993, 36.

20 William Cronon: The trouble with wilderness. In: W. Cronon (Hg.): Uncommon ground: rethinking the human place in nature. New York 1995, 69–90.

21 Patrick Kupper: Wildnis schaffen. Eine transnationale Geschichte des Schweizerischen Nationalparks. Bern 2012.

22 Ursula K. Heise: Imagining extinction. The cultural meanings of endagered species. Chicago/London 2016, 9.

23 Charles C. Mann: 1491: new revelations of the Americas before Columbus. New York 2005; 1493: Uncovering the new world Columbus created. New York 2011.

24 Heise 2016, ibd. Vgl. mit Bill Gammage: The biggest estate on Earth: How Aborigines made Australia. Sydney 2011.

25 Heise 2016, 10.

26 Bill MacKibben: The End of Nature. New York 1989, 58.

27 Hier folge ich Ausführungen, die ich bereits anlässlich der Ausstellung *Natur – zwischen Sehnsucht und Wirklichkeit* im Haus für Kunst in Alt-

dorf platziert habe. Vgl. Boris Previšić: Die Wasserschlange finden. Ein Plädoyer, auf die Natur zu hören / Finding the Water Serpent: A Plea for Listening to Nature. In: Barbara Zürcher und Bruno Zgraggen (Hg.): Nature. Between Desire and Reality. From Amazonia to the Alps. Wädenswil 2019, 28–35.

28 Eva Horn/Hannes Bergthaller: Anthropozän zur Einführung. Hamburg 2019, 147.

29 Horn/Bergthaller 2019, 148.

30 Christophe Bonneuil/Jean-Baptiste Fressoz: The shock of the Anthropocene: The Earth, History and Us. London/New York 2017, 23.

31 Horn/Bergthaller 2019, 149.

32 Horn/Bergthaller 2019, 40f.

33 »To guide ballistic missiles, a better knowledge of the atmosphere and geomagnetism was necessary. To cross and control the oceans, the oceanography of great depths had to be developed. To survey the movement of hostile submarines, it was necessary to know when and where they surfaced [...].« Bonneuil/Fressoz 2017, 60.

34 Bonneuil/Fressoz 2017, 61.

35 Andreas Malm/Alf Hornborg: The geology of mankind? A critique of the Anthropocene narrative. In: Frank Oldfield (Hg.): The Anthropocene Review 1:1 (2014), 65.

36 Die IPCC-Sachstandsberichte erscheinen 1990, 1995, 2001, 2007 (Assessment Report 4), 2014 (AR 5), 2021/2022 (AR 6).

37 Bård Lahn: A history of the global carbon budget. In: WIREs Climate Change 2020, 6. Dieses Unterkapitel folgt in Bezug auf die zitierten naturwissenschaftlichen Artikel hauptsächlich diesem Paper.

38 Florentin Krause/Wilfrid Bach/Jon Koomey: Energy policy in the greenhouse: From warming fate to warming limit. London 2009.

39 Tom M. L. Wigley/Richard Richels/J. A. Edmonds: Economic and environmental choices in the stabilization of atmospheric CO_2 concentrations. In: Nature 379:6562 (1996), 240–243.

40 Nach Lahn 2020: Allen et al. 2009; Matthew et al. 2009; Zickfeld et al. 2009.

41 Reto Knutti/Joeri Rogelj: The legacy of our CO_2 emissions: A clash of scientific fact, politics and ethics. In: Climate Change 133:3 (2015), 361–373, 364.

42 Marcel Hänggi: Null Öl. Null Gas. Null Kohle. Wie Klimapolitik funktioniert. Zürich 2018.

43 IPCC: Global Warming of 1.5 °C. Cambridge UK/New York 2019. https://www.ipcc.ch/sr15 (Februar 2023)

44 Ibd., 107.

45 MCC Berlin: So schnell tickt die CO_2-Uhr. https://www.mcc-berlin.net/forschung/co2-budget.html (Februar 2023)

46 Horn/Bergthaller 2019, 8; Jeremy Davies: The Birth of the Anthropocene. Oakland 2016, 6.

47 Paul J. Crutzen/Eugene F. Stoermer: The »Anthropocene«. In: International Geosphere-Biosphere Program (IGBP) Global Change Newsletter 41 (Mai 2000), 17f.

48 IGBP Global Change Newsletter 41 (Mai 2000), 1.

49 John Schellnhuber: The Waikiki Principles: rules for a new GAIM [= Global Analysis, Integration and Modelling]. In: IGBP Global Change Newsletter 41 (Mai 2000), 3f., 3.

50 Crutzen/Stoermer 2000, 17f., 17.

51 Paul J. Crutzen: Geology of mankind. In: Nature 415:23 (2002).

52 Siehe dazu auch den Kommentar zu den Planetary Boundaries von Sarah Cornell: On the System Properties of the Planetary Boundaries. In: Ecology and Society 17: 1 (2012).

53 John Bellamy Foster/Brett Clark/Richard York: The ecological rift: capitalism's war on the Earth. New York 2010, 16.

54 So erscheint 2019 die Studie »Solarparks – Gewinne für die Biodiversität« des Bundesverbands Neue Energiewirtschaft (bne), welche eine erhöhte Biodiversität in Solarparks belegt: https://www.bne-online.de/fileadmin/bne/Dokumente/20191119_bne_Studie_Solarparks_Gewinne_fuer_die_Biodiversitaet_online.pdf (Februar 2023). Ebenso einschlägig ist das Ergebnis der Literaturstudie, welche im Auftrag von EnergieSchweiz an der ZHAW in der Forschungsgruppe für Umweltplanung erstellt worden ist. Jürg Schlegel: Auswirkungen von Freiflächen-Photovoltaikanlagen auf Biodiversität und Umwelt. EnergieSchweiz/Institut für Umwelt und Natürliche Ressourcen 2021. https://pubdb.bfe.admin.ch/de/publication/download/10746 (Februar 2023)

55 Bruno Latour: Facing Gaia. Eight lectures on the new climatic regime. Cambridge, MA 2017, 215f.

56 Horn/Bergthaller 2019, 13.

57 Donna Haraway: The companion species manifesto: dogs, peopleand significant otherness. Chicago 2003.

58 IGBP Global Change Newsletter 41 (Mai 2000), 9f, 16.

59 So meldet die NASA in ihren Klima-News: »Carbon dioxide hits new high«: https://climate.nasa.gov/climate_resources/7/graphic-carbon-dioxide-hits-new-high (Februar 2023)

60 Peter Sloterdijk: Im Weltinnenraum des Kapitals. Frankfurt a. M. 2005.

61 Vgl. dazu Amitav Ghosh: Die große Verblendung. Der Klimawandel als das Undenkbare. München 2017, II/8.

62 »The mansion of modern freedoms stands on an ever-expanding base of fossil-fuel use.« Dipesh Chakrabarty: The Climate of History in a Planetary Age. Chicago 2021, 32.

63 Peter Sloterdijk: Was geschah im 20. Jahrhundert? Unterwegs zu einer Kritik der extremistischen Vernunft. Frankfurt a. M. 2016, 79.

64 Horn/Bergthaller 2019, 172.

65 Ebd., 175.

66 Ebd., 159.

67 Vaclav Smil: Energy Transitions. Santa Barbara, CA 2017, 199–203.

68 Wilhelm Ostwald: Energetische Grundlagen der Kulturwissenschaft. 1909, 96. Zitiert in: Horn/Bergthaller 2019, 162.

69 Leslie White: Energy and the evolution of culture. In: The american anthropologist 45:3 (1943), 351. Zitiert in: Horn/Bergthaller 2019, 162.

70 Geoffrey West: Scale. The universal laws of life, growth, innovation, sustainability, and the pace of life in organisms, cities, economies, and companies. New York 2017, 241f.

71 West 2019, 244.

72 West 2019, 252.

73 Timothy Morton: Hyperobjects. Minneapolis, MN 2013, 70.

74 David Coady et al.: Global fossil fuel subsidies remain large: an update based on country-level estimates. IMF Working Paper 2019, 89.

75 Coady et al. 2019, 9f.

76 Harald Schuman und Simon Schmid: Wie sich Europa beim Klimaschutz betrügt. In: Die Republik vom 6. Juli 2020. Leider ist dieser Fall weiterhin aktuell, vgl. den Artikel »Burning oil in the Greek Islands« in Investigate Europe vom 21. September 2021: https://www.investigate-europe.eu/en/2021/burning-oil-in-the-greek-islands-and-those-who-profited-from-it (Februar 2023).

77 Investigate Europe. Gerade die reicheren Länder innerhalb der EU weisen einen relativ hohen Anteil an vorsteuerlichen Subventionen auf, so Frankreich mit 0,8 % des BIP, Italien mit 1,1 % oder Deutschland mit 1,2 %.

78 Damit folgt die Studie Nicolas Stern/Joseph Stiglitz: Report on the high-level commission on carbon pricing. Paper of the carbon pricing leadership coalition of the World Bank Group. Washington 2017.

79 Astrid Matthey/Björn Bünger: Methodenkonvention 3.0 zur Ermittlung von Umweltkosten. Kostensätze. Umweltbundesamt. Dessau-Roßblau 2018.

80 Richard Burnett et al.: Global estimates of mortality associated with long-term exposure to outdoor fine particulate matter. In: Proceedings of the National Academy of Sciences 115/38 (2018), 9592–9597.

81 So haben Umfragen ergeben, dass weltweit im Durchschnitt jemand bereit ist, 4700 Dollar auszugeben, um das Risiko von 1 zu 1000 zu verhindern, an einer tödlichen Krankheit zu sterben. Eine andere Berechnungsgrundlage geht von der noch möglichen Wertschöpfung pro Kopf aus, die in der OECD bei durchschnittlich 4,7 Millionen Dollar liegt. Coady et al. 2019, 12f.

82 Ian W. H. Parry/Dirk Heine/Shanjun Li/Eliza Lis: Getting energy prices right: from principle to practice. International Monetary Fund (IMF) 2014.

83 Eine Million Gigajoules entspricht einem Petajoule (= 10^{15} Joules). Umgerechnet entspricht das einer Energiemenge von 280 GWh (Gigawattstunden). Würde diese Energie regelmäßig übers Jahr verteilt produ-

ziert, was bei der Bandenergie Kohle weitgehend der Fall ist, entspräche das einer Leistung von rund 32 Megawatt. Das ist ungefähr ein Zehntel eines Kohlekraftwerkblocks.

84 Im letzten Buch gehe ich noch von einer Energiemenge von 1 000 kWh auf 6,4 m2 Photovoltaik pro Jahr aus. Das entspricht 156 kWh pro Quadratmeter und Jahr. Dieser Wert wird inzwischen selbst im Durchschnitt bei Weitem übertroffen. In der vorliegenden Berechnung gehe ich von realistischen 200 kWh pro Quadratmeter Photovoltaikanlage und pro Jahr aus.

85 Coady et al. 2020, 12. Siehe auch www.imf.org/environment (Februar 2023)

86 Wir gehen dafür vom Referenzwert aus, dass 43 100 Quadratmeter Photovoltaik über 32 Jahre ein Petajoule (die Energiemenge, für welche die Mortalitätsrate bei Kohlekraftwerken eingesetzt wird) resultiert. In China entfallen auf einen frühzeitig wegen Kohlekraftwerken Verstorbenen rund 7 400 Quadratmeter Photovoltaik und in Indien 4 400 Quadratmeter. Da der Mortalitätswert in China 1,6 Millionen und in Indien lediglich 700 000 Dollar beträgt, investiert man in Indien ungefähr den Menschenwert in die entsprechende Photovoltaikanlage, während China ungefähr zwei Drittel eines Menschenwerts in den Ersatz durch Solarstrom zu investieren hat.

87 Vgl. dazu den Artikel »European life expectancy increases by 9 months due to less pollution« vom 30. Juli 2020 von Rosie Frost auf Euronews, welche sich auf den internationalen Air Quality of Life Index (AQLI) bezieht.

88 Coady et al. 2020, 12.

89 Dieser Bereich betrifft das Jahr 2022. Die aktuellen Preise sind einsehbar auf EU Carbon Permits auf der Webseite von Trading Economics.

90 Der aktuelle Preis bewegt sich seit Jahren auf Niveau von inzwischen über 1 000 inflationsbereinigten Euros pro Tonne zurückgebundenen Kohlendioxids. Vgl. https://climeworks.com/subscriptions (Februar 2023).

91 The Guardian vom 29. Mai 2019.

92 Thure Traber/Hans-Josef Fell: Erdgasstudie. Erdgas leistet keinen Beitrag zum Klimaschutz. Der Umstieg von Kohle und Erdöl auf Erdgas beschleunigt den Klimawandel durch alarmierende Methanemissionen. Energy Watch Group, Berlin 2019, 20. https://www.energywatchgroup.org/erdgas-leistet-keinen-beitrag-zum-klimaschutz (Februar 2023)

93 Coady et al. 2019. Zu den neuesten Entwicklungen: https://www.cleanenergywire.org/news/expert-commission-proposes-gas-price-relief-90-billion-euros-2024-german-consumers

94 Marielle Saunois et al.: The growing role of methane in anthropogenic climate change. In: Environmental Research Letters 11:12, 120207 (2016). https://iopscience.iop.org/article/10.1088/1748-9326/11/12/120207 (Februar 2023)

95 Ramón A. Alvarezet al.: Assessment of Methane Emissions from the U. S. Oil and Gas Supply Chain. Science 361:6398 (2018), 186–188. https://www.science.org/doi/10.1126/science.aar7204 (Februar 2023)

96 Robert W. Howarth: (2019) Ideas and perspectives: Is shale gas a major driver of recent increase in global atmospheric methane? In: Biogeosciences 16 (2019), 3033–3046. https://doi.org/10.5194/bg-16-3033-2019

97 Traber/Fell 2019, 12.

98 Robert W. Howarth: A Bridge to nowhere: methane emissions and the greenhouse gas footprint of natural gas. In: Energy Science & Engineering 2:2 (2014), 47–60. https://doi.org/10.1002/ese3.35 (Februar 2023)

99 Der UN-Environment-Bericht vom 19. Juli 2022 spricht von einer 80-fach stärkeren Klimawirkung über 20 Jahre als Kohlendioxid: https://www.unep.org/news-and-stories/story/how-secretive-methane-leaks-are-driving-climate-change?utm_source=Un+Environment+Masterlist&utm_campaign=fe195e0f92-EMAIL_CAMPAIGN_2022_07_29_03_28&utm_medium=email&utm_term=0_b9e62347f7-fe195e0f92-115918511 (Februar 2023)

100 »In general, warming-induced methane-climate feedbacks tend to be positive, operating through sources, mainly due to accelerated methanogenesis. However, sinks dominate the negative feedbacks with increasing oxidation rate shortening atmospheric methane lifetime, especially due to increases in atmospheric oxidant hydroxyl radicals, ·OH, from water vapor and lightning-generated NO_x. Nevertheless, exceptions apply. For example, with respect to *LSAT*, the atmospheric sink provides secondary positive feedback: higher CH_4 emissions, with positive feedback via biomass burning, result in increased atmospheric carbon monoxide (CO), reacting with atmospheric ·OH to decrease its concentration, hence extending the CH_4 lifetime. Similarly, increased emissions of biogenic volatile organic compounds (BVOCs) result in positive feedback by limiting ·OH.« In: Chin-Hsien Cheng/Simon A. T. Redfern: Impact of interannual and multidecadal trends on methane-climate feedbacks and sensitivity. In: Nature Communications 13: 3592 (2022) https://doi.org/10.1038/s41467-022-31345-w (Februar 2023)

101 Ich folge hier der historischen Biographie von Luigi Diodati: Vita dell Abate Ferdinando Galiani. Neapel 1788, 54f. Die Leidenschaft für diesen einmaligen Dialog beruht auf der Habilitation meines gymnasialen Deutsch- und Universitätsdozenten Thomas Fries: Dialog der Aufklärung. Shaftesbury, Rousseau, Solger. Tübingen/Basel 1990.

102 »[R]ien n'est si vrai que les prix des bleds laissés en liberté se mettent en équilibre. Rien n'est si vrai que le commerce rendu libre répandra du bled part tout [sic] où il y aura de l'argent & des consommateurs.« Ferdinand Galiani: Dialogues sur le commerce des bleds. Paris 1770, 236f.

103 Ebd., 240.

104 »Il est inutile d'avertir que ces entretiens ne sont supposés. On s'en appercevra bien à la familiarité du ton, à la liberté de la plaisanterie, à la

vérité des caracteres [sic] & en général à une sorte de négligence qui n'en rendra peut-être la lecture que plus agréable aux personnes d'un goût naturel & simple.« Ebd.

105 »M. l'Abbé Galiani, Napolitain, réjouit la nation française sur l'exportation des blés; il trouva le secret de faire, même en français, des dialogues aussi amusans que nos meilleurs romans, & aussi instructifs que nos meilleurs livres sérieux.« Ebd., 56.

106 An die Kolleginnen und Kollegen aus den geistes- und sozialwissenschaftlichen Disziplinen: Ja, damit berufe ich mich auf Luhmanns Systemtheorie und seine Idee der disziplinär und gesellschaftlich funktionalen »autopoietischen« Ausdifferenzierung in der Moderne, wie sie vor allem im folgenden Band, der verschiedenste Schriften aus den Jahren 1970 bis 1998 versammelt, zum Ausdruck kommt: Niklas Luhmann: *Schriften zur Organisation* 3. Gesellschaftliche Differenzierung. Herausgegeben von Ernst Lukas und Veronika Tacke. Berlin 2019.

107 Mein zweiter Gewährsmann neben Luhmann in Bezug auf die Moderne ist Foucault mit seiner epistemischen Ordnung. Um 1800 (wobei der Zeitrahmen großzügig zu verstehen ist) geht das Wissen nicht mehr in einer klassischen Repräsentationsordnung auf, sondern in einer solchen, welche sich dem Konzept der Genealogie verschreibt – also der fixen Idee einer Herkunftsgeschichte in Biologie und Historiographie und einer sich fortschreitenden und sich fortentwickelnden Gesellschaft. Michel Foucault: Les mots et les choses. Une archéologie des sciences humaines. Paris 1966.

108 Geradezu amüsant liest sich die Verlustgeschichte einer hoch differenzierten Stimmung aus der Epoche der Aufklärung im Laufe des 19. Jahrhunderts bei Ross W. Duffin: How Equal Temperament Ruined Harmony: And Why You Should Care. New York 2007.

109 Der Begriff stammt aus dem Gedichtband von Joshua Clover/Juliana-Spahr: Misanthropocene: 24 theses. Oakland 2014. Vgl. auch die Aufsatzsammlung des französischen Philosophen und Essayisten Bernard Stiegler: The Neganthropocene. Hg. und übers. von Daniel Ross. London 2018.

110 »Zwei bis drei Milliarden Menschen werden aus Gegenden auswandern müssen, die unbewohnbar wurden«. Interview mit dem Geostrategen Parag Khanna im NZZ-Magazin vom 21. Mai 2022.

111 Chakrabarty 2021, 31.

112 Sir David Attemborough: *Das Leben in Farbe* (Dokuserie). Netflix 2021.

113 Simon A. Levin: The Problem of Pattern and Scale in Ecology. In: Ecology 73:6 (1992), 1943–1967, hier: 1945.

114 West 2019, 59.

115 West 2019, 25–29.

116 Horn/Bergthaller 2019, 181.

117 »With climate change, however, we have a map, its scale includes the whole earth but when it comes to relating the threat to daily questions

of politics, ethics or specific interpretations of history, culture, literature etc., the map is often almost mockingly useless.« In: Timothy Clark: Scale: Derangements of Scale. In: Telemorphosis: Theory in the era of climate change 1. Michigan 2012, 148–166, hier: 148f.

118 Vgl. dazu die z. T. sehr eigenwilligen Kommentare auf den Artikel von Christoph Eichborn »Schmelzwasser bremst Zirkulation. Golfstrom könnte vor dem Umkippen stehen« im Tages Anzeiger vom 5. 8. 2021: https://www.tagesanzeiger.ch/der-golfstrom-koennte-vor-dem-umkippen-stehen-657953988233 (Februar 2023)

119 Debora MacKenzie: Are We Doomed. In: New Scientist. 5 April 2008, 33–35, hier: 33.

120 »The phrase ›carbon footprint‹ becomes a very peculiar catachresis, collapsing huge and tiny scales upon each other and instantiating a problem that Hans Jonas highlighted about ›all traditional ethics‹ – that it ›reckoned only with noncumulative behavior‹.« In: Timothy Clark: Ecocriticism on the edge. The Anthropocene as a threshold Concept. London/New Delhi/New York/Sydney 2015, 72.

121 Horn/Bergthaller, 196.

122 https://energiestatistik.enerdata.net/gesamtenergie/welt-verbrauch-statistik.html (Februar 2023)

123 https://eur-lex.europa.eu/LexUriServ/LexUriServ.do?uri=OJ:L:2009:140:0016:0062:DE:PDF (Februar 2023)

124 https://www.german-energy-solutions.de/GES/Redaktion/DE/Publikationen/Marktanalysen/2020/zma-lettland-2020-bioenergie.html (Februar 2023)

125 Davon zeugen nicht nur die einschlägigen offiziellen Bilanzen der EU, sondern ebenso sogenannte umweltökonomische Artikel wie József Popp et al.: Bioeconomy: Biomass and biomass based-energy supply and demand. In: New Biotechnology, 60 (2021), 76–84. https://doi.org/10.1016/j.nbt.2020.10.004 (November 2020)

126 Kahlschlag in Europas Wäldern. Das fatale Geschäft mit Holzpellets. In: Deutschlandfunk vom 22. Februar 2023. https://www.deutschlandfunkkultur.de/holzpellets-geschaeft-europa-waelder-wald-100.html?utm_source=pocket-newtab-global-de-DE (Februar 2023)

127 Playing with Fire: Europe's bioenergy future (vom 28. November 2017): www.youtube.com/watch?v=EJ9thDgt3Aw (Februar 2023)

128 Kahlschlag in Europas Wäldern. Das fatale Geschäft mit Holzpellets. In: Deutschlandfunk vom 22. November 2022. https://www.deutschlandfunkkultur.de/holzpellets-geschaeft-europa-waelder-wald-100.html?utm_source=pocket-newtab-global-de-DE (Februar 2023)

129 Klaus Hennenberg et al.: Aktuelle Nutzung und Förderung der Holzenergie. Teilbericht zu den Projekten BioSINK und BioWISE. Hg. von Umwelt Bundesamt, Climate Change 12/2022, 139–145. https://www.umweltbundesamt.de/sites/default/files/medien/479/publikationen/cc_

12-2022_aktuelle_nutzung_und_foerderung_der_holzenergie.pdf (Februar 2023)

130 Eindrücklich zeichnet die notwendige Kopplung von Kohlenstoff- und Stickstoffzyklus in der Landwirtschaft nach Roman Hüppi: Kreisläufe schliessen – Kohlenstoffsenken in der alpinen Landwirtschaft. In: Syntopia Alpina vom 20. September 2022. Unter: https://www.syntopia-alpina.ch/beitraege/kreislaeufe-schliessen-kohlenstoffsenken-in-der-alpinen-landwirtschaft (Dezember 2022).

131 So verbleiben gemäß Le Quéré et al. 2009 nur ca. 47 % unserer Emissionen in der Atmosphäre. 27 % werden von Landquellen und 26 % von den Ozeanen aufgenommen. Siehe dazu: Corinne Le Quéré et al.: Trends in the sources and sinks of carbon dioxide. In: Nature Geoscience 2 (2019), 831–836. Innerhalb des natürlichen Kohlenstoffzyklus kann man davon ausgehen, dass rund 2 ppm in 1 000 Jahren kompensiert würden, solange das bisherige System auch funktionstüchtig ist.

132 Sabine B. Rumpf et al.: From white to green: Snow cover loss and increased vegetation productivity in the European Alps. In: Science 376:6597 (2022), 1119–1122.

133 So ergeben sich per 2020 502,5 Gt CO_2, welche in der Atmosphäre verbleiben (mittels Bottom-Up Approach über die Konzentration in der Atmosphäre). Katarzyna B. Tokarska/Kirsten Zickfeld/Joeri Rogelj: Path independence of carbon budgets when meeting a stringent global mean temperature target after an overshoot. In: Earth's Future 7:12 (2019), 1283–1295. https://org/10.1029/2019EF001312 (Februar 2023). Wenn wir nicht »nur« Netto-Null, sondern eine tiefere CO_2-Konzentration anpeilen, werden Meer und Biomasse wieder ausgasen. Das ergäbe also grob 1070 seit 1987 emittierte GtCO_2. Diese Zahl passt auch mit Fig. 2.3 vom IPCC SR1.5 überein. (https://www.ipcc.ch/sr15/graphics/#cid_457 – Februar 2023) Da CH_4 eine recht kurze Lebenszeit in der Atmosphäre hat (ca. 9 Jahre, je nach Höhe bzw. Temperatur), bevor es zu CO_2 umgewandelt wird. Auch sind die natürlichen Senken (analog zum Meer beim CO_2) aktuell noch sehr potent und skalieren sich mit unseren Emissionen. So ergeben sich zusätzlich zu den 1 070 Gt CO_2 fürs CO_2 noch 1,9 Gt CO_2eq fürs Methan und 7,5 Gt CO_2eq fürs Lachgas. Wieviel der beiden Treibhausgase wieder aus deren (heutigen) Senken ausgasen, ist schwierig zu bestimmen. Man geht davon aus, dass es beim Methan nicht »nennenswert« ist, bei N_2O hingegen schon. Siehe dazu Saunois et al. 2020 sowie Prather et al. 2012.

134 1 ppm entspricht 7 814 Gt CO_2.

135 Zur Dekontaminierung von Böden durch Pflanzenkohle: Anna Wawra et al.: Degradation of polycyclic aromatic hydrocarbons in a mixed contaminated soil supported by phytostabilisation, organic and inorganic soil additives. In: Science of The Total Environment 628–9 (2018), 1287–1295. https://doi.org/10.1016/j.scitotenv.2018.02.156 (Februar 2023)

oder auch: Gerard Cornelissen et al.: Extensive sorption of organic compounds tob lack carbon, coal, and kerogen in sediments and soils: mechanisms and consequences for distribution, bioaccumulation, and biodegradation. In: Environmental Science and Technology 39:18 (2005), 6881–6895. https://pubs.acs.org/doi/abs/10.1021/es050191b (Februar 2023)

136 Michael J. Prather et al.: Reactive greenhouse gas scenarios: Systematic exploration of uncertainties and the role of atmospheric chemistry. In: Geophysical Research Letters 39:9 (2012). https://doi.org/10.1029/2012GL051440 (November 2020)

137 Saunois et al. 2020 sprechen von 56 %: »Global emissions from agriculture and waste for the period 2008–2017 are estimated to be 206 Tg $CH_4\,yr^{-1}$ (range 191–223, Table 3), representing 56 % of total anthropogenic emissions.« In: Saunois et al. 2020: The Global Methane Budget 2000–2017. In: Earth System Science Data 12 (2020), 1561–1623, hier: 1574.

138 Kanton Uri – Amt für Umweltschutz: Grünerlenbestände im Urserntal und deren Auswirkungen auf die Nitrat-Auswaschung und die Treibhausgasemissionen. 31. 03. 2020, 9.

139 Gemäß Bühlmann et al.: Shrub Expansion of Alnus viridis Drives Former Montane Grassland into Nitrogen Saturation. In: Ecosystems 19/6 (2016), 968–985.

140 Dabei können wir von einem durchschnittlichen Jahresausstoß von rund 2,1 Millionen Tonnen CO_2 der 30 KVAs in der Schweiz ausgehen.

141 Vgl. dazu: Erika Hiltbrunner: Die Verbuschung der Alpen und eine tierisch einfache Lösung. In: Syntopia Alpina vom 3. Mai 2022. https://www.syntopia-alpina.ch/beitraege/die-verbuschung-der-alpen-und-eine-tierisch-einfache-loesung (Februar 2023)

142 Dafür gehe ich von 21,9 g CH_4 und 0,24 g N_2O (durch längeres Lagern von Mist) pro Schaf aus, nach Dong et al. 2006 gemäß IPCC Guidelines der National Greenhouse Gas Inventories. Dahinter steckt auch eine maximale Bestoßung durch 6 000 Schafen, welche theoretisch gleichzeitig den gesamten Grünerlenbestand im Urserental auf einmal schädigen und reduzieren.

143 Tobias Zehnder/Andreas Lüscher/Carmen Ritzmann/Caren M. Pauler/Joel Berard: Dominant shrub species are a strong predictor of plant species diversity along subalpine pasture-shrub transects. *In:* Alpine Botany. 130:2 (2020), 141–156, doi:10.1007/s00035-020-00241-8. (Februar 2023)

144 So reduziert sich der positive Klimaeffekt von Alpweiden durch die Beweidung von Schafen um rund 16 %. Eine Weide bleibt dadurch aber weiterhin eine CO_2-Senke. Siehe dazu: Sigrid Dengel et al.: Methane emissions from sheep pasture, measured with an open-path eddy covariance system. In: Global Change Biology 17:12 (2011), 3524–3533. https://onlinelibrary.wiley.com/doi/abs/10.1111/j.1365-2486.2011.02466.x (Februar 2023) Mit großer Wahrscheinlichkeit reduziert sich der positive Klimaeffekt heute inzwischen deutlich, weil das Methan länger braucht, bis es wieder in der Atmosphäre zu CO_2 abgebaut ist.

145 West 2019, 228.

146 »… the greater the number of people engaged in modern forms of consumption then the less the relative influence or responsibility of each but the worse the cumulative impact of their insignificance.« In: Clark 2015, 72.

147 »Human agency becomes displaced from within by its own act, a kind of demonic iterability.« In: Clark 2012, 150.

148 Stephen David Ross: The Gift of Property: Having the Good. Albany 2001, 57.

149 So schmelzen beispielsweise Polareis, Gletscher und Permafrost teilweise rund 70 Jahre früher ab, als noch 2014 im *Fünften Sachstandsbericht* (AR5) des Intergovernmental Panel on Climate Change (IPCC) vorausgesagt worden ist. Louise Farquharson et al.: Climate Change Drives Widespread and Rapid Thermokarst Development in Very Cold Permafrost in the Canadian High Arctic. Geophysical Research Letters 46:12 (2019), 6681–9. https://doi.org/10.1029/2019GL082187 (Februar 2023)

150 Eva Horn: Zukunft als Katastrophe. Frankfurt am Main 2014, 18.

151 Ebd.

152 Harald Welzer und Claus Leggewie: Das Ende der Welt, wie wir sie kannten. Berlin 2009.

153 West 2019, 234f.

154 Niklas Boers/Martin Rypal: Critical slowing down suggests that the western Greenland Ice Sheet is close to a tipping point. In: PNAS 118:21 (2021). https://doi.org/10.1073/pnas.2024192118 (Februar 2023)

155 Jonathan Franzen: Wann hören wir auf, uns etwas vorzumachen? – Vorbereitung auf ein Leben mit der Klimakatastrophe. Deutschlandfunk Kultur, 28. 01. 2020. https://www.deutschlandfunkkultur.de/jonathan-franzen-wann-hoeren-wir-auf-uns-etwas-vorzumachen-100.html (November 2020)

156 https://news.climate.columbia.edu/2021/11/11/how-close-are-we-to-climate-tipping-points (Februar 2023)

157 »For example, multiple lines of evidence indicate that the majority (70–90 %) of warm water (tropical) coral reefs that exist today will disappear even if global warming is constrained to 1.5 °C *(very high confidence)*.« https://www.ipcc.ch/sr15/chapter/chapter-3 (Februar 2023)

158 »The Arctic Ocean will likely become practically sea ice free during the seasonal sea ice minimum for the first time before 2050 in all considered SSP scenarios. There is no tipping point for this loss of Arctic summer sea ice (high confidence).« https://www.ipcc.ch/report/ar6/wg1 (1215) (Februar 2023)

159 Vasily Bogoyavlensky et al.: Distribution of permafrost and gas hydrates in relation to intensive gas emission in the central part of the Laptev Sea (Russian Arctic). In: Marine and Petroleum Geology 138 (2022), https://doi.org/10.1016/j.marpetgeo.2022.105527 (Februar 2023)

160 So auch der populärwissenschaftliche Artikel der Columbia Climate

School: https://news.climate.columbia.edu/2021/11/11/how-close-are-we-to-climate-tipping-points (Februar 2023)

161 Thomas E. Lovejoy/Carlos Nobre: Amazonas Tipping Point: Last Chance for Action. In: Science Advances 5:12 (2019), https://www.science.org/doi/10.1126/sciadv.aba2949 (Februar 2023)

162 So war der Klimagasausstoß durch außergewöhnliche Brände aufgrund von Hitze und Trockenheit in den letzten drei Jahren 2019 bis 2021 weltweit enorm. So hätten die Wald- und Flächenbrände 2021 bereits 5,5 Milliarden Tonnen schädlicher Treibhausgase freigesetzt. »Das ist mehr als im gleichen Zeitraum in den Jahren davor«, sagte die Waldbrand-Expertin der Deutschen Presse-Agentur in Moskau. Die Menge schwanke jährlich zwischen 5,6 Milliarden und 7,7 Milliarden Tonnen Kohlendioxid, Kohlenmonoxid und Methan. »Die globalen Zahlen sind vergleichbar mit den Emissionen, die durch die Nutzung von Erdgas weltweit pro Jahr freigesetzt werden.« (Russische Waldbrände »sehr beunruhigend«. In: News ORF 21. August 2021, Interview mit Kirsten Thonicke, Waldbrand-Expertin vom Potsdam-Institut für Klimafolgenforschung [PIK]: https://orf.at/stories/3225683 [Februar 2023]).

163 Horn/Bergthaller 2019, 56.

164 Andri-Snaer Magnason: Wasser und Zeit. Berlin 2020, 12.

165 David Wallace-Wells: The Uninhabitable Earth. New York 2019, 35–42.

166 David Attenborough: Mein Leben auf unserem Planeten. Produktion und Regie von Johnny Hughes, 2020.; David Attenborough: Unser Planet (Fernsehserie). Silverback Films/WWF, 2019.

167 Ulrich Beck und Edgar Grande: Jenseits des methodologischen Nationalismus: Außereuropäische und europäische Variationen der Zweiten Moderne. In: Soziale Welt 61 (2010), 187–216.

168 Horn/Berthaller 2019, 180.

169 Vgl. »The phrase ›carbon footprint‹ becomes a very peculiar catachresis, collapsing huge and tiny scales upon each other […]« In: Timothy Clark: Ecocriticism on the Edge: The Anthropocene as a Threshhold Concept. London/New Delhi/New York/Sidney 2015, 72.

170 Julie Doyle: Where has all the oil gone? BP branding and the discursive elimination of climate change risk. In: Nick Heffernan/David A. Wragg (Hg.): Culture, Environment, Ecopolitics. Newcastle u. Tyne 2011, S. 200–225. Siehe dazu auch: https://mashable.com/feature/carbon-footprint-pr-campaign-sham; Jon Stewart: The World is Ending, so … Recycle? In: The Problem with Jon Stewart: Humans I/6 (10. März 2022), Apple TV. (Februar 2023)

171 Dipesh Chakrabarty: Climate of History: Four Theses. In: Critical Inquiry 35:2 (2009), 202–3.

172 Ebd., 205.

173 Kari Marie Norgaard: Living in Denial: Climate Change, Emotions, and Everyday Life. Cambridge MA/London 2011, 33–63.

174 Timothy Morton: Being Ecological. Cambridge MA 2018, XXIIf.

175 Vgl. »Anticipatory fear is far less intense than the fear you experience when finding yourself, all of a sudden, in the middle of a trauma – Freud calls that kind of fear fright.« In: Ebd.

176 The Ecomodernist Manifesto: http://www.ecomodernism.org (Februar 2023)

177 So hält der IPBES-Report 2022 zur Biodiversität fest, dass trotz gegenteiliger Beteuerung des ökomodernistischen Ansatzes mit der Industrialisierung der Druck auf die Biosphäre drastisch zugenommen hat. Seither gingen nicht nur 68 Prozent der Waldgebiete, sondern auch 85 Prozent der Feuchtgebiete und über die Hälfte der Korallenriffe verloren. S. https://www.de-ipbes.de/de/Globales-IPBES-Assessment-zu-Biodiversitat-und-Okosystemleistungen-1934.html (Dezember 2022).

178 Rob Nixon: Slow Violence and the Environmentalism of the Poor. Cambridge MA/London 2011, 2–3.

179 So spricht Eva Horn in ihrer Einführung zum Anthropozän von drei fundamentalen Schwierigkeiten einer Ästhetik des Anthropozäns: erstens von einer Latenz als Entzug der Wahrnehmbarkeit und Darstellbarkeit, zweitens von einer Verstrickung (*entanglement*) als Struktur eines neuen Bewusstseins von K-Existenz und Immanenz sowie von einem Kollaps verschiedener Skalen. Eva Horn: Challenges for an Aesthetics of the Anthropocene. In: Gabriele Dürbeck/Philip Hüpkes (Hg.): Narratives of scale in the Anthropocene: imagining human responsibility in an age of scalar complexity. New York 2021, 159–172, hier: 160.

180 Clark 2015, S. 97–114.

181 Vgl. »Multi-tentacled Time«. In: Mieke Bal: Image-Thinking: Artmaking as Cultural Analysis (Refractions). Edinburgh 2022, S. 131–175.

182 Ghosh 2016, 18.

183 Ghosh 2016, 19.

184 Ebd., 20.

185 Ebd., 32.

186 Ebd., 32.

187 Foster/Clark/York 2010.

188 Ghosh 2016, 36.

189 Latour 1991, 34.

190 Ghosh 2016, 39.

191 Ebd.

192 Ghosh 2016, 44.

193 Heather Davis/Etienne Turpin (Hg.): Art in the Anthropocene. London 2015, 3.

194 Alexander Honold: Die Zeit schreiben: Jahreszeiten, Uhren und Kalender als Taktgeber der Literatur. Basel 2013, 15. Bei diesem Kapitel handelt es sich um eine gekürzte und neu gewichtete Version meines Artikels Die kalendarische Phantasmagorie angesichts des Anthropozän.

In: Christoph Hamann und Rolf Parr (Hg.): Kalender Getaktete Zeiten. Von Kalendern und Zeitvorstellungen in Literatur und Film, Berlin/Boston 2022, S. 3–15.

195 Schön erkennbar wird die klimatische Verschiebung der leicht nördlicher und kontinentaler gelegenen Ukraine in den vegetationsentscheidenden Monaten: So entspricht der Monat, in dem das Gras (»trava«/»трава«) wächst, dem kroatischen April (»travanj«) bzw. dem ukrainischen Mai (»травень«), der Monat der Lindenblüte Juni (»lipanj«) bzw. Juli (»Липня«) und der Monat der Getreideernte, der Sichelmonat, Juli (»srpanj«) bzw. August (»Серпень«).

196 Latour 2017.

197 Williams Ruddiman: The Anthropogenic Era Began Thousands of Years ago. In: Climatic Change 61:3 (2003), 261–293. Wir sind eigentlich bereits wieder in einer milden Eiszeit, da die Sonneneinstrahlung seit rund 9 000 Jahren wieder abgenommen hat. Illustrativ dazu ist das Video »Where are we in the Milankovitch Cycle?«: https://youtu.be/eB3DJtQ ZVsw (Februar 2023)

198 Horn/Bergthaller 2019, 95.

199 Mojib Latif: Heißzeit. Mit Vollgas in die Klimakatastrophe – und wie wir auf die Bremse treten. Freiburg/Basel/Wien 2020.

200 Wallace-Wells 2019, 14.

201 Vgl. dazu den Kommentar in Friedrich Hölderlin: *Tutte le liriche,* edizione tradotta e commentata e revisione del testo critico tedesco a cura di Luigi Reitani. Milano 2001, 1475–1478; FHA 5, 823f.

202 »Wo bist du, Nachdenkliches! das immer muß / Zur Seite gehn, zu Zeiten, wo bist du, Licht? / Wohl ist das Herz wach, doch mir zürnt, mich / Hemmt die erstaunende Nacht nun immer.« Zitiert wird nach der publizierten Fassung ebd., 284 sowie 286.

203 Der Bruch wird hörbar in der eigenwilligen Rhythmisierung innerhalb des alkäischen Versmaßes der Ode. Vgl. dazu Boris Previšić: Hölderlins Rhythmus. Ein Handbuch. Frankfurt a. M. 2008 sowie Hölderlins asklepiadeische und alkäische Ode – zwei metrische Typologien mit einer Tendenz. In: Ars Metrica. Online: https://ars-metrica.germ-ling.uni-bamberg.de/ars-metrica-200612/holderlins-asklepiadeische-und-alkaische-ode (Februar 2023).

204 Ghosh 2016, 90.

205 Ebd.

206 Max Frisch: Der Mensch erscheint im Holozän. Frankfurt am Main 1979, 9.

207 Ebd., 64.

208 Ebd., 44.

209 Horn 2014, 15.

210 Ebd., 33f.

211 Ebd., 75.

212 Ebd., 18.

213 Ebd., 87.
214 Ebd., 33; 40; 73.
215 Ebd., 34.
216 Ebd., 34f. sowie 74.
217 Ebd., 25.
218 Roland Barthes: La préparation du roman. Cours au Collège de France 1978–1979 et 1979–1980. Paris 2003.
219 Frisch, 50f.
220 Ebd., 70.
221 Ebd.
222 Ebd., 71.
223 Ebd., 103.
224 Martin 2021, 99.
225 Ebd., 29.
226 Ebd., 70.
227 Ebd., 30.
228 Ebd., 77.
229 Bonneuil/Fressoz 2016, 45.
230 Alfred W. Crosby: The Columbian Exchange. Biological and cultural consequences of 1492. Westport 2003.
231 Fredrik Abritton Jonsson: The Origins of Cornucopianism: A preliminary genealogy. In: Critical Historical Studies 1:1 (2014), 151–168.
232 Horn 2019, 198.
233 Grafiken von Steffen et al.: The Anthropocene. Conceptual and historical perspectives. In: Philosophical Transactions of the Royal Society A 369 (2011), 842–867, 851f.
234 Buffon, Georges-Louis Leclerc de (1778): Des époques de la nature. In: *Supplément à l'Histoire naturelle*, Band V., S. 244.
235 Crutzen/Stoermer 2000, 18.
236 Horn 2019, 38.
237 Kolbert 2014, 83f.
238 Chakrabarty 2018, 20.
239 Morton 2013, 19.
240 Ebd., 20.
241 Horn/Bergthaller 2019, 179.
242 Horn/Bergthaller 2019, 91 sowie 222.
243 Jean-Baptiste Fressoz: L'anthropocène et l'esthétique du sublime. In: *Mouvements* (16. September 2016), 3.
244 Jason W. Moore: Capitalism in the Web of Life: Ecology and the Accumulation of Capital. London 2015. Eine fast vollständige Übersicht über alle neologistischen Alternativvorschläge zum Anthropozän findet sich im Kapitel »Neologismcene« bei Steve Mentz: Break up the Anthropocene. Minnesota 2019. https://manifold.umn.edu/read/a96a39ab-282a-4fe0-8fdd-f9281a981b7a/section/2d030223-91bd-45c7-acc3-d474e4e29a18#en83 (Dezember 2022).

245 Tim Gore: Confronting carbon inequality. Putting climate justice at the heart of the COVID-19 recovery. In: Oxfam International 2020. https://www.oxfam.org/en/research/confronting-carbon-inequality (November 2020)

246 Boris Previšić 2020, 117.

247 Horn/Bergthaller 2019, 83.

248 https://bsahely.com/2019/03/25/economism-and-the-econocene-a-coevolutionary-interpretation-richard-b-norgaard-real-world-economics-review/.

249 Bonneuil/Fressoz 2016, 107.

250 Ebd., 117.

251 So emittierten die USA von 1850 bis 2021 420 Gigatonnen Kohlendioxid aus der Verbrennung von fossilen Energieträgern und aus der Zementherstellung. Mit Land- und Waldnutzung beläuft sich der Wert auf insgesamt 509 Gigatonnen. Insgesamt hat die Menschheit in dieser Periode 2 500 Gigatonnen Kohlendioxid emittiert. Vgl. Kumulierte CO_2-Emissionen nach Ländern im Zeitraum 1850 bis 2021 auf https://de.statista.com/statistik/daten/studie/1274590/umfrage/kumulierte-co2-emissionen/#statisticContainer

252 Bonneuil/Fressoz 2016, 138.

253 Ebd., 157–160.

254 Ebd., 198.

255 Ebd., 196.

256 Mann 2011, 201.

257 Anna Tsing. lecture »Earth Stalked by Man,« University of California, Santa Cruz. Cited in Catherine Ashcraft and Tamar Mayer, eds., *The Politics of Fresh Water: Access, Conflict, and Identity*. London: Routledge, 2016, 189.

258 Glenn Albrecht: Exiting the Anthropocene and Entering the Symbiocene. In: *Minding Nature* 9:2 (2016), https://www.humansandnature.org/exiting-the-anthropocene-and-entering-the-symbiocene

259 Donna Haraway: *Staying with the Trouble: Making Kin in the Chthulucene*. Durham, NC 2016, 101. Eine andere Vermischung von spezifisch geologischer und technischer Sphäre beschreibt Parrika in seinem Aufsatz zum Anthropobscene (2014), in dem sich die Geologie in den elektronischen Hilfsgeräten fortsetzt.

260 Haraway 2016, 102.

261 West 2019, 243.

262 Horn/Bergthaller 2019, 43.

263 Vgl. dazu Stefan Klotz/Ingolf Kühn: Indikatoren des anthropogenen Einflusses auf die Vegetation. In: Schriftenreihe für Vegetationskunde 38. (2002), 241–246.

264 Rolf-Peter Sieferle: Rückblick auf die Natur: Eine Geschichte des Menschen und seiner Umwelt. München 1997.

265 Latour 1993, 35.

266 »Rather than dismissing the development of the modern novel as a process of anthropocentric constriction, I would follow Richard Walsh when he suggests that we view it as part of a continual struggle to transcend the limits of narrative sense-making« (2016: 277). »From this perspective, the many formal innovations and self-imposed interdictions, the experiments with focalization and narrative time, the intertextual and metafictional games, and the programmatic distrust of narrative that characterize so much of modern fiction testify to a desire for forms of linguistic representation that can stand up to the complexity of the world we find ourselves in.« Hannes Bergthaller: Climate Change and Un-Narrability. In: Metaphora. Journal for Literature Theory and Media. 2 (2017), 1–12, hier: 10. Siehe dazu auch: Richard Walsh: Narrative theory at the limit. In: Martin Middeke/Christoph Reinfandt (Hg.): Theory matters: the place of theory in literary and cultural studies today. London 2016, 265–79.

267 Ghosh 2017, 94.

268 Ebd., 84.

269 Ebd., 87.

270 Vgl. dazu Marcia Bjornerud: Timefulness. New Jersey/Oxford 2018, Appendix II (n. p.)

271 Frisch 1979, 16.

272 Ghosh 2016, 29.

273 Luis W. Alvarez/Walter Alvarez: Extraterrestrial cause for the Cretaceous-Tertiary extinction. In: Science 208:4448, 1095–1108.

274 Eindrücklich erzählt wird diese wissenschaftshistorische Episode von Elizabeth Kolbert: Das sechste Sterben: wie der Mensch Naturgeschichte schreibt. Berlin 2016, 85.

275 Ebd., 86.

276 Malcolm W. Browne: Dinosaur experts resist meteor extinction idea. In New York Times vom 29. Oktober 1985. Nach: Kolbert 2016, 87.

277 Ghosh 2016, 42.

278 Der »älteste« Eisbohrkern reicht rund 900 000 Jahre zurück. Es handelt sich um das European Project for Ice Coring in Antarctica (EPICA). Dieses Kapitel findet sich leicht ausführlicher im Band, den ich mit Alexander Honold und Kathrin Schuchmann mitherausgegeben habe: *Gletscherbersten. Schliff. Literaturzeitschrift*. München 2023.

279 Gottlieb Sigmund Gruner: Die Eisgebirge des Schweizerlandes. Teil 2. Bern 1760, 57f.

280 Ebd., 55.

281 Ebd., XXIX. Hervorhebung von B. P.

282 Adalbert Stifter: Bergkristall (1845). Stuttgart 2001, S. 38.

283 »En gravissant cette pente, on côtoie le glacier, et on a le plaisir de voir très-près des pyramides de glace de la plus grande beauté.« In: Horace-Bénédicte de Saussure: Voyage dans les Alpes. [Partie pittoresque des ouvrages de H-B. de Saussure] (1779–96). Paris 1880, 107.

284 Immanuel Kant: Kritik der Urteilskraft, I/§ 26. 256. Nach Band V der Akademieausgabe, Berlin 1788. Onlineressource: https://korpora.zim.uni-duisburg-essen.de/Kant/aa05/251.html. (Februar 2023) Im Folgenden: KdU.

285 KdU, I/§ 26, 253. Auch unter § 23, 245 spricht Kant von Dingen der Natur, im Speziellen von den »Eismassen«.

286 KdU, I/§ 25, 248–250.

287 KdU, I/§ 25, 250.

288 KdU, I/§ 28, 261.

289 Peter Grupp: Faszination Berg. Die Geschichte des Alpinismus. Köln/Weimar/Wien 2008, 114–130.

290 »[I]l doit inventer et découvrir«. In: Charles Ferdinand Ramuz: Mythes. In: Gazette de Lausanne 337 (7. Dezember 1913).

291 »Au moment où Joseph levait la tête, le rose s'est éteint sur le glacier, qui est devenu pâle dans toute sa longueur, en même temps qu'il semblait s'avancer et venir à votre rencontre. Il parut venir à votre rencontre avec une couleur méchante, une vilaine couleur pâle et verte; et Joseph n'avait plus osé regarder, il s'était mis à marcher plus vite encore en baissant la tête [...]« Charles-Ferdinand Ramuz: La grande peur dans la montagne. Paris 1926, 57. Übersetzung durch Boris Previšić.

292 Ludwig Hohl (1975): Bergfahrt. Frankfurt am Main 2018, 64.

293 Ebd.

294 »Zwar wird es in der Arktis, in Grönland und in der Antarktis noch einige tausend Jahre Gletscher geben, aber in den Alpen, im Himalaya und in Island größtenteils nicht mehr. Die Leute werden fragen: Wie hat man Gletscher am Anfang des 21. Jahrhunderts beschrieben?« Magnason 2021, 169

295 Ulrich Becher (1969): Murmeljagd. Frankfurt am Main 2020, 645.

296 Raoul Schrott: Erste Erde Epos. München 2016, 338.

297 »Bin hüt zerscht mal ufeme gletscher gsi / Es het mir, de bode wäg zoge – so schnäll schmelzet si / det wo vo 100 jahr no ewigs iis / Hüt es seeli und morn scho rest in peace// [...] jetzt stahni am rand vo sim see / und ich wag de sprung mama – ich wirde äis / gspüre s'letzte stuck ewigkeit«. Nachzuhören unter https://www.youtube.com/watch?v=jZP3iNXsS5g (Februar 2023)

298 Theodor Adorno: Ästhetische Theorie. Frankfurt am Main, 410.

299 »L'appel au jugement résulte d'un conflit entre les facultés. Deux phrases à régime hétérogène, ici l'imagination et la raison, ne parviennent pas à s'accorder à propos d'un objet (l'objet qui donne occasion au sublime), et leur conflit se signale par un signe, un silence éloquent, le sentiment, qui est toujours une agitation, c'est-à-dire une phrase impossible.« Jean-François Lyotard: Judicieux dans le différend. In: La faculté de juger. Paris 1985, 199f.

300 Folgende Ausführungen waren Bestandteil des Vortrags »›Berge der Einsamkeit‹. Zur Topographie eines Lebensgefühls« für die Lucerna 2021

zum Thema »Einsamkeiten«. Dieser war wiederum Grundlage für den NZZ-Artikel »Einsamkeit ist auch eine Landschaft« vom 24. März 2021.

301 Martin 2021, 49.

302 Ebd., 110.

303 Ebd., 111.

304 Ebd., 21.

305 Ebd., 22.

306 Ebd., 115.

307 Ebd., 113.

308 Ebd., 48.

309 Ebd., 19.

310 Ebd., 76.

311 Ghosh 2016, 46f.

312 Timothy Morton: 2020: https://www.e-flux.com/announcements/332293/voices-towards-other-institutions-17-timothy-morton (Februar 2023).

313 Horn 2019, 125.

314 Thomas L. Friedman: Global Weirding is here. In: New York Times vom 17. Februar 2010.

315 Horn 2019, 125.

316 Ghosh 2016, 48.

317 Ebd., 50.

318 Ebd., 93.

319 Ebd., 54.

320 Horn 2019, 126.

321 Heise 2016, 5.

322 »Without major catastrophes like an enormous volcanic eruption, an unexpected epidemic, a large-scale nuclear war, an asteroid impact, a new ice age, or continued plundering of Earth's resources by partially still primitive technology (the last four dangers can, however, be prevented in a real functioning noösphere) mankind will remain a major geological force for many millenia, maybe millions of years, to come.« In: Crutzen/Stoermer 2000, 18.

323 West 2019, 223.

324 Crutzen/Stoermer 2000, 17. Siehe dazu auch: David Archer: The long thaw: how humans are changing the next 100 000 years of Earth's climate. Princeton, NJ 2009, 163.

325 West 2019, 155–215.

326 Ebd., 123f.

327 Ebd., 162

328 Utrecht University: Climate change tipping points: back to the drawing board. 2021. https://www.sciencedaily.com/releases/2021/10/211007145818.htm (Februar 2023)

329 Ghosh 2016, 103.

330 Martin 2021, 104.

331 Chakrabarty 2009, 197–222, 217.

332 Rockström, Johan et al. (2009): »Planetary Boundaries: Exploring the Safe Operating Space for Humanity.« In: *Nature* 461, 472–475.

333 Steffen, Will/Richardson, Katherine/Rockström, Johann/Cornell, Sarah et al. (2015): »Planetary Boundaries. Guiding human development on a changing planet.« In: *Science* 347:6223. Unter: https://www.science.org/doi/10.1126/science.1259855 (Februar 2023).

334 Persson, Linn et al. (2022): »Outside the Safe Operating Space of the Planetary Boundary for Novel Entities.« In: *Environmental Science and Technology*, 56:3, 1510–1. Unter: https://pubs.acs.org/doi/10.1021/acs.est.1c04158 (Februar 2023).

335 »Although Earth's complex systems sometimes respond smoothly to changing pressures, it seems that this will prove to be the exception rather than the rule. Many subsytems of Earth react in a [...] abrupt [...] way, and are particularly sensitive around threshold levels of certain key variables.« Rockström et al. 2009.

336 Bjornerud 2021, 26.

337 Ebd., 85.

338 Bjornerud 2021, 220.

339 Ebd., 221f.

340 Schrott 2016, 683f.

341 Ghosh 2017, 207.

342 Mike Hulme: *Why We Disagree about Climate Change: Understanding Controversy, Inaction and Opportunity.* Cambridge 2009, 325.

343 Ghosh 2016, 184.

344 David Graeber/David Wengrow. The Dawn of Everything. A New History of Humanity. London/New York 2021.

345 So lauten die »design principles« bei Elinor Ostrom: Governing the Commons. The Evolution of Institutions for Collective Action. Cambridge 1990. Nach Horn/Bergthaller 2019, 108.

346 Simon L. Lewis/Mark A. Maslin: The Human Planet: how we created the anthropocene. New Haven/London 2018, 173–175.

347 Anna Lowenhaupt Tsing: The Mushroom at the End of the World. Princeton/Oxford 2015, 23.

348 Ghosh 2016, 111.

349 Garrett Hardin: The Tragedy of Commons. In: Science 162:3859 (1968), 1243–1248.

350 Grundgesetz der reinen praktischen Vernunft in Kants *Kritik der praktischen Vernunft*. Vgl. KpV, § 7, 30. Nach Band V der Akademieausgabe, Berlin 1788. Onlineressource: https://korpora.zim.uni-duisburg-essen.de/Kant/aa05/251.html (Februar 2023)

351 Adrienne Buller: The Value of a Whale. On the Illusions of Green Capitalism. Manchester 2022.

352 Jean Tirole: Economics of the common good. Princeton 2017, 213–216. Nach Horn/Bergthaller 2019, 107.

353 David Orr: Down to the Wire. Confronting Climate Collaps. Oxford/New York 2009, 33.

354 Horn/Bergthaller 2019, 113.

355 Elinor Ostrom: A polycentric approach for coping with climate change. In: Annals of Economics and Finance 15:1 (2014), 121. Nach Horn/Bergthaller 115.

356 Horn/Bergthaller 2019, 115.

357 Heise 2016, 11.

358 Richard J. Hobbs/Eric S. Higgs/Carol Hall (Hg.): Novel Ecosystems: Intervening in the New Ecological World Order. Oxford 2013.

359 Heise 2016, 13.

360 Crutzen/Stoermer 2000, 18.

361 Eine Erstfassung dieses Kapitels ist als Beitrag im Online-Magazin *Syntopia Alpina* des Instituts Kulturen der Alpen am 22. November 2011 unter dem Titel »Alpine Photovoltaik. Lässt sich das Lokale mit den planetaren Grenzen verbinden?« erschienen: https://www.syntopia-alpina.ch/beitraege/alpine-photovoltaik-laesst-sich-das-lokale-mit-den-planetaren-grenzen-verbinden (Februar 2023).

362 Jürg Rohrer: »Photovoltaik in den Alpen. Zentraler Baustein für die Energiewende«. In: Syntopia Alpina vom 4. Oktober 2022. Unter: https://www.syntopia-alpina.ch/beitraege/photovoltaik-in-den-alpen-zentraler-baustein-fuer-die-energiewende (Dezember 2022).

363 Christian Körner: »Experimente der Natur. Warum der Klimawandel alpine Pflanzen weniger stört, als viele glauben«. In: Syntopia Alpina vom 3. Mai 2022. Unter: https://www.syntopia-alpina.ch/beitraege/experimente-der-natur-warum-der-klimawandel-alpine-pflanzen-weniger-stoert-als-viele-glauben (Dezember 2022).

364 Annina Boogen: »Erneuerbare Energien im Alpenraum. Partizipative Prozesse neu denken«. In: Syntopia Alpina vom 24. Mai 2022. Unter: https://www.syntopia-alpina.ch/beitraege/erneuerbare-energien-im-alpenraum-partizipative-prozesse-neu-denken (Dezember 2022)

365 Previšić 2020, 155.

366 Allein in Islands Basaltgestein könnten über tausend Tonnen CO_2 refossilisiert werden – was dem globalen Ausstoß von rund fünfundzwanzig Jahren entspricht. Vgl. Schweizer Technologie für CO_2-Speicherung in Island. Swissinfo/Wissenschaft vom 9. September 2021 unter: https://www.swissinfo.ch/ger/wirtschaft/schweizer-technologie-fuer-co2-speicherung-in-island/46933938 (Februar 2023)

367 George Monbiot: Regenesis: Feeding the World Without Devouring the Planet. London 2022.

Bibliographie

Die hier aufgeführten Monographien und Artikel bilden den Referenzrahmen des Buchs, auch wenn sie nicht ausnahmslos zitiert werden.

Abram, David (2010): *Becoming Animal. An Earthly Cosmology*. New York.

Alexander, Richard J. (2009): *Framing Discourse on the Environment. A Critical Discourse Approach*. New York/London.

Adorno, Theodor (1970): *Ästhetische Theorie*. Frankfurt am Main.

Albrecht, Glenn (2016): »Exiting the Anthropocene and Entering the Symbiocene«. In: *Minding Nature* 9:2, 12–16.

Attenborough, David (2020): *Mein Leben auf unserem Planeten* (Dokumentarfilm). Produktion und Regie von Johnny Hughes.

Bal, Mieke (2022): *Image-Thinking. Artmaking as Cultural Analysis (Refractions)*. Edinburgh.

Banerjee, Neela/Cushman, John H. Jr./Hasemyer, David/Song, Lisa (2015): *Exxon: The Road Not Taken*. New York.

Barthes, Roland (1957): *Mythologies*. Paris.

Barthes, Roland (2015): *La préparation du roman. Cours au Collège de France 1978–1979 et 1979–1980*. Paris.

Bastin, Jean-François et al. (2019): »The global tree restoration potential«. In: *Science* 365:6448.

Bätzing, Werner (2003): *Die Alpen. Geschichte und Zukunft einer europäischen Kulturlandschaft*. Zweite, wesentlich veränderte Auflage. München.

Becher, Ulrich (1969): *Murmeljagd*. Frankfurt am Main.

Beever, Erik A./Prange, Suzanne/Della Sala, Dominick A. (Hg. 2020): *Disturbance Ecology and Biological Diversity: Scale, Context, and Nature*. Boca Raton.

Beck, Ulrich/Grande, Edgar (2010): »Jenseits des methodologischen Nationalismus: Außereuropäische und europäische Variationen der Zweiten Moderne.« In: *Soziale Welt* 61, 187–216.

Bergthaller, Hannes (2017): »Climate Change and Un-Narrability«. In: *Metaphora. Journal for Literature Theory and Media* 2, 1–12.

Bergthaller, Hannes/Mortensen, Peter (2018): *Framing the Environmental Humanities*. Leiden/Boston.

Biermann, Frank/Rakhyun E. Kim (2020): »The Boundaries of the Planetary Boundary Framework: A Critical Appraisal of Approaches to Define a ›Safe Operating Space‹ for Humanity«. In: *Annual Review of Environment and Resources*, Vol. 45, 497–521.

Bjornerud, Marcia (2018): *Timefulness*. New Jersey/Oxford.

Bjornerud, Marcia (2020): *Zeitbewusstheit. Geologisches Denken und wie es helfen könnte, die Welt zu retten*. Berlin.

Bond, David P. G./Grasby, Stephen E. (2017): »On the causes of mass extinctions«. In: *Paleography, Paleoclimatology, Paleoecology* 478:15, 3–29.

Bonneuil, Christophe/Fressoz, Jean-Baptiste (2015): *The Shock of the Anthropocene. The Earth, History and Us*. New York et al.

Boogen, Annina: »Erneuerbare Energien im Alpenraum. Partizipative Prozesse neu denken«. In: *Syntopia Alpina* vom 21. Mai 2022.

Buffon, Georges-Louis Leclerc de (2007 [1749]): *Histoire naturelle, générale et particulière, avec la description du cabinet du Roy*. Band 1–3. Paris.

Buffon, Georges-Louis Leclerc de (1778): Des époques de la nature. In: *Supplément à l'Histoire naturelle*, Band V.

Buller, Adrienne (2022): *The Value of a Whale. On the Illusions of Green Capitalism*. Manchester.

Burckhardt, Martin (1994). *Metamorphosen von Raum und Zeit. Eine Geschichte der Wahrnehmung*. Frankfurt a. M./New York.

Bühlmann, Tobias/Hiltbrunner, Erika/Körner, Christian (2013): *Die Verbuschung des Alpenraums durch die Grünerle*. Ed. by Swiss Academies of Arts and Sciences. Bern.

Büttner, Urs/Steffen, Richter (2021): »Endzeiten. Apokalyptik, Eschatologie, Risiko«. In: dito. Hannover, 7–43.

Caracciolo, Marco/Kukkonen, Karin (2021): *With Bodies. Narrative Theory and Embodied Cognition*. Columbus.

Chakrabarty, Dipesh (2000): *Provincializing Europe. Postcolonial Thought and Historical Difference*. New Jersey.

Chakrabarty, Dipesh (2021): *The Climate of History in a Planetary Age*. Chicago.

Clark, Timothy (2012): »Scale: Derangements of Scale«. In: *Telemorphosis: Theory in the era of climate change*. Michigan.

Clark, Timothy (2015): *Ecocriticism on the edge. The Anthropocene as a threshold Concept*. London/New Delhi/New York/Sydney.

Joshua Clover/Juliana Spahr: *Misanthropocene: 24 theses*. Oakland 2014.

Coccia, Emanuele (2016): *La vie des plantes. Une métaphysique du mélange*. Paris.

Cooke, Stuart/Denney, Peter (Hg. 2021): *Transcultural Ecocriticism. Global, Romantic and Decolonial Perspectives*. London.

Cronon, William (Hg. 1995): *Uncommon ground: rethinking the human place in nature*. New York.

Crosby, Alfred W. (2003): *The Columbian Exchange. Biological and cultural consequences of 1492*. Westport.

Crutzen, Paul J./Stoermer, Eugene F. (2000): »The Anthropocene«. In: *IGBP Global Change Newsletter* 41, 17–18.
Crutzen, Paul J. (2002): »Geology of mankind«. In: *Nature* 415:23.
Currie, Mark (2007): *About Time. Narrative, Fiction and the Philosophy of Time.* Edinburgh.
Davies, Jeremy (2016): *The Birth of the Anthropocene.* Oakland.
Davis, Heather/Turpin, Etienne (Hg. 2015): *Art in the Anthropocene.* London.
Diodati, Luigi (1788): *Vita dell Abate Ferdinando Galiani.* Neapel.
Duffin, Ross W. (2007): *How Equal Temperament Ruined Harmony: And Why You Should Care.* New York.
Dürbeck, Gabriele/Stobbe, Urte (Hg. 2015): *Ecocriticism: Eine Einführung.* Köln.
Dürbeck, Gabriele/Hüpkes, Philip (Hg. 2021): *Narratives of scale in the Anthropocene: imagining human responsibility in an age of scalar complexity.* New York 2021.
El Haffar et al. (2020): »Towards closing the attitude-intention-behavior gap in green consumption: A narrative review of the literature and an overview of future research directions«. In: *Journal of Cleaner Production* 275.
Flannery, Tim (2010): *Here on Earth. A Natural History of the Planet.* Melbourne.
Foster, John Bellamy/Clark, Brett/York, Richard (2010): *The ecological rift: capitalism's war on the Earth.* New York.
Fressoz, Jean-Baptiste (2016): »L'anthropocène et l'esthétique du sublime.« In: *Mouvements* (16. September)
Fries, Thomas (1990): *Dialog der Aufklärung. Shaftesbury, Rousseau, Solger.* Tübingen/Basel.
Frisch, Max (1979): *Der Mensch erscheint im Holozän.* Frankfurt am Main.
Gadanho, Pedro (2018): *Eco-Visionaries. Art, Architecture, and New Media after the Anthropocene.* Berlin.
Galaz, Victor (2014): *Global Environmental Governance, Technology and Politics: The Anthropocene Gap.* Cheltenham.
Galiani, Ferdinando (1984 [1770]): *Dialogues sur le commerce des blés.* Paris.
Galison, Peter/Stump, David J. (Hg. 1996): *The Disunity of Science. Boundaries, Contacts and Power.* Stanford, California.
Gammage, Bill (2011): *The biggest estate on Earth: How Aborigines made Australia.* Sydney.
Gamper, Michael/Hühn, Helmut (Hg. 2014): *Zeit der Darstellung. Ästhetische Eigenzeiten der Kunst, Literatur und Wissenschaft.* Hannover.
Gamper, Michael/Geulen, Eva/Grave, Johannes/Langenohl, Andreas/Simon, Ralf/Zubarik, Sabine (Hg. 2016): *Zeiten der Form – Formen der Zeit.* Hannover.
Garrard, Greg/Handwerk, Gary/Wilke, Sabine (2014): »Introduction: Imagining Anew: Challenges of Representing the Anthropocene«. In: *Environmental Humanities* 5, 149–153.

Ghosh, Amitav (2016): *The Great Derangement. Climate Change and the Unthinkable.* Chicago.
Ghosh, Amitav (2017): *Die grosse Verblendung. Der Klimawandel als das Undenkbare.* München.
Goodman, Nelson (1978): *Ways of Worldmaking.* Indianapolis/Cambridge.
Görling, Reinhold/Gronau, Barbara/Schwarte, Ludger (2019). *Aesthetics of Standstill.* Berlin.
Gottschall, Jonathan (2012): *The Storytelling Animal: How Stories Make us Human.* Boston/New York.
Graeber, David/Wengrow, David (2021): T*he Dawn of Everything. A New History of Humanity.* London.
Grant, Roger Matthew (2020): *Peculiar Attunements: How Affect Theory Turned Musical.* New York.
Groleau, Gilles et al. (2022): »Changing the world with words? Euphemisms in climate change issues.« In: *Ecological Economics* 193.
Gruner, Gottlieb Sigmund (1760): *Die Eisgebirge des Schweizerlandes.* Teil 2. Bern.
Grupp, Peter (2008): *Faszination Berg. Die Geschichte des Alpinismus.* Köln/Weimar/Wien.
Hamann, Christoph/Parr, Rolf (Hg. 2022): *Kalender Getaktete Zeiten. Von Kalendern und Zeitvorstellungen in Literatur und Film.* Berlin/Boston.
Hänggi, Marcel (2018): *Null Öl. Null Gas. Null Kohle. Wie Klimapolitik funktioniert.* Zürich.
Haraway, Donna (2003): *The companion species manifesto: dogs, people and significant otherness.* Chicago.
Haraway, Donna (2008): *When species meet.* Minneapolis/London.
Haraway, Donna (2016): *Staying with the Trouble: Making Kin in the Chthulucene.* Durham, NC.
Hardin, Garrett (1968): »The Tragedy of Commons.« In: *Science* 162:3859, 1243–1248.
Heise Ursula K. (2008): *Sense of Place and Sense of Planet: The Environmental Imagination of the Global.* Oxford.
Heise Ursula K. (2011): *Chronoschisms. Time, Narrative, and Postmodernism.* Cambridge.
Heise, Ursula K. (2016): *Imagining extinction. The cultural meanings of endagered species.* Chicago/London.
Heringman, Noah (2015): »Deep Time at the dawn of the Anthropocene«. In: *Representations* 129:1, 56–85.
Hinkel, Jochen et al. (2020): »Transformative narratives for climate action«. In: *Climate Change* 160, 495–506.
Hobbs, Richard J./Higgs, Eric S./Hall, Carol (Hg. 2013): *Novel Ecosystems: Intervening in the New Ecological World Order.* Oxford 2013.
Hohl, Ludwig (2018 [1975]): *Bergfahrt.* Frankfurt a. M.

Honold, Alexander (2013): *Die Zeit schreiben: Jahreszeiten, Uhren und Kalender als Taktgeber der Literatur*. Basel.
Horn, Eva (2014): *Zukunft als Katastrophe*. Frankfurt am Main.
Horn, Eva/Bergthaller, Hannes (2019): *Anthropozän zur Einführung*. Hamburg.
Hölderlin, Friedrich (2001): *Tutte le liriche,* edizione tradotta e commentata e revisione del testo critico tedesco a cura di Luigi Reitani. Milano.
Hulme, Mike (2009): *Why We Disagree about Climate Change: Understanding Controversy, Inaction and Opportunity.* Cambridge.
Ingold, Tim (2013): *Making. Anthropology, Archaelogy, Art and Architecture.* London.
Jäger, Andreas (2021): *Die Alpen. Die 2-Grad-Grenze für das Klima unserer Zukunft*. Salzburg.
Jones, Gerard (2002): *Killing Monsters. Why children need fantasy, super heroes, and make-believe violence.* New York.
Jonsson, Fredrik Abritton (2014): »The Origins of Cornucopianism: A preliminary genealogy«. In: *Critical Historical Studies* 1:1, 151–168.
Jullien, François (2017): *Es gibt keine kulturelle Identität. Wir verteidigen die Ressourcen einer Kultur*. Berlin.
Kant, Immanuel (1788): *Kritik der Urteilskraft*. Nach Band V der Akademieausgabe, Berlin.
Kant, Immanuel (1788): *Kritik der praktischen Vernunft*. Nach Band V der Akademieausgabe, Berlin.
Kolbert, Elizabeth (2016): *Das sechste Sterben. Wie der Mensch Naturgeschichte schreibt.* Berlin.
Kolbert, Elizabeth (2021): *Under a White Sky. The Nature of the Future.* New York.
Konicz, Tomas (2020). *Klimakiller Kapital: Wie ein Wirtschaftssystem unsere Lebensgrundlagen zerstört*. Wien.
Koschorke, Albrecht (2012): *Wahrheit und Erfindung. Grundzüge einer allgemeinen Erzähltheorie*. Frankfurt am Main.
Körner, Christian (2022): »Experimente der Natur. Warum der Klimawandel alpine Pflanzen weniger stört, als viele glauben«. In: *Syntopia Alpina* vom 3. Mai.
Krause, Bernie (2015): *Voices of the Wild: Animal Songs, Human Din, and the Call to Save Natural Soundscapes*. New Haven.
Kupper, Patrick/Gissibl, Bernhard/Höhler, Sabine (Hg. 2012): *Civilizing Nature. National Parks in Global Historical Perspective*. New York.
Kupper, Patrick (2012): *Wildnis schaffen. Eine transnationale Geschichte des Schweizerischen Nationalparks*. Bern.
Latif, Mojib (2020): *Heißzeit. Mit Vollgas in die Klimakatastrophe – und wie wir auf die Bremse treten*. Freiburg/Basel/Wien.
Latour, Bruno (1993): *We have never been modern*. Cambridge, MA 1993, 36.

Latour, Bruno (2014): »Agency at the Time of the Anthropocene«. In: *New Literary History* 45, 1–18.

Latour, Bruno (2015): *Face à Gaïa. Huit conférences sur le nouveau régime climatique*. Paris.

Latour, Bruno (2016): »The Immense Cry Channeled by Pope Francis«. In: *Environmental Humanities* 8:2, 251–255.

Latour, Bruno (2017): *Où atterir? Comment s'orienter en politique*. Paris.

Latour, Bruno/Weibel, Peter (Hg. 2020): *Critical Zones. The Science and Politics of Landing on Earth*. Karlsruhe/Cambridge.

Lavocat, Françoise (2016): *Fait et fiction. Pour une frontière*. Paris.

Lenton, Tim (2016): *Earth System Science. A Very Short Introduction*. Oxford.

Lewis, Simon L./Maslin, Mark A. (2018): *The Human Planet: How we created the Anthropocene*. New Haven/London.

Lyotard, Jean-François (1985): *La faculté de juger*. Paris.

MacKibben, Bill (1989): *The End of Nature*. New York 1989.

Magnason, Andri-Snaer (2020): *Wasser und Zeit*. Berlin.

Malm, Andreas/Hornborg, Alf (2014): »The geology of mankind? A critique of the Anthropocene narrative«. In: Frank Oldfield (Hg.): *The Anthropocene Review* 1:1, 62–69.

Mann, Charles C. (2005): *1491: New revelations of the Americas before Columbus*. New York

Mann, Charles C. (2011):1493: *Uncovering the new world Columbus created*. New York.

Martin, Nastassija (2019). *Coire aux fauves*. Paris.

Mathieu, Jon (2014): *Geschichte der Alpen 1500–1900: Umwelt, Entwicklung, Gesellschaft*. Wien.

Mathieu, Jon (2015): *Die Alpen. Raum – Kultur – Geschichte*. Stuttgart.

McLeod, Norman (2013): *The Great Extinctions. What causes them and how they shape life*. London.

Meadows, Donella H./Meadows, Dennis L./Randers, Jorgen/Behrens III, William H. (1972): *The Limits of Growth*. New York.

Meadows, Donella H./Meadows, Dennis L./Randers, Jorgen (2004): *The Limits of Growth. The 30-Year Update*. White River Junction, Vermont.

Steve Mentz: *Break up the Anthropocene*. Minnesota 2019.

Meister, Jan Christoph (Hg. 2005): *Narratology beyond literary Criticism. Mediality, Disciplinarity*. Berlin/New York.

Monbiot, George (2022): *Regenesis: Feeding the World Without Devouring the Planet*. London.

Moore, Jeason W. (2015): *Capitalism in the Web of Life: Ecology and the Accumulation of Capital*. London.

Moore, Jeason W. (2016): »Capitalocene, Part I: On the Nature and Origins of our Ecological Crisis«. In: *The Journal of Peasant Studies*. London.

Moosmüller, Silvan/Previšić, Boris (Hg., 2020). *Polyphonie und Narration*. Trier.

Morton, Timothy (2009): *Ecology without Nature. Rethinking Environmental Aesthetics*. Harvard.

Morton, Timothy (2013): *Hyperobjects. Philosophy and Ecology after the End of the World*. Minneapolis/London.

Morton, Timothy (2016): *Dark Ecology: For a Logic of Future Coexistence*. New York.

Morton, Timothy (2018): *Being Ecological*. Cambridge.

Nixon, Rob (2011): *Slow Violence and the Environmentalism of the Poor*. London.

Norgaard, Kari Marie (2011). *Living in Denial: Climate Change, Emotions, and Everyday Life*. Cambridge, MA.

Orr, David (2009): *Down to the Wire. Confronting Climate Collaps*. Oxford/New York 2009.

Ostrom, Elinor (1990): *Governing the Commons. The Evolution of Institutions for Collective Action*. Cambridge.

Ostwald, Wilhelm (1909): *Energetische Grundlagen der Kulturwissenschaft*. Leipzig.

Otto, Friederike (2019): *Wütendes Wetter. Auf der Suche nach den Schuldigen für Hitzewellen, Hochwasser und Stürme*. Berlin.

Parrika, Jussi (2014): *The Anthrobscene*. Minneapolis.

Previšić, Boris (2008): *Hölderlins Rhythmus*. Frankfurt a. M. 2008.

Previšić, Boris (2020): *CO2: Fünf nach Zwölf. Wie wir den Klimakollaps verhindern können*. Wien.

Ramuz, Charles Ferdinand (1913): »Mythes.« In: *Gazette de Lausanne* 337 (7. Dezember)

Ramuz, Charles Ferdinand (1926): *La grande peur dans la montagne*. Paris.

Rockström, Johan et al. (2009): »Planetary Boundaries: Exploring the Safe Operating Space for Humanity«. In: *Ecology and Society* 14.

Rockström, Johan/Richardson, Katherine/Steffen, Will/Mace, Georgina (2018): »Planetary Boundaries: Separating Fact from Fiction. A Response to Montoya et al.«. In: *Trends in Ecology and Evolution* 33:4, 233–234.

Rohmer, Staschar/Toepfer, Georg (Hg. 2020): *Anthropozän – Klimawandel – Biodiversität. Transdisziplinäre Perspektiven auf das gewandelte Verhältnis von Mensch und Natur*. Freiburg.

Rohrer, Jürg (2022): »Photovoltaik in den Alpen. Zentraler Baustein für die Energiewende«. In: *Syntopia Alpina* (4. Oktober).

Ross, Stephen David (2001): *The Gift of Property: Having the Good*. Albany.

Ruddiman, Williams (2003): »The Anthropogenic Era Began Thousands of Years ago.« In: *Climatic Change* 61:3, 261–293.

Sandford, Robert William (2019): *The Anthropocene Disruption*. Calgary. Saussure, Horace-Bénédicte de (1880 [1779–96]): *Voyage dans les Alpes*. [Partie pittoresque des ouvrages de H-B. de Saussure]. Paris 1880.

Scheffer, Marten (2009): *Critical Transitions in Nature and Society*. Princeton/Oxford.

Schmidt, Aurel (1990): *Die Alpen. Schleichende Zerstörung eines Mythos.* Zürich.
Schrott, Raoul (2016): *Erste Erde Epos.* München.
Sheldrake, Merlin (2020). *Entangled Life. How Fungi Makes our Worlds, Change our Minds, and Shape our Futures.* London.
Sieferle, Rolf-Peter (1997): *Rückblick auf die Natur: Eine Geschichte des Menschen und seiner Umwelt.* München.
Sloterdijk Peter (2004): *Sphären III – Schäume.* Berlin.
Sloterdijk Peter (2005): *Im Weltinnenraum des Kapitals.* Frankfurt a. M.
Sloterdijk Peter (2016): *Was geschah im 20. Jahrhundert? Unterwegs zu einer Kritik der extremistischen Vernunft.* Frankfurt a. M.
Smil, Vaclav (2017): *Energy Transitions.* Santa Barbara, CA.
Snow, Charles Percy (1967). *Die zwei Kulturen. Literarische und naturwissenschaftliche Intelligenz.* Stuttgart.
Steffen, Will (2000). »An Integrated Approach to Understanding Earth's Metabolism«. In: *IGBP Newsletter* 41, 9, 10, 16.
Steffen, Will et al. (2011): »The Anthropocene. Conceptual and historical perspectives«. In: *Philosophical Transactions of the Royal Society* A 369, 842–867.
Steffen, Will et al. (2015). »Planetary Boundaries: Guiding Human Development on a Changing Planet«. In: *Science* 347.
Sternberg, Meir (2011): »Reconceptualizing Narratology. Arguments for a Functionalist and Constructivist Approach to Narrative.« In: *Enthymema* 4, 35–50.
Stiegler, Bernard (2018): *The Neganthropocene.* London.
Adalbert Stifter: *Bergkristall* (1845). Stuttgart 2001.
Jean Tirole: *Economics of the common good.* Princeton 2017.
Tornel, Carlos/Lunden Aapa (2021): »Do Not Go Gentle into that Good Night. Contested Narratives and Political Subjectives in the Anthropocene«. In: Earl Harper/Dong Specht (Hg.), *Imagining Apocalyptic Politics in the Anthropocene.* London/New York.
Tsing, Anna Lowenhaupt (2015): *The Mushroom at the End of the World.* Princeton/Oxford.
Van der Leeuw, Sander (2020): *Social Sustainability, Past and Future. Undoing Unintended Consequences for the Earth's Survival.* Cambridge.
Wallace-Wells, David (2017): *The Uninhabitable Earth: Life after Warming.* New York.
Weiss, Hans (1987): *Die unteilbare Landschaft. Für ein erweitertes Umweltverständnis.* Zürich.
Welzer, Harald/Claus Leggewie (2009): *Das Ende der Welt, wie wir sie kannten.* Berlin.
Welzer, Harald (2021): N*achruf auf mich selbst. Die Kultur des Aufhörens.* Frankfurt am Main.
West, Geoffrey (2017). *Scale. The Universal Laws of Life and Death in Organisms, Cities and Companies.* London.

West, Geoffrey (2019): *Scale. Die universalen Gesetze des Lebens von Organismen, Städten und Unternehmen.* München.
Yusoff, Kathryn (2019): *A Billion Black Anthropocenes or None.* Minneapolis.

Teile aus vier Kapiteln rekurrieren auf die folgenden zitierten Beiträge von Boris Previšić:

Kapitel 1.3: »Die Wasserschlange finden. Ein Plädoyer, auf die Natur zu hören/ Finding the Water Serpent: A Plea for Listening to Nature«. In: *Nature. Between Desire and Reality. From Amazonia to the Alps.* Wädenswil 2019, 28–35.

Kapitel 3.7: »Climate Turn? Affektives Upscaling der Literatur«. In: Nicola Gess, Myreille Schnyder et al. (Hg.): *Katastrophenwissen-Wissenskatastrophen.* München 2023. (im Druck)

Kapitel 4.3: »Die kalendarische Phantasmagorie angesichts des Anthropozän«. In: Christoph Hamann und Rolf Parr (Hg.): *Kalender Getaktete Zeiten. Von Kalendern und Zeitvorstellungen in Literatur und Film.* Berlin/ Boston 2022, 3–15. Sowie: Akustische Praktiken in der alkäischen Ode der Aufklärung. In: *Zeitschrift für Ästhetik und Allgemeine Kunstwissenschaft* 68/2 (2023). (im Druck)

Kapitel 5.4: »Einsamkeit ist auch eine Landschaft: In Zeiten der Pandemie steht der Berg für den Abstand, die Wüste für die Vereinsamung«. In: *NZZ Feuilleton* vom 23. März 2021.